国立社会保障・人口問題研究所研究叢書

# 社会保障費用統計の理論と分析

事実に基づく政策論議のために

西村周三 監修
国立社会保障・人口問題研究所 編

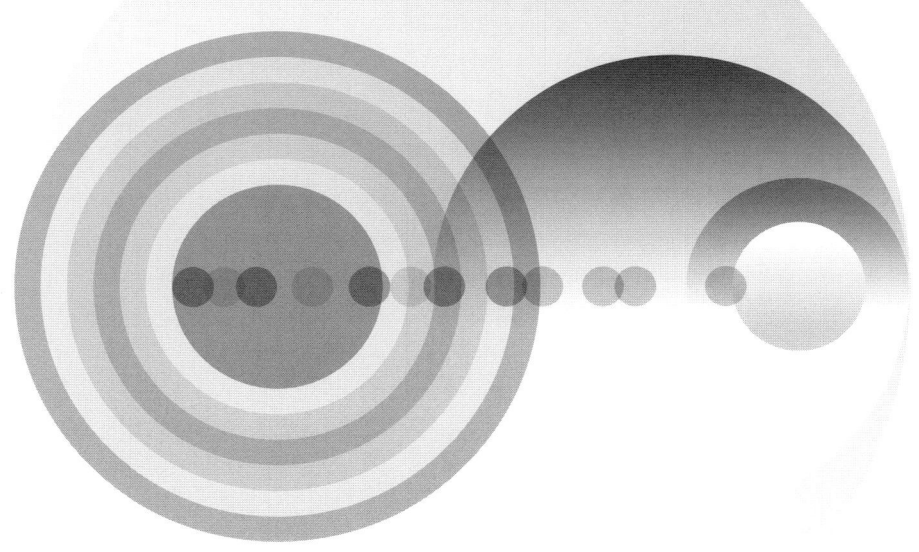

# はしがき

　国立社会保障・人口問題研究所では研究叢書をシリーズとして刊行してきた。研究所が独自に実施してきた研究の成果を多くの方々に知っていただくのが主たる目的である。当研究所は 1996 年 12 月に旧厚生省人口問題研究所と特殊法人社会保障研究所の統合によって設立されたが、新研究所として歩み始めてはやくも 18 年が経った。本叢書の刊行にあたっては、人口減少社会の社会保障を検討する必要性から、研究所の社会保障研究者と人口研究者の協同の成果を世に問うこととした。社会保障費用を語るにおいて、人口構造の変化は欠くことのできない事実であり、当研究所ならではの、人口研究者と社会保障研究者の連携が着実に進んでいることを示し得たことは、大変喜ばしいことである。

　政策の企画立案や評価の基礎となるエビデンスとして、5 年おきの国勢調査に対応して行われてきた将来推計人口と、毎年継続して集計公表してきた社会保障給付費は、政策研究機関として車の両輪のような存在である。特に、社会保障給付費は 2012 年に統計法のもと、基幹統計指定を受け「社会保障費用統計」として新たな歴史を刻み始めたばかりである。そこで、本書は「社会保障費用統計」をより多くの方々に利活用していただけるようにとの願いから企画された。

　第 1 部は統計の概説を載せて利用者の手引きとなるように構成されている。第 2 部は、社会保障費用の長期時系列データを使い、さまざまな切り口で戦後の日本社会の変化を描き出した。そして第 3 部では、社会保障費用統計の政策研究への応用事例を示し、今後の発展の可能性について検討している。社会保障費用統計の研究への応用については、第 10 章で「先進国における高齢化と社会支出の動向——収斂と多様化」を伊藤善典氏に、第 11 章で「女

性の就業率、家族支援策と出生率——OECD加盟国における国際比較」を小塩隆士氏にご寄稿いただいた。お2人にはこの場を借りて謝辞を述べたい。これを契機に社会保障費用統計を使った研究の先駆者として、学会をリードしていただくことを大いに期待している。

近年、政策論議においては「事実（エビデンス）に基づく」ことが重要視されている。戦後初といわれた統計法の改正においても、公的統計の利活用の推進が強調され、5年を期間とする統計基本計画においても、使える公的統計の整備が重要な課題となった。統計データは明らかにエビデンスの基礎をなす。こういった認識のもと、「社会保障費用統計」は、初回基本計画の中で特に重要な統計として取り上げられたことで、基幹統計指定となった。基幹統計指定されるべきものの必要条件としては、国内的に重要な統計であることに加えて、国際的にも重要であることが条件になっていた。いまや世界各国が共通する政策課題を共有しており、その解決のために、自らを客観的にみるためのエビデンスを求めているのである。

国立社会保障・人口問題研究所は、国の政策研究機関として、議論の基礎となるエビデンスを継続的に、また利用者に使いやすい方法で提供していく責務を負っている。したがって、その責務を十分に果たしていけるように、努力していかなければならない。そのためには、より多くのみなさんにご利用いただき、統計そのものを常に改善していくことが重要である。本書の第1部に掲載された概要と手引きは、今後も随時更新され利用者の益となるように更新されていくべきものである。社会保障費用統計の利用者から、多くの有益な要望や意見がいただけるよう、研究所としても精進していく所存である。

国立社会保障・人口問題研究所
所長　西村　周三

# 目 次

はしがき　*iii*

## 序章　政策論議とそれを支える事実（エビデンス）
　　　　　　　　　　　　　　　　……………… 西村　周三　*1*
　1　はじめに——問題提起　*1*
　2　ILO統計について　*3*
　3　OECD統計について　*5*
　4　むすび　*10*

## 第1部　社会保障費用統計の成り立ちと実際

### 第1章　社会保障の成り立ちと費用統計の歴史 …… 勝又　幸子　*13*
　1　はじめに　*13*
　2　1950年度～1981年度　*15*
　3　1982年度～2001年度　*17*
　4　2002年度～2009年度　*21*
　5　2010年度から現在、そして近未来　*22*
　6　今後の課題と展望　*25*

### 第2章　社会保障費用統計の定義と構成 ……………… 竹沢　純子　*31*
　1　OECD基準の定義、集計対象、分類　*31*
　　（1）社会支出の定義・集計範囲　*33*
　　（2）政策分野別分類の定義と支出の具体例　*35*
　2　ILO基準の定義、集計対象、分類　*42*
　　（1）収入の分類と定義　*43*

(2) 支出の分類と定義　44
　　　(3) 他制度からの移転と他制度への移転　50

Column 1　社会保障費用の国際基準の関係　55
Column 2　各種統計におけるサービス（現物）給付の扱い　58

## 第2部　日本社会の変容と社会保障

### 第3章　社会保障費用の動向 ……………………… 竹沢　純子　63
　1　OECD基準社会支出の時系列推移——1980～2011年度　63
　2　ILO基準社会保障給付費の時系列推移——1950～2011年度　64
　　　(1) 社会保障給付費の推移　64
　　　(2) 社会保障収入の推移：1960～2011年度　68

### 第4章　我が国の人口動向と社会保障
　　　　　——過去から現在までの期間 ………………… 金子　隆一　73
　1　人口と社会問題　73
　2　我が国の人口動向と社会保障の歩み　74
　　　(1) 戦前の人口動向　74
　　　(2) 終戦直後の人口動向　75
　　　(3) 戦後復興期～高度経済成長期の人口動向　76
　　　(4) 安定成長期～現在の人口動向　81
　3　おわりに　87

### 第5章　人口構造の変化と社会保障制度改革
　　　　　——社会保障費用統計の動向から ………… 勝又　幸子　91
　1　はじめに　91
　2　終戦から戦後復興期と高度経済成長期の社会保障給付　92
　　　(1) 国民皆保険・皆年金の意味　94
　　　(2) 「もはや戦後ではない」といわれた時代　95

3　2つのショック（第1次・第2次オイルショックと1.57ショック）
　　　　——1970年代後半から1990年　*96*
　　　（1）老人保健制度の創設　*96*
　　　（2）国民基礎年金制度の創設　*97*
　　4　1990年代から現在に至る少子高齢化と経済低成長の時代　*99*
　　　（1）介護保険制度の導入　*99*
　　　（2）セーフティネットの再認識　*99*
　　5　まとめにかえて　*101*

## 第6章　少子化と人口学的要因　………………… 佐々井　司　*107*
　　1　近年の出生動向　*107*
　　2　結婚動向と近年の特徴　*109*
　　3　夫婦の出生動向　*113*
　　4　結婚と出生との関係　*118*
　　5　その他の留意事項　*118*

## 第7章　我が国の少子化政策の変遷と
　　　　　家族関係社会支出の推移　………………… 藤原　朋子　*123*
　　1　少子化対策の変遷　*124*
　　　（1）少子化関連各種プランの変遷　*124*
　　　（2）児童手当　*129*
　　　（3）子ども・子育て支援新制度の創設と概要　*133*
　　2　これまでの少子化対策と家族関係社会支出の関係の考察　*136*
　　　（1）1990年度から2011年度の変化の概観　*136*
　　　（2）家族関係社会支出の構成（現金・現物）の変容　*138*
　　　（3）総括的考察　*142*
　　　（4）家族関係社会支出の活用　*143*

## 第8章　日本の雇用保険制度と雇用政策　…………… 藤井　麻由　*145*
　　1　はじめに　*145*
　　2　雇用保険制度の概略　*147*

(1) 給付・事業の種類と歳出　*148*
　　　(2) 資金の流れ　*148*
　　　(3) 適用条件　*148*
　3　失業等給付　*149*
　　　(1) 失業給付の制度　*149*
　　　(2) 失業給付に内在する問題と制度改正　*150*
　　　(3) セーフティネットとしての機能の低下　*153*
　　　(4) その他の給付　*154*
　4　就職支援事業　*155*
　5　雇用保険二事業　*156*
　　　(1) 雇用保険二事業の制度　*156*
　　　(2) 雇用調整助成金　*157*
　6　雇用保険制度の財源　*157*
　　　(1) 財源の推移　*158*
　　　(2) 財源を巡る議論　*158*
　7　結びにかえて　*160*

## 第3部　日本の社会保障制度の課題と展望

### 第9章　国際比較の意義と実際　　　　　　勝又　幸子　*167*

　1　はじめに　*167*
　2　社会保障費用統計の国際的展開　*169*
　　　(1) 初期の展開　*169*
　　　(2) 新たなニーズに対応した展開　*172*
　　　(3) 国際統計に共通する集計枠組み　*173*
　　　(4) 給付と租税支出の統合――純社会支出　*173*
　3　OECD SOCX の利用実例　*176*
　4　社会保障統計の利用上の留意点　*179*
　5　結語　*180*

第 10 章　先進国における高齢化と社会支出の動向
　　　　　──収斂と多様化 …………………………… 伊藤　善典　185
　1　はじめに　185
　2　年金制度　189
　　(1)　年金制度の体系　189
　　(2)　年金改革の動向　192
　　(3)　理念・制度・支出の収斂と多様化　196
　3　高齢者介護　198
　　(1)　介護支出の動向　198
　　(2)　高齢者介護政策の動向　200
　　(3)　制度・支出の拡散　202
　4　今後の展望　203

第 11 章　女性の就業率、家族支援策と出生率
　　　　　──OECD 加盟国における国際比較 …………… 小塩　隆士　211
　1　はじめに　211
　2　出生率の決定要因に関する先行研究　212
　　(1)　女性の就業率との関係　212
　　(2)　家族政策の効果　213
　3　データと分析手法　214
　　(1)　データ　214
　　(2)　分析手法　216
　4　分析結果──記述統計分析　218
　　(1)　底入れする出生率　218
　　(2)　クロスセクション・データでみた相関係数の変化　220
　　(3)　各国別の動向　222
　5　分析結果──回帰分析　225
　　(1)　女性の就業率と出生率　225
　　(2)　家族社会支出と出生率　227
　　(3)　推計期間のスライド　229
　6　分析結果の考察　231

（1）変化する女性の就業率と出生率との関係　*231*
　　　（2）出生率を高める家族支援策　*232*
　　　（3）出産・育児休業に伴う支出の効果　*233*
　7　結論　*233*

## 第12章　国民経済計算（SNA）と社会保障費用統計を用いた マクロ計量分析 ………………………………… 佐藤　格　*235*

　1　はじめに　*235*
　2　SNAと社会保障費用統計の相違点　*238*
　　　（1）SNAにおける社会保障の取り扱い　*238*
　　　（2）SNAと社会保障統計の比較　*239*
　　　（3）比較に用いるデータ　*245*
　3　モデル　*247*
　　　（1）モデルの特徴　*247*
　　　（2）データ　*252*
　　　（3）推計とシミュレーション　*252*
　4　結果の比較　*254*
　5　結論　*260*

Column 3　社会保障の将来を描く手法　*265*
Column 4　GDPの構成要素と社会保障　*270*

## 第13章　人口の将来推計と社会保障
　　　　　――日本の将来推計人口の見通しと社会保障制度に与える影響
　　　　　　　　　　　　　　　　　　………… 金子　隆一　*271*

　1　はじめに　*271*
　2　恒常的な人口減少　*271*
　3　人口高齢化の進展と社会保障の課題　*273*
　4　出生数、死亡数の動向と社会保障の課題　*282*
　5　おわりに――社会保障の新たなパラダイムを求めて　*285*

## 終章　事実（エビデンス）に基づく政策研究の展望
　　　　——本書の概要と位置づけ　………　西村　周三・勝又　幸子　289

1　はじめに　289
2　第1部「社会保障費用統計の成り立ちと実際」の位置づけ　290
3　第2部「日本社会の変容と社会保障」の位置づけ　291
4　第3部「日本の社会保障制度の課題と展望」の位置づけ　292
5　事実（エビデンス）に基づく政策研究の基礎資料　294
6　社会保障費用統計が基幹統計指定されたことの意義　296


資料——基本データ　299

索引　308

## 図表一覧

### 序章
表0-1　対GDP比でみた各国の社会支出　*7*

### 第1章
表1-1　「社会保障費用統計」の成り立ち　*14*
表1-2　『季刊社会保障研究』収載にみる社会保障費用統計の研究資料等一覧　*18*

### 第2章
図2-1　ILO基準　収入の分類　*44*
図2-2　ILO基準　支出の分類　*45*
表2-1　社会保障費用統計　公表統計表　*32*
表2-2　OECD基準　政策分野別分類　*34*
表2-3　OECD基準　公的、義務的私的社会支出　*36*
表2-4　ILO社会保障制度の定義　*43*

### Column 2
図　社会政策分野別公的社会支出のGDP比の国際比較：2005年　*59*

### 第3章
図3-1　政策分野別社会支出と対国内生産比社会支出の時系列推移：1980～2011年度　*64*
図3-2　政策分野別社会支出の構成比の時系列推移：1980～2011年度　*65*
図3-3　社会保障給付費の年次推移：1950～2011年度　*66*
図3-4　部門別社会保障給付費の構成比の年次推移：1950～2011年度　*67*
図3-5　部門別社会保障給付費の対前年度伸び率の年次推移：1951～2011年度　*67*
図3-6　財源別社会保障収入の年次推移：1960～2011年度　*69*
図3-7　財源別社会保障収入の構成比の年次推移：1960～2011年　*70*

## 第 4 章

図 4-1　我が国戦前の人口ピラミッド：1930 年　　75
図 4-2　我が国戦後の人口ピラミッド：1960 年　　77
図 4-3　妻の世代（生まれ年）別にみた完結出生児数の分布と平均　　80
図 4-4　我が国近年の人口ピラミッド：2010 年　　85
図 4-5　世帯数および家族類型別構成の推移：1980〜2035 年　　86
表 4-1　少子化過程における結婚指標の推移　　83

## 第 5 章

図 5-1　社会保障給付費の制度別シェアの推移と社会の変化　　93
図 5-2　1951〜1968 年度の社会保障給付費（対 GDP 比率）　　93
図 5-3　国民医療費対前年増減の推移と GDP 対前年比率の推移：1950 年代〜現在　　96
図 5-4　過去 40 年間の老人医療費の推移：1971〜2011 年度　　97
図 5-5　生活保護給付の推移：1950 年代〜現在　　100
図 5-6　制度別社会保障給付費の規模的変化　　102

## 第 6 章

図 6-1　出生数および合計特殊出生率の推移　　108
図 6-2　女性の年齢別出生率　　108
図 6-3　婚姻件数の推移　　110
図 6-4　初婚時の女性の年齢分布　　111
図 6-5　夫婦の結婚年齢別にみた結婚持続期間別平均出生子ども数　　112
図 6-6　嫡出でない子の出生　　119
図 6-7　第 1 子出生までの結婚期間別にみた出生構成割合　　119
表 6-1　夫婦の完結出生児数　　113
表 6-2　子ども数別にみた夫婦の割合　　115
表 6-3　夫婦の結婚持続期間別にみた平均出生子ども数　　115
表 6-4　理想の子ども数を持たない理由（1）　　116
表 6-5　理想の子ども数を持たない理由（2）　　117
表 6-6　結婚期間が妊娠期間より短い出生数および嫡出第 1 子出生に占める割合　　120

## 第 7 章

- 図 7-1　子ども・子育て支援新制度の仕組み　*135*
- 図 7-2　家族関係社会支出の社会支出全体に占める割合および対 GDP 比の国際比較：2009 年　*137*
- 図 7-3　我が国家族関係社会支出の年次推移　*138*
- 図 7-4　我が国の家族関係社会支出の伸び　*139*
- 図 7-5　現金（家族）の対 GDP 比　*140*
- 図 7-6　現物（家族）の対 GDP 比　*140*
- 表 7-1　主なプランの数値目標等　*130*
- 表 7-2　社会支出比較総括表：1990 年度および 2011 年度　*136*

## 第 8 章

- 図 8-1　完全失業率の推移　*146*
- 図 8-2　非正規雇用者割合の推移　*146*
- 図 8-3　長期失業者割合の推移　*147*
- 図 8-4　日本の雇用保険制度の概要　*149*
- 図 8-5　一般求職者給付総額と失業率　*154*
- 図 8-6　雇用保険制度の財源の推移　*159*
- 図 8-7　積立金・雇用安定資金の推移　*159*
- 表 8-1　失業給付日数　*151*

## 第 9 章

- 図 9-1　政策分野別社会支出の国際比較（対 GDP 比率）：2009 年度　*168*
- 図 9-2　政策分野別社会支出の構成割合の国際比較：2009 年度　*169*
- 図 9-3　総支出と純支出の比較（対 GDP 比率）：2009 年　*176*
- 図 9-4　公的家族支出（現金と現物）税制優遇措置（対 GDP 比率）：2009 年　*177*
- 表 9-1　国際機関の費用統計の枠組み比較　*174*

## 第 10 章

- 図 10-1　高齢関係社会支出の GDP 比の推移　*186*
- 図 10-2　早期引退関係社会支出の GDP 比と引退・年金支給年齢（男性）　*194*
- 図 10-3　公的介護支出の GDP 比と現物給付の割合　*199*

図表一覧　xv

図 10-4　任意私的年金と介護サービスの発展：1980〜2009 年　　204
図 10-5　EU 諸国の公的年金支出（GDP 比）の将来推計：2010〜2060 年　　205
図 10-6　EU 諸国の公的介護支出（GDP 比）の将来推計：2010〜2060 年　　205
表 10-1　高齢関係社会支出の GDP 比と高齢化率との関係　　187
表 10-2　OECD 加盟国の年金制度　　190
表 10-3　OECD 加盟国の現金給付　　201

## 第 11 章

図 11-1　女性の就業率と出生率（20 カ国平均）　　219
図 11-2　家族社会支出と出生率（20 カ国平均）　　219
図 11-3　女性の就業率と出生率との相関係数の推移　　221
図 11-4　家族社会支出と出生率との相関係数の推移　　222
図 11-5　主要国における出生率、女性の就業率、家族社会支出　　223
表 11-1　各国の家族支出・出生率・女性の就業率・失業率：2009 年　　218
表 11-2　出生率を説明する固定効果モデルの推計結果（1）　　226
表 11-3　出生率を説明する固定効果モデルの推計結果（2）　　230

## 第 12 章

図 12-1　モデルの概要　　253
図 12-2　社会保障年金給付　　255
図 12-3　社会保障年金負担　　255
図 12-4　社会保障医療給付　　256
図 12-5　社会保障医療負担　　256
図 12-6　社会保障介護給付　　257
図 12-7　社会保障介護負担　　257
図 12-8　社会保障給付　　258
図 12-9　社会保障負担　　258
表 12-1　社会保障費用統計と SNA の比較　給付面　　240
表 12-2　社会保障費用統計と SNA の比較　負担面　　241
表 12-3　SNA と社会保障費用統計との比較（1）　年金給付　　242
表 12-4　SNA と社会保障費用統計との比較（2）　医療給付　　242
表 12-5　SNA と社会保障費用統計との比較（3）　介護給付　　242

表 12-6　SNA と社会保障費用統計との比較（4）　年金負担　　*244*
表 12-7　SNA と社会保障費用統計との比較（5）　医療負担　　*244*
表 12-8　SNA と社会保障費用統計との比較（6）　介護負担　　*244*

## Column 3
表　近年のマクロ計量経済モデルの展開　　*266*

## 第 13 章
図 13-1　世界主要地域の人口増加率の推移：1950〜2050 年　　*274*
図 13-2　総人口ならびに年齢（3 区分）別人口指数の推移：1950〜2050 年　　*275*
図 13-3　人口ピラミッドの変遷：2030 年および 2060 年　　*277*
図 13-4　年代ごとにみた高齢人口増減　　*278*
図 13-5　主要先進国の高齢化率の推移：1950〜2100 年　　*280*
図 13-6　近隣諸国の人口ボーナス期の比較：1950〜2060 年——日本 vs 韓国、中国、インドネシア、インド　　*281*
図 13-7　我が国の出生数、死亡数の推移：1900〜2110 年　　*282*
図 13-8　人口・経済・社会保障システム　　*285*
表 13-1　総人口ならびに年齢階級別人口の推移および指数：1950〜2110 年　　*272*
表 13-2　人口高齢化の基本指標の推移：1950〜2100 年　　*276*
表 13-3　死亡年齢分布の推移：1930〜2060 年　　*283*

## 資料
資料 1　政策分野別社会支出の推移　　*300*
資料 2　社会保障給付費の部門別推移　　*301*
資料 3　人口と高齢化率の推移　実績と将来推計　　*302*
資料 4　出生率の推移（日本と諸外国）　実績と将来推計　　*303*
資料 5　平均寿命の推移（日本と諸外国）　実績と将来推計　　*304*
資料 6　生産年齢人口比率と従属人口比率の推移（日本）　　*305*
資料 7　OECD 加盟国の女性の年齢階層別就業率　　*306*
資料 8　OECD 諸国の GDP 対前年伸び率の推移　　*307*

序章

# 政策論議とそれを支える事実（エビデンス）

西村　周三

## 1　はじめに——問題提起

　現在、日本政府の一般会計予算歳出に占める社会保障費は30％を超えている。これに加えて年金や医療・介護などは社会保険制度という別会計で運営されているので、これらを合わせた、全体としての日本の社会保障給付額は100兆円を超えている。今後の高齢化の進展を考えると、この額の増加は、日本の社会に深刻な影響をもたらすと危惧されている。そこで、2013年には「社会保障・税一体改革」の実施が決定され、国民の大きな関心を呼んでいる。

　しかしながら現在の社会保障制度をめぐっては、世界を視野に置くとき、もう少し広い角度から議論される必要がある。本書は、国立社会保障・人口問題研究所で作成され、毎年公刊される「社会保障費用統計」の各種・各方面での利用の現状と利用可能性をさまざまな角度から議論するのが目的であるが、まずこの章で、統計データと政策論議との関連について、簡単な例を取り上げることで、さらに多様な議論がありうることを問題提起したい。

　社会保障に関する主な国際比較統計は、ILO基準の「社会保障給付費」とOECD基準の「社会支出統計」であるが、それぞれの意義について簡単に説明しよう。ただし、これに先立ち、まず言葉の意味の確認から始めたい。日

本では「社会保障」という言葉は、イメージとしては多くの国民の共有するものとなっている。しかしながら世界を視野に置くと、この言葉のイメージは、地域やこれを取り上げてきた国際機関の性質によって微妙に異なる。

まず用語上、明白な違いを示す国はアメリカ合衆国である。アメリカでは、社会保障（Social Security）というのは、ほとんど「公的年金制度」と同義である。アメリカに一定期間居住する人々は、すべて社会保障番号（Social Security Number）を持つことになっており、この言葉になじみのある人々も多いであろう。これは主として、個々人が拠出した年金保険料と、それに基づく給付額を関連づけるために用いられる。

しかし、たとえばアメリカの医療には、日本でいう社会保障という概念は含まれないのだろうか。医療に関して国民皆保険が実現していないから社会保障がないのではないか、と考える人々がいるかもしれないが、アメリカでも、高齢者全体を対象とするメディケア（Medicare）や低所得者を対象とするメディケイド（Medicaid）などの公的保障制度がある。しかもこれらの公的な支出だけの対 GDP 比をとっても、日本のそれよりはるかに大きい。

日本の通念からすれば、これらは社会保障となるはずである。またアメリカには日本の生活保護制度に相当する制度 TANF（Temporary Assistance for Needy Families）もあるので、日本の感覚からすればこれも社会保障の 1 つである。ところが、これらはアメリカでは社会保障とはいわない。

それではヨーロッパに目を転ずるとどうであろうか。ヨーロッパは、社会保障に関して長い歴史を持っている。そして、歴史的には、ドイツ、フランス、オランダなどのヨーロッパ大陸で発達したしくみと、イギリス、北欧などを分けて、その特徴を議論することが多かった。前者は社会保障の中心部分を占める年金、医療に関して「社会保険制度」を採用し、社会保険料という財源を重要な源泉としてきたのに対し、後者の国では、特に医療制度に関して、その財源を税に依拠してきた。

歴史的には、この違いに注目する研究者が多く、特に日本では、イギリス型かドイツ型のどちらの方式を模範とするかといった論争が華やかだった時期もある。具体的には、この差異は、次節で述べるように、給付の範囲が全国民に平等に及ぶか、それとも、被用者をやや優遇するかなどの違いとして

あらわれるが、重要な点は、近年、こと EU 加盟国に関しては、次第にその差異が薄れてきているという点である。

これは、EU 域内での、各国の社会保障制度の収束への圧力にもよるものと思われる。そしてこの収束の流れと、統計データの整備とが、相互に関係し合っていることにも注目したい。

社会保障に関するデータのみではないが、EU では、1953 年以来、人々の生活条件にかかわるさまざまなデータを、統一した基準のもとで整備する動きが継続しており、これは EU SILC（European Union Statistics on Income and Living Conditions）として公表されている。ほとんどの社会保障にかかわるデータは、このデータベースから得ることができる。

そして近年では、いわゆるパネル・データといって、個々人ないし個別世帯のデータを経時的に追い続けるデータの整備も進んでいる。筆者は何度かヨーロッパにおける社会保障のあり方に関する国際会議に出席しているが、ここでの EU SILC の活用頻度はきわめて高い。まさにエビデンスに基づいた各国比較が行われているのである。

## 2　ILO 統計について

国際比較可能な形で社会保障統計の提供を始めたのは、ILO（International Labor Office：国際労働機関）である。この統計（「社会保障給付費」）は本書の以下の各章で、利用・紹介されるが、ILO は 1949 年以来 18 回の調査を実施してきており、特に社会保障の収入と支出の両方に関する統計データを公表してきた。これは社会保障の最低基準に関する ILO 条約と ILO 勧告 No.67（1944 年）および No.69（1944 年）の枠組みにおいて各国から収集されてきた。

ILO は労働に関する国際機関である。当初は社会保障というのは、どちらかというと労働者の権利を守るという観点から想起されてきた。もちろん、だからといって、現役の労働者の利害にかかわることだけでなく、たとえば高齢期の生活保障も視野に入っており、年金や引退後の医療なども大きな関心事ではある。ただ、それは現役勤労者の、引退後の生活としての理解という側面が強かったといえよう。

歴史的な経過の説明は第1章に譲るが、日本では1957年に国際連合に加盟以来、このような傾向を持つものとして社会保障が理解されてきたが、その後、雇用や社会保障費用の拠出の実態にかかわりなく、すべての国民に対する一般的な援助を提供する社会保護（Social Protection）の枠組みを含むまでに拡張された。

　ここですべての国民というのは、たとえば、多くの場合、非正規で、正当な労働基本権を享受できない労働者や、退職した高齢者、子どもなどを指す。

　この結果、近年はILOでも社会保障という用語よりも、どちらかというと、「社会保護」という用語が頻繁に用いられるようになった。2つの用語は、その意味と用いられ方に微妙な違いがあるものの、しばしばほぼ同義で用いられることも多い。この変化は、ILOによって明示的に意識されたというより、ILOが時代の変化に少しずつ適応しているからであると思われる。

　ILOは、2000年ごろから社会保障を、労働者主体から「すべての国民」に視野を広げつつ、2001年、2011年、2012年に至る3回の国際会議の議論を通じて、この傾向を明示的にしてNo.185（2012年）の枠組みにおいて"Social security for all: Building social protection floors and comprehensive social security system"を発表した。

　ただ、統計データとしては、以前は"The Cost of Social Security"として公開してきたものを2000年以降はSSI（社会保障調査）として新たなデータベースの構築を進めているところであるが、現時点で定期的な更新には至っていない。

　しかしながら社会保障の理念は、現在はかなり変わっている。上記の2012年会議の報告では、次の5点の勧告が示されている。

① 社会保障は人権であり、どこに居住しようが、少なくとも基本的な社会保護の基礎（floor）を保障するものでなければならない。
② 社会保障は、貧困や、社会的排除と闘い、発展、平等、機会均等に寄与する、社会的・経済的に必需のものである。
③ 社会的保護の基礎は、それぞれの国家を取り巻く環境に合致する範囲で、あらゆるところで経済的に達成可能であり、導入可能であり、完成

しうるものであり、維持可能なものである。
④　社会的保護は、少なくとも以下の4つの基本的な社会保障にとって不可欠なものからなるべきである。すなわち医療、幼少期、青年期、老年期のすべての住民とすべての子どもにとって、基本的な所得を保障するものであること。
⑤　あらゆる社会は、経済が成熟するにつれ、また財政的余裕が拡大するにつれ、ILO が設定する社会保障基準に示された社会保障水準を高める戦略を発展させるべきである。

このように、かつての労働組合に加入している労働者を守るという色彩の強かった時代と比べて、社会保障は、より広範な概念に変わってきたと思われる。そして ILO 加盟国は、2012 年現在 185 カ国にのぼり、次節で述べる OECD 加盟国 34 に比して多数にのぼる。すなわち経済的に発展した国ばかりから構成されるのではないという点も、各国共通の統計データを整備することが難しい状況にあるといえよう。

## 3　OECD 統計について

このように ILO 加盟国を対象とする社会保障統計の整備が、理念としては時代の変化に適応しているにもかかわらず、ILO では、国際比較可能な、より充実した統計データの整備が進まない一方で、どちらかというと発展した国々から構成される OECD（経済協力開発機構）が 1996 年から、「社会支出統計」の公表を開始した。

OECD 基準に基づく「社会支出（Social Expenditure）」は、その範囲を「人々の厚生水準が極端に低下した場合に、それを補うために個人や世帯に対して財政支援や給付をする公的あるいは私的供給」と定義されている。ただし集計する範囲は、制度による支出のみを社会支出と定義し、人々の直接の財・サービスの購入や、個人単位の契約や移転は含まないとされる。

この OECD の社会支出の発想は、少し理解が難しいために、データが提供されているにもかかわらず、残念なことに特に日本であまり頻繁に利用さ

れないが、その意味するところを理解することはきわめて重要であると思われる。具体的にはこの支出は次のような項目からなる。①高齢、②遺族、③障害、業務災害、傷病、④保健、⑤家族、⑥積極的労働市場政策、⑦失業、⑧住宅、⑨他の政策分野。

　ここでは、この内容について、理念的な理解と統計上どこまでを含むかについての議論とを分けて考えたほうがよい。そして大切な点は理念的な理解である。この理解が明確になれば、自ずと何を社会支出と考え、何を社会支出と考えないかの議論は整理され、そこから派生してOECDの定める分類基準が適切かどうかの議論も生まれる。

　なお、現に示されている数値については、日本については「社会保障統計」を、また加盟国の各数値の解説については、Adema et al.（2011）を参照されたい。

　さて「社会支出」というのはどのような考え方で決まるものだろうか。詳細な定義の説明は第2章に譲るが、先に次の点に注意を喚起しておこう。OECD統計では、この「社会支出」はさらに公的な社会支出、私的な社会支出に分けられ、さらに私的な社会支出は、義務的な（mandatory）もの、任意の（voluntary）ものの2つに分類される。

　具体的な例を挙げて、理解のための参考情報としよう。たとえばアメリカでは、医療費の負担は、高齢者や低所得者以外は大部分が民間保険によって賄われているが、さらにその保険料の相当額が、事業主によって負担されている。この額は「私的」社会支出に分類される。

　この概念について、理念的に厳密な整理を行うことは難しいが、こういった「私的な」「社会的な」支出という概念が存在すると考えるかどうかは、個々の社会によって異なる。「私的な支出なのに、社会的な支出」と言われると一部の人々は困惑するかもしれない。ただ現状のOECD統計にこういう曖昧な要素があることは否定できないのである。

　この点は、社会保障費用としては分類されないが、「教育」という社会支出の分類に属する例で考えると理解しやすい。たとえば小・中学校は義務教育だから、教育費用は無償にすべきであると理解することには、日本では大部分の人々の合意を得られるであろう。

表 0-1 対 GDP 比でみた各国の社会支出

(%)

|  | 2007年 | | 2012年 |
| --- | --- | --- | --- |
|  | 公的社会支出計 | 私的社会支出計 | 公的社会支出計 |
| オーストラリア | 16.0 | 3.8 | 16.1 |
| オーストリア | 26.4 | 1.8 | 28.1 |
| ベルギー | 26.3 | 4.7 | 28.6 |
| カナダ | 16.9 | 5.3 | 19.3 |
| チェコ | 18.8 | 0.4 | 20.4 |
| デンマーク | 26.0 | 2.6 | 29.5 |
| エストニア | 13.0 | 0.0 | 17.3 |
| フィンランド | 24.9 | 1.1 | 28.0 |
| フランス | 28.4 | 2.9 | 29.9 |
| ドイツ | 25.2 | 2.9 | 25.8 |
| ギリシャ | 21.3 | 1.5 | 23.1 |
| ハンガリー | 22.9 | 0.2 | 22.1 |
| アイスランド | 14.6 | 5.1 | 14.0 |
| イスラエル | 15.5 | 0.5 | 15.7 |
| アイルランド | 16.3 | 1.5 | 19.8 |
| イタリア | 24.9 | 2.1 | 26.4 |
| 日本 | 18.7 | 3.6 | 16.1* |
| 韓国 | 7.6 | 2.6 | 9.7 |
| ルクセンブルク | 20.6 | 0.9 | 23.6 |
| オランダ | 20.1 | 6.9 | 21.5 |
| ニュージーランド | 18.4 | 0.4 | 21.8 |
| ノルウェー | 20.8 | 2.0 | 22.4 |
| ポーランド | 19.8 | 0.0 | 21.1 |
| ポルトガル | 22.5 | 1.9 | 25.4 |
| スロバキア | 15.7 | 1.0 | 17.0 |
| スロベニア | 20.3 | 1.0 | 23.7 |
| スペイン | 21.6 | 0.5 | 25.3 |
| スウェーデン | 27.3 | 2.9 | 26.5 |
| スイス | 18.5 | 8.3 | 18.5 |
| イギリス | 20.5 | 5.8 | 22.9 |
| アメリカ | 16.2 | 10.5 | 19.5 |
| OECD | 19.3 | 2.5 | 22.1 |

注：＊日本は 2011 年。
　　データが得られないトルコ、チリは除いた。
出所：Adema et al. (2011).

しかし高等学校の教育費用はどうであろうか。筆者の理解では、大部分の国民は無償にすべきであると考えると想像するが、もちろん異論を唱える人々もいるかもしれない。特に財政が厳しいとき、これを受け入れるかは議論が分かれる。ところがヨーロッパの福祉国家といわれる国々においては、高等学校はおろか、大学の授業料さえ無償にしているところが多い。この情報を得た後、日本の国民が意見を変えるだろうかという思考実験を行ってみる値打ちがある。

いずれにせよ、この「社会支出」の概念は日本では、アメリカの経済学の影響もあって、経済学の理論の中でも定着していない。強いて挙げれば財政学などで「価値財（Merit Goods）」といわれることがあるが、そこでは、そのあり方は、単純に人々の総意によって決めるものとされている。しかしながらより本質に立ち入った理念的な議論が必要であると思われる。

たとえば国立大学の授業料は私立大学の授業料に比べて安いことに、何らかの社会的根拠があるだろうか？　多くの人々はこれを、さまざまな理由から不思議に思う。かつての貧しい時代であれば、特定の人々のエリート教育のために優遇することに根拠があったかもしれないが、たとえば現代の日本ではほとんど説得力がない。

ただ、この現状に合理的根拠がないとして、この状態を変革する方向に関しては、さまざまな見解が生まれ、合意を得ることが難しいであろう。一方の極は、「国立大学、私立大学のいずれの大学の授業料も無料にすべきである」という見解であり、他方の極は、「費用に見合った額を受益者が負担すべく、共に有料化すべきである」という見解である。

言うまでもなく、この問題を財源の議論抜きに考えることは適切ではなく、所得分配のあり方とも絡むので、果てしない議論が生じるであろう。

それでは、たとえば新古典派経済学はこの事態に対して、どのような議論を展開するだろうか。新古典派経済学の有力な提案は、バウチャー制度を採用して、たとえば18歳の人々すべてに、4年間につき合計2,000万円の給付を行い、その代わり市場の力を通じて、コストに見合った授業料負担を求めるというアイデアが推奨される。

しかしながら、このアイデアを採用すれば、大学教育というのは過少供給

になることが予想される。もちろんそれはそれでいいではないか、またそういう事態になれば、大学はさまざまな工夫をすることによって、若者を引きつける新たなサービスが生まれると予想する人々もいる。

しかしこういった形で大学の研究・教育サービスを過度に消費者本位にすることの危険性も認識したほうがよい。もちろん、この種の思考実験を行うことは重要なことであるが、この際あわせて、たとえばヨーロッパの実態を参考にすることも重要である。いわゆる福祉国家といわれる国々では、大学の大部分は公的に運営されており、授業料は無償かあるいはきわめてわずかな負担となっている。大学教育を公的機関の提供に委ねるという発想は時代遅れになっているかもしれないが、この種のサービスが高い「社会性」を帯びているということの認識はきわめて重要であり、教育費「負担」に関しては公的支出を維持するという視点も選択肢に入れるべきであろう。

ここまで、教育という事例を参考に「私的な公的サービス」についての議論の所在を説明したが、こういった実態を把握するためにも OECD 統計は有効な資料を提供している。医療、年金についても、この種の議論がきわめて重要であり、本書の各章で展開される分析が、こういった議論を深めることのきっかけになることを期待したい。実際 EU 域内では、統計データの分析と政策論とのフィード・バックが活発に行われている。

あわせて、さらにこの種の議論の参考として、Adema et al.(2011) を紹介したい。たとえばアメリカでは、公的医療保険制度は、高齢者や低所得者など以外には適用されておらず、代わりに民間保険が普及している。この側面だけをみて、選択の自由という観点から民間保険の優位性を主張する人々がいるが、興味深いのは次の点である。

民間保険の加入に関しては、従業員に対して事業主が（一部の企業については日本以上に）多くの補助を行っているが、その部分は企業にとっての労働費用とみなされている。すなわち事業主が負担すべきか、被雇用者が負担すべきかは別として、いずれにせよ、政府は多額の税制上の免除を行っている。Adema et al.(2011) は、これについて「失われた税収」の分析を行っている。

税によって医療費の大部分を賄うヨーロッパの国々に関しては、この種の

税収のロスはない（ただし社会保険制度のもとでも同種の税収のロスが生じる）。したがって、こういった点も含めての社会的支出の負担の多寡を議論すべきであるというのが、彼らの主張である。いかにももっともな主張であると思われる。

## 4 むすび

以上、わずかな例ではあるが、統計データとそれの依拠する概念的背景の関連を論じた。以下の各章についても、こういった観点からの考察を視野に置いてお読みいただければ幸いである。

**参考文献**

Adema, W., P. Fron and M. Ladaique (2011) "Is the European Welfare State Really More Expensive?: Indicators on Social Spending, 1980-2012; and a Manual to the OECD Social Expenditure Database (SOCX)," *OECD Social, Employment and Migration Working Papers*, No.124, OECD Publishing.

# 第1部　社会保障費用統計の成り立ちと実際

第 1 章

# 社会保障の成り立ちと費用統計の歴史

勝又　幸子

## 1　はじめに

　日本における「社会保障費用統計」の集計と公表の歴史をまとめることが本章の目的である。そしてそれは、日本における社会保障研究の歴史と重なっている。戦前（社会保障研究所編，1981a～1984）においても社会保障の制度は恩給・厚生年金保険などがあったが、社会保障が「国民皆保険・皆年金」として全国民を対象とした政策として認識されたのは戦後である。戦後まもない 1949 年、社会保障制度審議会（1949（昭和 24）年 5 月発足）[1]が設置された。その後、社会保障の基礎的・総合的な研究のための組織的体制の立ち遅れが指摘され、1962 年同審議会の勧告において調査研究機関の整備が強く要請された。社会保障研究所はこのような時代的要請のもと 1965 年 1 月に設立されたが、その設立の当初より社会保障の統計的研究が事業計画に掲げられ、翻訳シリーズとして国際労働機関（ILO）事務局編『世界各国における社会保障の費用』(1958～1960 年) が刊行されている。これが、『社会保障の費用』（英語タイトル：*The Cost of Social Security*）である。以下では、旧労働省のちに旧厚生省が担当していた集計初期から旧社会保障研究所（1962 年 8 月～1996 年 11 月）、そして現在の国立社会保障・人口問題研究所（1996 年 12 月～現在）に至るまでの社会保障費用統計の集計と公表の歴史を概観していく。

表1-1 「社会保障費用統計」の成り立ち

| 年 | 集計担当部局 | 社会保障費用統計に関する動向 | 社会経済情勢・制度整備 |
|---|---|---|---|
| 1945年 | | 1949年　第7回ILO労働統計家会議<br>1949年　社会保障制度審議会創設 | 第2次世界大戦終了<br>1947年　労働者災害補償保険法施行 |
| 1950年 | ↑ | | |
| 1955年 | 労働省 | 1959年　社会保障関係総費用公表開始 | 1957年　日本国際連合加盟<br>1958年　国民健康保険創設<br>1959年　国民年金（拠出制）創設 |
| 1960年 | ↓ | 1962年　社会保障研究所創設 | |
| 1970年 | ↑<br>厚生省<br>↓ | | 1973年　福祉元年（老人医療費無料化）<br>1973年　第1次オイルショック<br>1975年　雇用保険法施行<br>1979年　第2次オイルショック |
| 1980年 | ↑ | 1985年　高齢者関係給付費掲載 | 1983年　老人保健法施行<br>1986年　国民基礎年金制度創設<br>1989年　TFR1.57ショック |
| 1990年 | 社保研 | 1992年　OECD第2回社会保障担当大臣会議開催<br>1998年　ILO機能別分類公表開始<br>1999年　児童・家族関係給付費掲載 | 1991年　バブル経済不況<br>1994年　12月第1次ゴールドプラン策定<br>第1次エンゼルプラン策定 |
| 2000年 | ↓<br>↑ | 2001年　OECD NETSOCX第2編刊行<br>2004年　OECD SOCXを国際比較参考資料に追加<br>2005年以降はOECDのみ掲載 | 2000年　介護保険導入<br>2008年　後期高齢者医療制度<br>2009年　リーマン・ショック |
| 2010年 | 社人研 | 2012年　社会保障費用統計基幹統計指定「作成方法の通知」報告<br>11月「平成22年度社会保障費用統計」公表 | 税と社会保障の一体改革<br>2012年3月　子ども・子育て新システム法案骨子 |
| 2013年 | ↓ | | 2013年6月　日本再興戦略（アベノミクス） |

注：社保研＝特殊法人社会保障研究所（1996年11月廃止）。
　　社人研＝国立社会保障・人口問題研究所（1996年12月～現在）。

## 2　1950年度～1981年度[2]

　この期間は、「社会保障給付費」が労働省（1963年度まで）と厚生省（1964～1981年度）の内局によって集計されていた期間を表している（以下表示された年度は費用の年度であり、公表年度は異なる。決算値をもとに集計を行う関係から公表まで約2年を要している）。労働省の担当部局は不明だが、厚生省では大臣官房企画室が担当し、後に政策課調査室が担当した。この間、『厚生白書』[3]の資料編において「社会保障給付費」が掲載されていたがそれらは各部局の集計によるものであった。一方で、1949年に創立された社会保障制度審議会の事務局[4]が1959年3月から刊行している『社会保障統計年報』において公表を開始した「社会保障関係総費用」は1950年度の集計値が最も古いデータとして掲載されている。「社会保障給付費」は1950年度については総額と3区分の各合計値が残っているだけで、集計の基礎となった収支表は残っていない。ILO基準の収支表については1951年度が、かつてILOが刊行したものとして残されている。しかし、収支表が連続して取れるのは1960年度以降である（社会保障研究所編、1995：p. 232）。日本が国連に加入したのは1957年であるから、早くとも日本政府がILOに協力を始めたのは加盟以後になるが、加盟後まもなく日本政府が社会保障の費用の登録を始めたことがわかる。ILOが社会保障の費用を取りまとめることになった経緯は1949年第7回国際労働統計家会議の決議が発端となっている。同会議ではILOに対して継続して統計の収集を行うことが決議され、1950年3月のILO理事会（第111回）で正式に承認された。1949年から加盟国に対して3年ごとにデータの提供を求めることとなった（社会保障研究所、1985：p. 385）。

　1973年6月に社会保障研究所が編纂刊行した文献『社会保障水準基礎統計』によると、当時社会保障費用としては、3つの統計があったとされている（社会保障研究所編、1973：p. 3）。それは、ILOの『社会保障の費用』と厚生省の「社会保障給付費」と、社会保障制度審議会事務局の「社会保障関係総費用」である。「社会保障給付費」はILO基準で集計された社会保障費用のうち支出の中の給付部分のみを集計したものとして紹介されていた。本書の編纂に先立って社会保障研究所では1965年より研究会を立ち上げて費用

統計に関する検討を開始したが、その1つが「国民所得における社会保障費の統計的研究（中間報告）」(社会保障研究所、1966)である。この報告書では、当時の統計データにおける限界を「現在社会保障の規模をその金額によってはかるためには、1. 国民所得勘定とかかわりなく社会保障の収支金額を推定するか、2. 国民所得勘定の中で個人への政府からの移転としてとらえるか、いずれかである。もし前者によるとすれば、社会保障収支の大きさは把握できるとしても、それと政府・民間部門の経済活動との関連が明確ではない。またもし後者によるとすれば、社会保障の費用のうち純粋に移転的支出だけが計上され、社会保障収支の規模は把握できない」(社会保障研究所、1966：p.3) と述べている。つまり、当時は国民所得勘定（＝国民経済計算）を基礎とするもう1つの社会保障費用の把握が検討されていたということである。特に、政府から個人への移転の部分について社会保障費用を把握することが適当かどうかの検討がなされ、公表されている国民所得勘定のレベルでは把握が難しいと結論づけている（社会保障研究所、1966：p.90）。

同報告書では社会保障関係総費用についても、それが社会保障制度審議会の勧告における社会保障の概観を踏まえて作成されていた日本独自の社会保障費用統計だったこと、また集計を重ねるなかで集計の基礎資料が予算から決算へと変わっていったことなどを解説している。また、ILOについては、地方単独事業が日本の集計方法では把握できないことについてすでに問題意識が示されていた（社会保障研究所、1966：p.41)[5]。

1980年度までの間については、社会保障費用統計に関する問題意識や検討は社会保障研究所の内部で実施されていたことがわかる。しかし、社会保障政策の議論においては、社会保障全体の規模についての議論よりも、社会保険を基本とする医療などの個別給付についての関心のほうが高くILO基準で集計すれば国際比較が可能になるというメリットも、日本の社会保障費用における国際的地位が依然として低かったからか、積極的に評価されていなかった。

## 3　1982年度〜2001年度

　この時期は、国際機関において社会保障費用統計の必要性が議論され始めた時期を表している。一方、日本国内においては、「社会保障給付費」の集計主体が厚生省から社会保障研究所に移された時期を起点としている。1982年度の「社会保障給付費」から社会保障研究所が集計作業の委託を厚生省から受け始めた。直接的なきっかけはいわゆる第2臨調と呼ばれた行財政改革による、特殊法人の合理化圧力に対応し、役所が傘下の特殊法人に存続意義を付与できるような仕事を配分することだったとされている。

　研究機関に集計が委託されたことで、社会保障研究所の機関誌である『季刊社会保障研究』（社会保障研究所、1985）で社会保障費用に関する動向掲載が始まった。そこでは「社会保障給付費」がその集計基礎としているILOの費用統計のできた経緯や目的、そして基準の定義についても解説が加えられている。また類似の統計として、社会保障制度審議会事務局が公表してきた「社会保障関係総費用」との違いなどについても説明が加えられている。この年以降『季刊社会保障研究』において定期的に社会保障費用について公表資料等を掲載し現在に至っている。集計主体が役所から研究機関に移ったものの、「昭和57年度社会保障給付費」として一般に配布された公表資料は、前年の厚生省政策課による表章とほとんど変わっていない。

　1987年に公表した「昭和60年度社会保障給付費」から、日本の独自定義による「高齢者関係給付費」を掲載するようになった。このころは人口の高齢化の影響が政策対応を必要とする課題として顕在化してきた時期であった。たとえば、高齢者介護のニーズが急激に増加を始めたころで、ヘルパーの養成（介護福祉士）が始まった時期でもある。老人保健法（1983年2月施行）によって、引退後の高齢者の加入で財政負担が過重になっていた国民健康保険を被用者保険からの財政調整によって支える政策が採用された。費用集計上のメリットとしては、老人保健制度の導入によって高齢者の医療費を独立して計上できるようになったので、高齢者という年齢グループの給付費を医療・年金・福祉サービスを含む「高齢者関係給付費」として出せるようになった。

表 1-2 『季刊社会保障研究』収載にみる社会保障費用統計の研究資料等一覧

| 巻 | 号 | 刊行年月 | タイトル | 執筆者 | 備考 |
|---|---|---|---|---|---|
| 20 | 4 | 1985.3 | 社会保障費の推計と動向 | 城戸喜子、武川正吾、木村陽子、都村敦子、曽原利満 | 動向 |
| 21 | 2 | 1985.9 | 昭和58年度社会保障給付費 | 社会保障研究所 | 資料 |
| 22 | 3 | 1986.12 | 昭和59年度社会保障給付費 | 社会保障研究所 | 資料 |
| 23 | 2 | 1987.9 | 昭和60年度社会保障給付費 | 社会保障研究所 | 資料 |
| 24 | 3 | 1988.12 | 昭和61年度社会保障給付費 | 社会保障研究所 | 資料 |
| 25 | 3 | 1989.12 | 昭和62年度社会保障給付費 | 社会保障研究所 | 資料 |
| 26 | 3 | 1990.12 | 昭和63年度社会保障給付費 | 社会保障研究所 | 資料 |
| 27 | 3 | 1991.12 | 平成元年度社会保障給付費 | 社会保障研究所 | 資料 |
| 28 | 3 | 1992.12 | 平成2年度社会保障費 | 社会保障研究所 | 資料 |
| 28 | 3 | 1992.12 | 社会保障費の国際比較――ILO公表統計を使った国際比較の留意点と課題 | 勝又幸子 | 動向 |
| 29 | 3 | 1993.12 | 平成3年度社会保障費 | 社会保障研究所 | 資料 |
| 30 | 3 | 1994.12 | 平成4年度社会保障費 | 社会保障研究所 | 資料 |
| 30 | 4 | 1995.3 | 社会保障費国際比較基礎データ | 社会保障研究所 | 動向 |
| 31 | 3 | 1995.12 | 平成5年度社会保障費 | 社会保障研究所 | 資料 |
| 32 | 3 | 1996.11 | 平成6年度社会保障費 | 社会保障研究所 | 資料 |
| 33 | 3 | 1997.12 | 平成7年度社会保障費 | 国立社会保障・人口問題研究所 総合企画部 | 資料 |
| 34 | 3 | 1998.12 | 平成8年度社会保障費 | 国立社会保障・人口問題研究所 総合企画部 | 資料 |
| 35 | 3 | 1999.12 | 平成9年度社会保障費 | 国立社会保障・人口問題研究所 総合企画部 | 資料 |
| 36 | 4 | 2001.3 | 平成10年度社会保障費――解説と分析 | 国立社会保障・人口問題研究所 総合企画部 | 資料 |
| 37 | 4 | 2002.3 | 平成11年度社会保障費――解説と分析 | 国立社会保障・人口問題研究所 総合企画部 | 資料 |
| 38 | 4 | 2003.3 | 平成12年度社会保障費――解説と分析 | 国立社会保障・人口問題研究所 総合企画部 | 資料 |
| 39 | 4 | 2004.3 | 平成13年度社会保障費 | 国立社会保障・人口問題研究所 総合企画部 | 資料 |
| 40 | 3 | 2004.12 | 平成14年度社会保障費――解説と分析 | 国立社会保障・人口問題研究所 企画部 | 動向 |
| 41 | 3 | 2005.12 | 平成15年度社会保障費――解説と分析 | 国立社会保障・人口問題研究所 企画部 | 動向 |
| 42 | 1 | 2006.6 | 社会保障給付の制度配分――OECDデータと社会保障給付費による動向分析【特集：社会保障の規模とその影響】 | 勝又幸子 | 特集 |
| 42 | 3 | 2006.12 | 平成16年度社会保障費――解説と分析 | 国立社会保障・人口問題研究所 企画部 | 動向 |
| 43 | 3 | 2007.12 | 平成17年度社会保障費――解説と分析 | 国立社会保障・人口問題研究所 企画部 | 動向 |
| 44 | 3 | 2008.12 | 平成18年度社会保障費――解説と分析 | 国立社会保障・人口問題研究所 企画部 | 動向 |
| 45 | 3 | 2009.12 | 平成19年度社会保障費――解説と分析 | 国立社会保障・人口問題研究所 企画部 | 動向 |
| 46 | 3 | 2010.12 | 平成20年度社会保障費――解説と分析 | 国立社会保障・人口問題研究所 企画部 | 動向 |
| 47 | 4 | 2012.3 | 平成21年度社会保障費――解説と分析 | 国立社会保障・人口問題研究所 企画部 | 動向 |
| 48 | 4 | 2013.3 | 2010（平成22）年度 社会保障費用――概要と解説 | 国立社会保障・人口問題研究所 社会保障費用統計プロジェクト | 動向 |

注：上記刊行号はウェブからダウンロード可能。http://www.ipss.go.jp/syoushika/bunken/sakuin/kikan/sakuin1.htm

1990年度公表資料より、『季刊社会保障研究』の動向掲載分についてはタイトルをそれまでの「社会保障給付費」から「社会保障費」と変えて、給付に加えて負担面の財源についても記述することにした。前節で引用した『社会保障水準基礎統計』でILOの統計と厚生省の統計を区別していたように、ILOの費用統計は、給付のみならず管理費やその他を含む支出全体を捉えていて、それらの財源構造も記録させていたのに対して、厚生省の「社会保障給付費」は、支出の一部である給付費についてのみを公表していたのである。人口の高齢化が急速に進むなかで、給付と負担を一体的に議論する必要が認識されつつあった。特に1973年当時「福祉元年」と呼ばれた年に始まった全国レベルでの老人医療費の無料化によって急増した老人医療費の財源をどのように負担していくべきかが重要な政策議論となっていた。そのような政策研究のニーズに応えるためにも給付と負担の両面から社会保障費用を捉える必要があった。

1995年1月、旧社会保障研究所の創立30周年記念出版事業として『社会保障費統計の基礎と展望』(社会保障研究所編、1995) が刊行された。当時の所長は産業連関表の専門家として知られていた経済学者の宮澤健一氏で、国民経済計算と社会保障費用統計の接合に強い関心を持っていた。宮澤氏は同書のまえがきで次のように問題意識を表明している。

　「社会保障の問題が、今日ほど一般の人々の関心を広く引くようになったこともかつてない。その背景には、根本的には、高齢化・少子化と連動しながら、福祉ニーズの『普遍化』が進行したこと、そしてまた、市場経済の運行とかかわりながら、福祉と産業社会との『連動化』が進展したこと、この二側面での動向変化を指摘できる。しかし、現象的には、もっと直接的な側面がある。世界に類例のない速度で進む高齢化が『社会保障費』を急増させることが予知されて、それが国民の租税と社会保険料の負担を高めて市民の生活にじかに響き、国と地方政府の財政を直撃して財政運営の再構築をうながすようになった時代の推移がある。

　こうした展開が生むさまざまな局面について、これを客観的に踏まえ、定量化して計数的に捉えるには、統計のデータ的基礎の整備が大前提とな

る。そのために求められるのは、第1に、社会保障費の統計それ自体が、給付と負担の両面にわたって、また時系列の整備を含めて、整合性のある形で用意されなければならない。第2に、国民経済社会全体の流れの中で、社会保障費の地位を明確化する視点が、統計数値的にも、データ技法的にも、準備されなければならない」（社会保障研究所編、1995）。

　旧社会保障研究所では1992年より所内に「社会保障費調査研究委員会」が設置され3冊の所内報告を刊行したが、その内容をまとめたものが1995年の『社会保障費統計の基礎と展望』であった[6]。
　1996年12月、旧人口問題研究所と旧社会保障研究所の統合により、国立社会保障・人口問題研究所が設立された。統合によって、それまで委託事業として行ってきた集計公表事業が研究所の本来業務の1つになった。「平成10年度社会保障給付費」の公表資料から、『季刊社会保障研究』の動向と同様に財源データについても公表資料に掲載を開始した。委託から本来業務へと変わったことで、費用統計の集計と公表のスタイルに変化がもたらされたといえよう。
　1999年12月に公表した「平成9年度社会保障給付費」から、「児童・家族関係給付費」の集計と公開が始まった。当時から遡ること10年前の1989年、「出生率1.57ショック」[7]を起点として急激に少子化対策が重要性を増したことで、児童や家族に対する社会保障給付の充実が議論されるようになっていた。そこで、「高齢者関係給付費」に対応するような児童に関する給付費の集計が行政ニーズとして顕在化したのである。しかし、老人保健により高齢者の医療費の分離集計ができたのとは異なり、児童についてはそのような集計ができないため、「児童・家族関係給付費」の集計対象には、子どもの医療費を除く給付費、すなわち正常分娩費としての出産一時金、育児休業給付、保育所運営費、児童手当、児童扶養手当等が含まれることになった[8]。
　それまでILOしか社会保障費用統計を整備していなかった状況から、他の国際機関の同分野への進出が顕著になってきたのが1990年代である。
　1992年、OECD（経済協力開発機構）の第2回社会保障担当大臣会議において、加盟国による社会支出データベースの構築が決定された（三上、1995）。

これを受けて、加盟国の日本でも 1996 年に厚生省からの要請で社会保障研究所が社会支出の集計を開始し、1975～1992 年度について暫定的なデータの提供を行った。その後、統合後の研究所から 1998 年 3 月に『OECD 社会支出統計の概要と日本データ』(国立社会保障・人口問題研究所、1998a) を刊行した。1998 年には「社会支出（SOCX）1994 年版」として 1994 年度まで更新した集計結果を OECD に提出した。

同時期 ILO も他の国際機関の影響を受けて、従来の収支表から集計方法を更新し「機能別分類」を導入する大幅な改訂を実施したため、それに対応して 2000 年 12 月に公表した「平成 10 年度社会保障給付費」より機能別分類の公表を追加した。従来の収支表は第 18 次調査までで集計が行われなくなった。日本では、収支表から医療・年金・福祉その他の 3 区分の独自集計を行ってきた関係から、その後も収支表による集計を継続している。しかし諸外国は収支表の集計を中止したため、それまで公表資料で国際比較として 5 カ国（アメリカ・イギリス・フランス・ドイツ・スウェーデン）の 3 区分を掲載してきたことができなくなった。

ILO が社会保障費用統計の先駆的役割を果たしたことは言うまでもないが、1970 年代から同分野の研究に熱心に力を入れた機関が EC 統計局である。EU 加盟国の代表と共同で欧州統合社会保護統計（ESSPROS）を創設し、1981 年には『統計作成マニュアル』を刊行している。特に 1996 年に刊行された『改訂版作成マニュアル』(国立社会保障・人口問題研究所、1998b) では、OECD や ILO との協力が言及されており、この改訂版がのちの OECD の社会支出統計、ならびに ILO の機能別分類の追加に大きな影響を与えた。

## 4　2002 年度～2009 年度

この時期は、国際比較データとしての社会保障費用統計が注目されてきた時期といえる。ILO 基準の国際比較集計が ILO の集計体制の変更によって遅滞した一方で、OECD はコンスタントに集計を実施できていた。そのため、日本でも「平成 14 年度社会保障給付費」(2004 年 9 月公表) から OECD のデータを ILO に加えて掲載することにした。そして次の年には参考資料と

して掲載する国際比較としては OECD だけを掲載することにした。

　OECD の社会支出を国際比較として掲載することによって、従来の ILO 基準との違いや他の国際統計（EUROSTAT の社会保護支出）との違いなどについても整理する必要ができ、『海外社会保障研究』の誌上で継続して社会保障費用統計の国際比較について報告を掲載するようになったのもこの時期である。2001 年から 2012 年までに掲載された動向については、一覧表を『海外社会保障研究』No. 182 にまとめた。特に、この時期に OECD の社会支出統計には発展的更新がもたらされた。1 つは、OECD が当初の 13 政策区分から 9 区分に更新したこと、そしてもう 1 つは、税制優遇措置や任意私的社会支出という新たな概念を加えた NET SOCX（純社会支出）の集計と公表を開始したことである（国立社会保障・人口問題研究所、2009a）。また、ILO についても従来の収支表による掲載をやめ、OECD や EUROSTAT などと共通する機能別分類による集計方法に移行した。その後、ILO は社会保障の費用統計を含む SSI（Social Security Inquiry）という総合的なデータベースへの拡大更新を行い ILO の加盟国でそれまで費用統計を整備してこなかった国々の政府統計部局への研修に力をいれている（国立社会保障・人口問題研究所、2009b）。

## 5　2010 年度から現在、そして近未来

　この時期は 2010 年度の集計結果を公表した 2012 年から現在、そして近未来までを含む時期である。

　国立社会保障・人口問題研究所は 2012 年 11 月 29 日に「平成 22 年度社会保障費用統計」を公表した。これは、統計法のもと、社会保障費用統計が基幹統計と指定されてから初めての公表であった。指定を機に、「公的統計の整備に関する基本的な計画（2009 年 3 月 13 日閣議決定）」の指摘に沿って、次の 2 点で改善が図られた。

　第 1 に、国際比較性の向上である。旧「社会保障給付費」が準拠してきた ILO 基準は、1996 年以降、諸外国のデータ更新が途絶え、国際比較ができない。他方 OECD 基準はデータが定期的に更新され、国際比較が可能であ

る。こうした現状においては、後者の OECD 基準集計の拡充によって、上記基本計画の指摘する「国際比較性の向上」が図れることになる。我が国の OECD 基準集計は、旧厚生省の委託で旧社会保障研究所が 1996 年より行い、OECD に登録するとともに、旧「社会保障給付費」の「付録：国際比較」に掲載してきが、基幹統計指定を機に、「本編」に位置づけを変え本格的な改善を図った。一例としては、OECD 基準の定義に照らせば本来計上すべきであるが、統計の制約により非計上としてきた制度・費用について、新たに所管部局からデータ提供を受け、追加した。

　第 2 に、SNA（国民経済計算）をはじめとする関連統計との関係整理である。国立社会保障・人口問題研究所では 2011 年に「社会保障費統計に関する研究会」を設置し、SNA との相違について内閣府の協力のもと検討を行った。その成果を「社会保障費統計に関する研究会報告書」（国立社会保障・人口問題研究所、2011）でまとめたが、それをもとに「巻末参考資料」に解説を掲載した。

　「社会保障費用統計」は、OECD と ILO の 2 つの国際基準に基づいて集計した結果を公開する資料のタイトルである。従来の「社会保障給付費」では費用の範囲が狭い印象を与えるので、変更すべきとの意見が答申で出されている[9]。なぜどちらか 1 つの国際基準だけにしなかったのかについては、答申では詳しく述べられていないが、審議の過程にあっては議論があった。基幹統計に指定する統計の条件として、行政機関が作成し、または作成すべき統計であって、総務大臣が指定するものと明記した、統計法第 2 条第 4 項第 3 号に規定する基幹統計指定の条件にはイロハと 3 つの要件が挙げられているが、その中のイ、ロに当たる、「【第 3 号イ】全国的な政策を企画立案し、又はこれを実施する上において特に重要な統計」、「【第 3 号ロ】民間における意思決定又は研究活動のために広く利用されると見込まれる統計」において、長年「社会保障給付費」として行政においても政策立案においても利用されてきた ILO 基準の利活用の価値が認識されたのである。言い換えれば、国内的には ILO 基準は引き続き重要な統計として認められたのである。ちなみに 3 つの要件の残る 1 つは、「【第 3 号ハ】国際条約又は国際機関が作成する計画において作成が求められている統計その他国際比較を行ううえにお

いて特に重要な統計」であり、まさに OECD 基準を基幹統計指定する要件となっていた。

　基幹統計指定されてから、「作成方法の通知」を統計委員会に対して提出することが義務づけられることになった。そこには、①基幹統計の名称、②基幹統計を作成するために用いる情報、③基幹統計の作成に用いる情報の処理方法、④基幹統計の作成周期年、⑤作成する基幹統計の具体的内容、が記述されている。これらについては、記載された内容に変更があった場合は、毎年公表前にその更新を統計委員会に報告する。2012 年に初めて登録されたが、翌年 2013 年にも更新された通知が統計委員会に提出された。国立社会保障・人口問題研究所では公表資料とあわせて、「作成方法の通知」についても機関紙ならびにウェブページで公表している。基幹統計指定されたことで、利活用を促進するための方法が整備されてきたのである。

　2010 年に施行された統計法によって、統計がその作成方法のいかんにかかわらず、重要性を基準として基幹統計と指定されることになった。それ以前は、統計法において規定された統計とは、調査手法を用いて作成される社会統計で全国民を対象とするものに限られていた。法改正によって当初から基幹統計指定されたものに、国民経済計算がある。他の統計資料で得られたデータを加工して作成される国民経済計算は、加工統計と呼ばれてきたが、社会保障費用統計も同類である。

　21 世紀に入り国際機関では、さまざまな新たな指標が提案されている。それまで経済指標として国民経済計算によって算出される GDP が国力の客観指標として用いられてきたのだが、それだけでは十分な政策評価ができないという問題意識と反省がその背後にある。世界銀行が HDI (Human Development Index) を開発し、それが発展途上国の開発援助のモニタリング指標として用いられている。ADB (アジア開発銀行) でも 2001 年から SPI (Social Protection Index) を ILO の協力のもと開発し、経済成長だけでなく、貧困削減問題や障害者支援、男女平等政策などさまざまな社会問題に各国がいかに取り組んでいるかを比較している。そこには、各国の財政投入の規模として ILO の機能別社会保障給付費のデータが用いられている。社会保障政策の発展過程や程度の違いは、経済発展の度合いによって異なる。先進諸国を加盟国と

するOECDなどとは異なり、ADBが援助対象とするアジアの国々には制度的な整備が遅れている国も多い。特に、近年の地球環境の温暖化によりアジア諸国は頻繁に大規模な洪水に見舞われて甚大な被害を受けている。SPIには各国で起こった大規模自然災害、たとえば中国・四川大地震（2008年5月）などが含まれる。2011年3月、東日本大震災に見舞われた日本も、2011年度の社会保障費用統計の集計結果から、対GDP比率で0.34％と震災関連の社会支出の増加があったことがわかった（Katsumata, 2013）。SPIが集計している自然災害対策は、河川の修復・道路や公共交通機関の復旧など建設土木支出を中心とするインフラ整備の金額を含んでおり、災害で生活の基盤を失った人々にどのくらいの費用が移転されているかを知ることはできない。先進諸国で導入され発展させてきた社会保障制度はさまざまな側面で人々が受けるリスクを軽減してきた。たとえば、病気になったりけがをしたりするリスクを保健医療制度で、生活の糧である仕事を失うリスクを雇用保険で、寡婦リスクや引退リスクを公的年金でと、国によってその財政調達方法は異なるがその目標はリスク軽減で一致している。社会保障制度の整備を国の最重要政策として位置づけてきた日本が、先の大震災からいかに復興復旧するか、そこに既存の社会保障制度がどのくらい寄与できたか、これから社会制度を整えようとするアジアの諸国に多くの示唆を与えられると考えられる。

## 6　今後の課題と展望

　本章では、日本における社会保障費用統計の集計と公表の歴史を概観した。翻って今どのような時代かといえば、いわゆる「アベノミクス」の時代である。2013年6月「成長戦略」として政権が打ち出したのは、少子化対策と高齢者対策と経済対策を連携させて実施するという成長戦略である。これに先立って2012年に前民主党政権と現自民党・公明党連立政権の間で活発な議論が行われた「社会保障・税制一体改革」では、消費税率を5％から8％そして最終的には10％にした増収財源を社会保障に投入すること、その場合、公的年金の財政基盤の拡充や介護サービスの拡充など高齢者対象の給付のみならず、次世代を担う子育て支援に投入することが約束された。国民は

その約束がどのように実行されるかを注視している。かつてのように、予算の題目で少子化対策予算を計上するだけでは国民は納得しないだろう。子育て支援3法にかかわる財政投入については、サービスの拡充、特に保育所に入れない待機児童の解消、学童保育の充実などがどのように達成されたのか、そのためにどれほどの財政投入が実際に行われたのかが問われることになるだろう。しかし、現状の社会保障費用統計では、地方自治体で実施される福祉サービスの決算データを把握できていない。2004年度に公立保育所運営費負担金が一般財源化されたときにも、自治体の決算データが得られないことから、推計による追加集計を余儀なくされている[10]。保育サービスも学童保育サービスも、両方とも基礎自治体である市区町村が給付するサービスであるから、子育て支援3法によるサービス増の実態を把握するためには新たな集計が必要になる。子育て支援3法に係る給付の規模が把握可能になるのは2015年度の決算データをもとに集計する社会保障費用統計からである。その公表時期としては2017年になるだろうから、それまでには3年の猶予期間が与えられていると考えられる。この課題に対応するためには、地方財政統計からのサービス給付実態の把握が必要である。2012年に総務省地方財政局が地方自治体の社会保障給付の規模を出すための調査を実施した。もともと地方財政局は旧自治省時代から継続して都道府県と政令指定都市から財政支出データを集めており、2012年の調査もその一環だったと考えられる。そうであれば、3年後の集計を目指して集計体制を整備することも可能だろう。地方自治体レベルでの給付額の把握は、消費税の引き上げにおいても重要なエビデンスとなるだろう。

　2012年基幹統計指定を受けたメリットの1つは、各省庁等の協力がよりスムーズに受けられるようになったことである。社会保障の政策や給付の大半は厚生労働省で実施されているとはいえ、住宅支出の家賃補助は国土交通省が把握しているし、低所得者家庭の子ども向けの就学援助は文部科学省が所管しているというように、さまざまな省庁の協力のもと社会保障費用統計は集計できている。地方自治体の支出について課題はあるものの、総務省地方財政局の協力も段階を踏んで実施すれば可能になると期待している。

　最後に、社会保障費用統計の将来推計のニーズについて言及しておきたい。

政策議論での必要から旧厚生省が「社会保障の給付と負担の将来見通し」を初めて公表したのは 2000 年 10 月のことだった。それから直近の将来見通し（2006 年 5 月公表）まで 4 回の推計が公表されてきた。特に、「社会保障給付費」の 3 区分（医療・年金・福祉その他）で、基準年を社会保障給付費の実績として推計を行ってきている。給付の規模の将来推計という意味合いに加え、それをどのような財源で負担するかが大きな関心を呼んでいる。将来推計の基礎資料としては、将来の受給者数のもととなる将来推計人口と将来の経済規模の前提となる経済成長率が重要である。それと同時に、給付をどのような姿にしていきたいのかという制度設計のビジョンがなければならない。そのビジョンとは、公的老齢年金の支給開始年齢として現行の 65 歳が適当なのか、高齢者の医療費は誰がどのように負担するのが公平な負担なのか、子どもを持ちたいと思う人が理想の子ども数を持つことができる社会をどうつくっていくのか、さまざまな判断を国民に求めていくことで描くことができるビジョンである。そうなると、社会保障費用の将来推計とは、世帯や個人の生活状況や考え方、そして行動をより正確に捉えていてこそ可能になる。言い換えれば、マクロ統計としての社会保障費用統計は、将来推計においてはミクロ統計としての社会調査に根差した科学的根拠を示したものでなければならない。OECD の最近の報告でも、多くの加盟国が社会支出の将来見通しを継続的に示している。韓国では政府が社会支出の中長期見通しを 2 年間隔で公表していくことが決定されたという。その一番の目的は、将来増大する社会保障費用の財源確保に国民の議論を喚起し財政改革に道筋をつくっていくことだという。日本においては、公的年金の分野だけで将来推計が行われ世代間格差が議論されるが、社会保障は全国民の福祉の向上をそのビジョンに据えるべきであって、1 つの制度だけの損得議論に矮小化されてはならない。今、日本社会に生きる、あらゆる年齢あらゆる社会階層が自らの国の将来像を描くことから社会連帯のきっかけが得られるのではないだろうか。そのきっかけとして、社会支出の将来推計が可能となるよう研究と検討を進めていく意義は大いにあると思う。

## 注

1) 1948年に社会保障制度審議会設置法により内閣総理大臣の所轄に属し、社会保障制度につき調査、審議および勧告を行うものとして設立された。2001年省庁再編に際し、審議会は厚生労働省社会保障審議会に再編され、事務局は廃止された。
2) 年度は「社会保障給付費」の集計年度を表す。公表時期は概ねこの2年後になっている。
3) 『社会保障統計年報（平成3年度版）』p. 86によると『厚生白書』は1956年度から刊行されている。
4) 事務局は内閣府に設置され、関係府省、特に労働と厚生の行政官より組織された。
5) 事業主体の財政に現れるものであっても、中央で把握できないものについては、事実上除外されてしまう。いわゆる地方単独事業がそれである。
6) 3冊の所内報告とは社会保障研究所（1992；1993；1995）である。
7) 合計特殊出生率が戦後最低だった1966年の丙午の年の1.58よりも下がったことを衝撃をもって受け止めたマスコミが「ショック」と名づけた。
8) 「国民医療費」では年齢階層別の医療費の集計があるが、自治体で実施されていた窓口負担（自己負担）の公費による補塡については、高齢者や乳幼児など幅広い年齢にわたって給付されており、年齢階層別のデータは得られていなかった。
9) 当該統計表については、その内容として、個人に帰属する給付費のほか関係施設の整備費等が含まれていることを勘案すると、統計の名称を「社会保障費用統計」に変更することが適当と考えられる（第54回統計委員会、答申）。
10) 「平成16年度社会保障給付費」公表資料の第6表「児童・家族関係給付費の推移」では児童福祉サービス費が2003年度から2004年度に減少しているのは、一般財源化の関係。「平成17年度社会保障給付費」の同表においては推計値で補足したため額の減少はない。

## 参考文献

Katsumata, Yukiko M.(2013) "Disaster relief and implication for social spending data", The 8th Social Experts Meeting in Asia and the Pacific Region, OECD Korea Policy Centre (2013.10.29-30).

国立社会保障・人口問題研究所（1998a）研究報告 No. 9703『OECD社会支出統計の概要と日本データ』。

――――（1998b）『ESSPROS マニュアル1996年版』(*EUROSTAT ESSPROS MANUAL 1996* の翻訳版）。研究所のホームページに PDF 版公開。http://www.ipss.go.jp/s-info/j/shiryou/ESSPROS.pdf

――――（2009a）『海外社会保障研究』No. 168。

――――（2009b）『海外社会保障研究』No. 169。

─────（2011）「社会保障費統計に関する研究会報告書」所内研究報告、第 41 号。http://www.ipss.go.jp/ss-cost/j/houkokuNo.41-201106.pdf
社会保障研究所（1966）「国民所得における社会保障費の統計的研究（中間報告）」所内研究資料 No. 6504。
─────（1985）「社会保障費の推計と動向」『季刊社会保障研究』第 20 巻第 4 号。
─────（1992）研究報告 No. 9201『社会保障費の給付と負担の統計分析──時系列整備による展望』。
─────（1993）研究報告 No. 9301『社会保障費の推計と調査に関する研究Ⅰ 社会保障費と国民経済計算』。
─────（1995）研究報告 No. 9501『社会保障費の推計と調査に関する研究Ⅱ 社会保障統計と社会支出および地方政府』。
社会保障研究所編（1973）『社会保障水準基礎統計』社会保障研究所研究叢書 6、東洋経済新報社。
─────（1981a）『日本社会保障前史資料 1：保健・医療 上』至誠堂。
─────（1981b）『日本社会保障前史資料 2：保健・医療 下』至誠堂。
─────（1981c）『日本社会保障前史資料 3：社会保険』至誠堂。
─────（1982a）『日本社会保障前史資料 4：社会事業 上』至誠堂。
─────（1982b）『日本社会保障前史資料 5：社会事業 中』至誠堂。
─────（1983）『日本社会保障前史資料 6：社会事業 下』至誠堂。
─────（1984）『日本社会保障前史資料 7：補遺・年表・総目次・索引』至誠堂。
─────（1995）『社会保障費統計の基礎と展望』有斐閣。
三上芙美子（1995）「第 2 章 OECD 社会支出統計の整備について──概要と課題」社会保障研究所研究報告 No. 9501『社会保障費の推計と調査に関する研究Ⅱ 社会保障統計と社会支出および地方政府』p. 25。

・『社会保障統計年報』は昭和 33 年版（創刊）より直近まで国立社会保障・人口問題研究所のホームページから見ることができる。社会保障統計年報ライブラリー http://www.ipss.go.jp/s-toukei/j/t_nenpo_back/libr_new.html
・『季刊社会保障研究』は創刊号より国立社会保障・人口問題研究所のホームページから見ることができる。http://www.ipss.go.jp/syoushika/bunken/sakuin/kikan/SAKUIN1.htm

第 2 章

# 社会保障費用統計の定義と構成

竹沢　純子

　「社会保障費用統計」とは、年金、医療保険、介護保険、雇用保険、生活保護、子育て支援などの各社会保障制度から国民に帰着する給付（現金や現物サービス）等とその財源を、国際機関による基準に基づき取りまとめた統計である。

　公表資料（国立社会保障・人口問題研究所、2013）は「集計表」「時系列表」からなる（表 2-1）。このうち「集計表」は基幹統計指定を受けた OECD、ILO 基準表であり、時系列各表の基礎となる表である。各表が準拠する OECD、ILO 基準の定義（Adema et al., 2011; ILO, 1997）については公表資料の巻末資料に解説があるほか、集計表の作成方法については説明書もある[1]。本章ではこれらをベースとしつつ、OECD、ILO 基準の定義や分類を解説する。

## 1　OECD 基準の定義、集計対象、分類

　集計表 1（OECD 基準表）は、社会支出（Social Expenditure、社会保障に係る支出全般であり個人に帰着する給付費、施設整備費等含む）を高齢社会支出、保健社会支出、失業社会支出等の政策分野別の定義に沿って分類集計するものである。我が国では国立社会保障・人口問題研究所が 1996 年より集計を開始し、2004 年より公表資料に掲載、公表してきた（第 1 章参照）。我が国を

表 2-1 社会保障費用統計 公表統計表

| | 統計表名 | | OECD 基準表 | | ILO 基準表 | |
|---|---|---|---|---|---|---|
| | | | 日本のみ | 6カ国比較 | 18次基準 | 19次基準 |
| 集計表 | 集計表1 | 2011年度社会支出集計表 | ○ | | | |
| | 集計表2 | 2011年度社会保障給付費収支表 | | | ○ | |
| 時系列表 | 第1表 | 政策分野別社会支出の推移 | ○ | | | |
| | 第2表 | 政策分野別社会支出の推移（対国内総生産比） | ○ | | | |
| | 第3表 | 社会支出・国内総生産の対前年度伸び率の推移 | ○ | | | |
| | 第4表 | 1人当たり社会支出と1人当たり国内総生産の推移 | ○ | | | |
| | 第5表 | 政策分野別社会支出の国際比較（2006～2011年度） | | ○ | | |
| | 第6表 | 政策分野別社会支出の国際比較（構成割合）（2006～2011年度） | | ○ | | |
| | 第7表 | 政策分野別社会支出の国際比較（対国内総生産比）（2006～2011年度） | | ○ | | |
| | 第8表 | 社会保障給付費の部門別推移 | | | ○ | |
| | 第9表 | 社会保障給付費の部門別推移（対国内総生産比） | | | ○ | |
| | 第10表 | 社会保障給付費の部門別推移（対国民所得比） | | | ○ | |
| | 第11表 | 社会保障給付費・国内総生産・国民所得の対前年度伸び率の推移 | | | ○ | |
| | 第12表 | 1人当たり社会保障給付費と1人当たり国内総生産及び1人当たり国民所得の推移 | | | ○ | |
| | 第13表 | 機能別社会保障給付費の推移（2006～2011年度） | | | | ○ |
| | 第14表 | 社会保障財源の項目別推移 | | | ○ | |

注：国立社会保障・人口問題研究所（2013）公表資料の統計表名である。

含む OECD 加盟国が毎年度継続して作成、OECD に提供しており、2013年秋時点で1980年から2009年まで34カ国のデータが利用可能である。我が国で社会保障制度に係る国際比較を行う場合は本表が利用される。

なお、OECD基準は財源を集計対象としていない[2]。また、各項目において、施設整備費等を含めた支出全般をベースに集計しているため、個人に帰着する給付費に絞った分析は本表では不可能（後述のILO基準は可能）である点に留意が必要である。

### （1） 社会支出の定義・集計範囲

OECD基準社会支出は、「人々の厚生水準が低下した場合に、それを補うために、公的・私的機関により個人や世帯に対して行われる給付や財政支援」と定義される。

「人々の厚生水準が低下した場合」とは、退職、病気、障害、出産、失業等のリスクに伴い、人々の所得や健康の水準が低下した状況である。次に「公的・私的機関」は、SNA（国民経済計算）の政府諸機関分類の一般政府（中央、地方政府、社会保障基金）とその他（対家計民間非営利団体、公的企業、民間産業）が対応する。これらの機関による「個人や世帯に対して行われる給付や財政支援」のうち、「給付」には年金、医療、介護保険、生活保護、児童手当等の現金、現物給付が該当する。次に「財政支援」とは、一般政府から対家計民間非営利団体（保健福祉サービスを運営する社会福祉法人等）や医療法人（民間産業）への補助金など、直接個人に給付として渡るものではなく、各機関がサービス生産に際し必要な費用（施設、設備、人件費等）への支出等が該当する。

社会支出は、上記の公的・私的機関による給付や財政支援に対象が限られ、家族間の仕送りや贈与、医療や介護保険等の自己負担分や、全額私費購入（介護保険を利用せずに購入する民間介護サービス、任意予防接種等）は含まれない。

さらに上記を範囲としたうえで、社会支出と判断されるには、①当該支出が9つの政策分野における社会的目的を持つ給付であること、②制度が個人間の所得再分配に寄与しているか制度への参加が強制的であること、の2つの条件を満たす必要がある。9つの政策分野とは表2-2であるが、9分野に含まれない分野の例として、企業福利厚生、教育政策、農業政策などがある。OECD基準では基本的に労働報酬は含めない。企業福利厚生制度として行わ

表 2-2 OECD 基準 政策分野別分類

| 政策分野 | 分類 | |
|---|---|---|
| 高齢 | 現金 | 退職年金<br>早期退職年金<br>その他の現金給付 |
| | 現物 | 介護、ホームヘルプサービス<br>その他の現物給付 |
| 遺族 | 現金 | 遺族年金<br>その他の現金給付 |
| | 現物 | 埋葬費<br>その他の現物給付 |
| 障害、業務災害、傷病 | 現金 | 障害年金<br>年金（業務災害）<br>休業給付（業務災害）<br>休業給付（傷病手当）<br>その他の現金給付 |
| | 現物 | 介護、ホームヘルプサービス<br>機能回復支援<br>その他の現物給付 |
| 保健 | 現物 | |
| 家族 | 現金 | 家族手当<br>出産、育児休業<br>その他の現金給付 |
| | 現物 | デイケア、ホームヘルプサービス<br>その他の現物給付 |
| 積極的労働市場政策 | | 公的雇用サービスと行政<br>訓練<br>ジョブローテーションとジョブシェアリング<br>雇用奨励金<br>障害者雇用支援とリハビリテーション<br>直接的な仕事創出<br>仕事を始める奨励金 |
| 失業 | 現金 | 失業給付、退職手当<br>労働市場事由による早期退職 |
| 住宅 | 現金 | 住宅手当<br>その他の現金給付 |
| | 現物 | 住宅扶助<br>その他の現物給付 |
| 他の政策分野 | 現金 | 所得補助<br>その他の現金給付 |
| | 現物 | 社会的支援<br>その他の現物給付 |

れる住居手当や家族手当等も労働報酬の一部と考えられるため含まない。事業主拠出による年金は報酬の後払いとする考え方もできるが、社会支出がこうした費用を含めないとすれば、ほとんどの国の老齢年金は対象外となってしまう。そこで慣習的に退職年齢を過ぎた人への年金は社会支出とみなしている（Adema et al., 2011）。次に教育は OECD では他のデータベースで扱うため基本的に対象外であるが、後に述べるように就学前教育に限っては国際比較可能性を確保する観点から集計対象としている。また、農業政策として行われる農家への所得補償等は社会支出の対象外である。

　第2の条件である所得再分配に寄与とは、税を財源とする低所得者への現金給付（例：生活保護）のほか、所得に応じて利用者負担を減免（例：保育サービス）するものも該当する。他方、厚生年金保険のように、現役時の所得が多いほど給付も多い制度は、所得再分配に寄与とは言い切れないが、同制度は一定条件の被用者は加入が義務づけられており、もう1つの条件である「制度への参加が強制的」を満たすため社会支出に該当する。さらにいえば、厚生年金基金も同様に現役時の所得が多いほど給付が多く所得再分配に寄与とはいえず、制度への参加も任意で強制されるものでもない。しかしながら、法令の定めによる制度で、事業主掛金は全額必要経費（損金）に算入など税制優遇措置があり加入を奨励するものであることから、次に述べる義務的私的社会支出に位置づけられている[3]。

　上記の範囲の定義、条件のもとで、社会支出を、制度実施機関の種類[4]と法令による規定の有無を軸として、3分類したものとして、公的、義務的私的、任意私的社会支出がある。公的社会支出は一般政府によって資金の流れが管理される社会支出、義務的私的社会支出は私的機関により運営され、かつ法令の定めによる社会支出、任意私的社会支出は私的機関により運営され、法令に基づかないが所得再分配機能を持つ支出である（第9章参照）。このうち、社会保障費用統計で公表対象としているのは、公的、義務的私的社会支出である（表2-3）[5]。

(2) 政策分野別分類の定義と支出の具体例

　OECD 基準の分類は、政策分野別分類と呼ばれ、9分野について現金給付、

表 2-3　OECD 基準 公的、義務的私的社会支出

| 種類 | 定義 | 日本の制度例 |
|---|---|---|
| 公的社会支出 | 一般政府（中央、地方政府、社会保障基金）によって資金の流れが管理される社会支出 | 国民年金、厚生年金保険、協会管掌健康保険、組合管掌健康保険、国民健康保険、後期高齢者医療制度、介護保険、雇用保険、労働者災害補償保険、児童手当、生活保護、等 |
| 義務的私的社会支出 | 法令の定めによる社会支出で、私的部門（一般政府以外）により運営されるもの | 厚生年金基金、国民年金基金、農業者年金基金、中小企業退職金共済制度、社会福祉施設職員等退職手当共済制度、医薬品副作用被害救済制度、日本スポーツ振興センター災害救済給付、等 |

現物給付（コラム 2 参照）に分けられる（表 2-2）。OECD 基準社会支出には、個人に帰着する給付のほかに財政拠出として施設整備費等を含む。施設整備費等については、その施設で行う給付と同じ分類に位置づけることを基本とする。たとえば、保育所等の施設整備費（子育て支援対策臨時特例交付金）は、保育所運営費が家族社会支出「現物」の「デイケア、ホームヘルプサービス」であるので、本施設整備費も同分類としている。

そのほか、管理費については、OECD 基準では基本的に集計対象外であるが、保健社会支出および積極的労働市場政策社会支出に限っては、集計対象に含めている。管理費とは、給付事務に係る人件費、設備費等であり、保健社会支出の場合は社会保険支払基金への事務委託費、積極的労働市場政策社会支出では失業給付等の支給業務を行う職員の人件費などが含まれている。

以下では、9 分野の定義について、OECD 基準マニュアル等[6]に基づき、日本の主な制度を挙げつつ解説する。

### 高齢社会支出

高齢期の生活を支える老齢年金や介護サービスを計上する。高齢者への医療給付は、保健社会支出に計上するためここには含めない。また、引退年齢、支給開始年齢は国により、制度によりさまざまであり、一定の年齢以上への給付を計上するものではない。

「現金」の「退職年金」は、労働市場から引退した人への所得保障として、年金受給年齢に達し必要な拠出要件を満たしている場合に、年金あるいは一時金の形式で支給されるもので、国民年金、厚生年金保険等の老齢年金、各種共済組合による共済年金、各種恩給を含む。「早期退職年金」は、標準的な年金受給年齢に達する以前の、受給可能な一定年齢に達した人を対象とする年金である。我が国の該当例として、国民年金制度の繰り上げ受給（65歳に達する前の60〜64歳で早期受給する仕組み）がある。しかしながら現状では繰り上げ受給額の内訳が得られないため「退職年金」に含まれ、「早期退職年金」はデータなしとなっている。なお、景気後退に伴うリストラ等の労働市場事由により標準退職年齢前に退職した者への年金は本分類ではなく失業社会支出に分類される（日本は該当なし）。「その他の現金給付」には、一時金形式で支給される厚生年金保険等の脱退一時金、中小企業退職金共済制度等の退職給付金等が含まれる。

「現物」の「介護、ホームヘルプサービス」には、介護保険により自宅や施設で受ける介護、家事援助、介護予防サービスのほか、生活保護の介護扶助、原爆被爆者への介護保険の自己負担減免の公費負担等が含まれる。なお、介護保険は65歳以上（第1号被保険者）と40〜64歳の加齢に起因する疾病による要介護者（第2号被保険者）がサービス対象である。年齢別の給付額が得られるのであれば、65歳以上を高齢社会支出、40〜64歳分を障害社会支出に分類する方法も考えられる。しかしながら、データの制約により高齢社会支出に一括計上している。他の国、たとえばドイツの介護保険も若年障害者を給付対象としているが、高齢者と若者分を一括で障害社会支出に計上している。「その他の現物給付」には、介護保険制度運営に係る各種補助金、交付金[7]を計上している。

### 遺族社会支出

「現金」の「遺族年金」は死亡者に扶養されていた者（配偶者や子ども）に対する年金給付で、我が国では国民年金、厚生年金保険等の遺族年金のほか、旧軍人遺族への恩給、犯罪被害者遺族への給付等が該当する。「その他の現金給付」には年金ではなく一時金形式によるもの（国民年金、各種共済などの

死亡一時金）が計上される。
　「現物」の「埋葬費」は国民健康保険、協会管掌健康保険、各種共済等による埋葬・葬祭費、生活保護の葬祭扶助、「その他の現物給付」には、エイズ患者遺族への相談事業が含まれる。

### 障害・業務災害・傷病社会支出

　「現金」の「障害年金」は業務上以外の理由で障害を負った者への年金である厚生年金保険や国民年金、各種共済組合等の障害年金、「年金（業務災害）」は業務上理由により障害を負った者への労働者災害補償保険、公務員災害補償制度等による障害年金、「休業給付（業務災害）」も同じく業務上理由による傷病に対する同災害補償制度による休業補償給付を計上する。「休業給付（傷病手当）」は、傷病を理由とする休業への給付であり、協会管掌健康保険、組合管掌健康保険、各種共済の傷病手当金を含む。「その他の現金給付」には、労働者災害補償保険の障害補償一時金や介護補償給付、公務員災害補償制度の特別補償給付のほか、原爆被爆者、ハンセン病やエイズ患者等への医療費以外の各種手当を含む。
　「現物」の「介護、ホームヘルプサービス」には障害者自立支援給付費負担金の介護給付費・訓練等給付費、自動車事故後遺障害者への介護料、「機能回復支援」は自動車事故後遺障害者の療護施設運営費、「その他の現物給付」は地域の実情に応じた障害者へのサービスを実施する地域生活支援事業費補助金、障害者自立支援給付の補装具費、社会福祉施設等施設整備費補助金等が含まれる。

### 保健社会支出[8]

　保健社会支出はすべて「現物」である。保健に関する「現金」として傷病手当金や出産一時金があるが、前者は障害・業務災害・傷病社会支出、後者は家族社会支出に計上されるため本分類には含まない。
　本分野には、治療に係る費用のほか、予防や施設整備費等も含む。治療に係る費用は、国民医療費として集計される公費負担医療給付分（生活保護の医療扶助、障害者医療、地方公共団体単独実施分含む）、医療保険等給付分、後

期高齢者医療給付分および軽減特例措置を計上する。ただし同統計が集計対象とする本人負担については含まない。

治療以外としては、予防に係る費用（各種医療保険や共済組合が行う人間ドック費用負担等の疾病予防費、特定健康診査・特定保健事業費、妊婦健康診査や子宮頸がんワクチンの臨時特例交付金、母子保健[9]）、医療機関への補助金（救急、へき地医療、がん拠点病院等への補助金等）、救急業務費、施設整備費（医療提供体制施設整備交付金等）、管理費（社会保険支払基金への事務委託費等）を含む。

### 家族社会支出

ここでいう家族とは、単身世帯以外のすべての世帯であり、そのうち子どもを養育する家族ならびに子ども以外の親族を扶養する家族への支援を行う現金、現物支出を計上する。

「現金」の「家族手当」は児童手当（子ども手当）、児童扶養手当、特別児童扶養手当等を含む。「出産、育児休業」には、各種健康保険や共済組合の出産育児一時金、産前産後休業中の所得保障である出産手当金、雇用保険と共済組合の育児休業給付、介護休業給付、生活保護の出産扶助を含む。諸外国では出産は医療保険適用であることが多く保健社会支出の一部に計上されている。たとえばフランスでは全額医療保険から支払われ無料である。医療とは別に、同国では出産一時金として所得制限つきの給付があり、こちらは「家族手当」に分類されている。一方、我が国の場合、異常分娩の医療費は保険適用で保健社会支出の一部に含まれるが、普通分娩は保険適用外であるため含まれない。出産育児一時金が医療機関への分娩費支払いにほぼ充当され、実質は医療費といえる。しかしながら、本来的には分娩費に使い道が限定されない出産に対する一時金であることから、社会保障費用統計では家族社会支出に位置づけている。「その他の現金給付」には、予防接種や医薬品副作用等により障害を持った子どもの養育年金、生活保護の教育扶助が該当する[10]。これらの子ども扶養家族向け手当はOECD加盟国で社会支出との合意が得られているが、一部の国の結婚手当や配偶者手当については社会的とみなす合意がないため対象外である。

「現物」の「デイケア、ホームヘルプサービス」には、保育所運営費や施設整備費、就学前教育費、児童手当の児童育成事業費（放課後児童対策、延長保育や企業内保育への助成等）が含まれている。保育所運営費のうち、私立認可保育所運営費は国庫、地方負担により行われており厚生労働省よりデータを得て計上している。一方、公立認可保育所運営費については2004年以降地方自治体が地方の財源のみにより行うこととなり、厚生労働省より決算情報が得られなくなった。そのため、同省雇用均等・児童家庭局が私立保育所に係る国の予算値に基づき算出した単価に公立保育所入所児童数を乗じ、さらに保育料徴収金額を減じる方法で推計し計上している[11]。次に就学前教育費は、公立・私立幼稚園への補助金、就学前年齢の障害児特殊教育、幼稚園就園奨励費などである。本来OECD基準においては、教育分野は対象外であり、義務教育費や奨学金などはいずれの国も集計に含めていない。理由は、OECDにおいて教育支出は別のデータベース（Education Database）で扱う整理としているためである。これにより、我が国の高校無償化（公立高校授業料無償制、および私立学校向けの高等学校等就学支援金制度）や日本学生支援機構の奨学金も対象外である。しかしながら、就学前教育費に限っては、社会支出に含めている。これは各国で制度の異なる就学前保育、教育サービスを国際比較するうえで、保育のみを対象とするよりも、幼稚園教育も含めたほうが正確な国際比較が可能になるとの判断があったことによる（Adema et al., 2011）[12]。「その他の現物給付」には、児童虐待等防止対策費や母子家庭等対策費、就学援助（要保護児童分）が含まれる。

### 積極的労働市場政策社会支出[13]

職を得ることが特に困難な者や職を失うリスクの高い者を対象に、より良い雇用機会を得られるようにする、あるいは稼得能力を向上させることを目的に行われる、すべての社会支出を含む。ただし、教育として行われる職業訓練は除く。

「公的雇用サービスと行政」には公的職業紹介サービスの実施費用、都道府県労働局の運営費や施設費等を計上している。「訓練」は雇用保険の教育訓練給付のほか、職業訓練手当等を含む。「ジョブローテーションとジョブ

シェアリング」は一定期間失業者等に労働者の仕事すべてを代替させる制度（ローテーション）、仕事の一部を代替させる制度（シェアリング）であるが、日本では該当する制度がなく計上されていない。「雇用奨励金」は、失業者の雇用を促進するために、失業者を雇い入れた一定期間の費用を事業主へ支払うもの、あるいはリストラをせずに雇用継続を促すために労働者の給与の一部を支払うもので、雇用調整助成金、特定求職者雇用開発助成金等が該当する。「障害者雇用支援とリハビリテーション」は、障害者の雇用促進のための助成金、障害者が仕事や訓練受講への移行準備として行う職業上リハビリを含む。我が国において本分類に属する制度はいくつかあるがデータの制約により2008年以降データなしとなっている[14]。「直接的な雇用創出」とは、追加的な雇用を生み出す政策として、主として自治体や非営利団体等が行う社会的事業に、長期失業や雇用の定着が困難な者の受け皿を作るもので、緊急雇用創出事業臨時特例交付金等が該当する。「仕事を始める奨励金」は失業者が自ら事業を開始する際の支援であり、我が国では自立就業支援助成金（高年齢者等共同就業機会創出助成金）等が該当する。しかしながら、本区分もデータ制約により2008年以降数値なしとなっている。

### 失業社会支出

失業中の所得を保障する現金給付を計上する。雇用保険の求職者給付、高年齢雇用継続給付等が含まれる。また、労働市場政策として早期退職した場合の給付も該当する。日本は該当なしであるが、OECD15カ国で計上されている。

### 住宅社会支出

家賃補助および住宅費援助を目的とする他の給付（たとえば入居者負担なしで住まいを提供する）を計上する。家賃補助は高齢者、障害者等の脆弱なグループへの支援である場合に社会支出とみなされる。1つのメルクマールが所得審査であり、審査に基づき低所得者向けに家賃補助を行う場合は社会支出に該当する。公的住宅の建設費、潜在的な補助（実際の家賃と市場家賃との差額分を公費負担するもの）、住宅借入利子減免や住宅投資減税、モー

ゲージ補助なども、社会的な目的を持つとも考えられるが、これらを含めるか否か、またどのようなデータ、方法により計上するかについて、国際的な合意が得られていないため、現状では含まれていない。なお、事業主が福利厚生として行う住宅手当は給与の一部とみなされるため対象外である。

「現物」[15]の「住宅扶助」には生活保護の住宅扶助、「その他の現物給付」として公的賃貸住宅家賃対策補助が計上されている。

### 他の政策分野社会支出

上記8政策分野に特定できないリスクやニーズを持つ者（貧困者、移民・難民・原住民、災害被災者等）に対する支援を計上する。「現金」の「所得補助」に生活保護の生活扶助（他の扶助は各政策分野に位置づけられる）、「その他の現金給付」として共済組合の災害給付、災害救助等諸費の災害弔慰金、被災者生活再建支援制度の支援金等が含まれる。次に「現物」の「社会的支援」には災害救助等諸費の災害救助費等負担金（災害医療、食料配給、避難所や仮設住宅の設置等）、保健医療・福祉施設の災害復旧費等、「その他の現物給付」にはホームレスなど貧困者対策を行うセーフティネット支援対策等事業費補助金、同和対策としての地方改善事業費補助金、DV対策としての婦人保護施設の運営費などが含まれる。なお、OECDの多くの国では、本分野に低所得者対策[16]のほか、アルコール・薬物中毒者への支援が計上されている。

## 2　ILO基準の定義、集計対象、分類

ILO基準表（集計表2）は、社会保障制度の定義（表2-4）に照らし、社会保険14制度、家族手当1制度、公務員9制度、公衆保健サービス1制度、公的扶助および社会福祉2制度、戦争犠牲者1制度と他の社会保障制度[17]を集計対象とする。各制度の社会保障に係る支出のうち個人に帰着する給付、給付に係る管理費や周辺費用（施設整備費）とこれらの財源を集計している。OECD基準との違いは、財源の集計があることで、社会保障給付費として渡る現金やサービスがどのような財源で賄われているか分析できる点がメリッ

表 2-4　ILO 社会保障制度の定義

| A. | 機能 | 制度の目的が、次のリスクやニーズのいずれかに対する給付を提供するものであること（高齢、遺族、障害、労働災害、保健医療、家族、失業、住宅、生活保護その他） |
|---|---|---|
| B. | 給付の根拠 | 制度が法令によって定められ、それによって公的、準公的、もしくは独立の機関に特定の権利が付与されるか、あるいは責任が課されるものであること |
| C. | 給付管理の主体 | 制度が法令によって定められた公的、準公的もしくは独立の機関によって管理されていること。あるいは法的に定められた責務の実行を委任された民間の機関であること。 |

トである。その反面、ILO におけるデータ更新が 1996 年で停止しているため、本表を用いた国際比較は不可能となっている。

　ILO 基準では、社会保障を表 2-4 の A、B および C を満たすものと定義している。

### （1）　収入の分類と定義

　ILO 第 18 次調査において、「収入」は、図 2-1 のとおり分類、以下のように定義される。

　「被保険者」と「事業主」は、社会保険制度における財源として拠出する保険料である。公務員制度で事業主が国である場合は、国が事業主として拠出した金額はたとえ国庫支出金であっても、事業主拠出に計上する（地方公務員制度についても同様）。なお、介護保険料は介護保険制度決算では第 1 号被保険者分のみが計上され、第 2 号被保険者分は各医療保険制度の財源に含まれている。次に「社会保障特別税」は、ILO の定義では収入の全部もしくは一部が社会保障のために用いられる直接税や間接税または関税を含んでいる。我が国の現制度において該当する税はないが、先進諸国ではアメリカが年金財源を社会保障税から得ている。「国庫負担」は中央政府が支出する金額、すなわち国庫が負担している金額が計上される。「他の公費負担」は、都道府県と市町村が支出する金額の合計である。社会保障費用統計では国の法律に基づいて都道府県と市町村が負担する額について、中央政府の制度所

図 2-1 ILO 基準 収入の分類

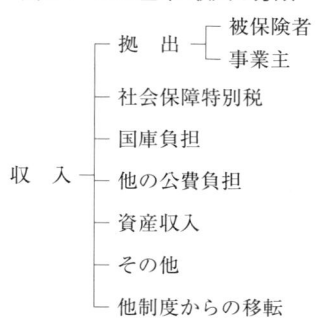

```
          ┌─ 拠　出 ┬─ 被保険者
          │         └─ 事業主
          ├─ 社会保障特別税
          ├─ 国庫負担
収　入 ───┼─ 他の公費負担
          ├─ 資産収入
          ├─ その他
          └─ 他制度からの移転
```

管部局による国の負担額に基づく概算を使用しており、実際の支出額ではない。地方が独自の財源によって行う事業（いわゆる地方単独事業）は、公費負担医療、公立保育所運営費以外は、データの制約により含まれていない。「資産収入」は、利子・利息・配当金である。一部の制度については、施設利用料・賃貸料・財産処分益等が含まれる。積立金を有する制度（年金・雇用保険等）においては、特にこの資産収入が大きい。後述する「運用損失」との関係では、全体を時価ベースで整理しているため、両者を相殺した結果として、正の値（＋）となれば「資産収入」、負の値（－）となれば「運用損失」に計上する形となっている。「その他」は、積立金からの受け入れ、独立行政法人からの納付金、前年度繰越金、雑収入等、残余の収入である。

## （2）　支出の分類と定義

　ILO 基準表の支出（図 2-2）のうち個人に帰着する給付（施設整備費や管理費等を除いた純粋に国民が受け取る現金やサービス）は社会保障給付費と呼ばれ、毎年の公表資料ではこの部分を中心に、総額や対国内総生産比等とともに、部門別（医療、年金、福祉その他）、機能別分類（9 分類）がまとめられる。

　これらのうち、白書等で多用されているのが、部門別分類「医療・年金・福祉その他」である。これは ILO 基準表をもとに作成した日本独自の分類で国際比較はできない。「医療」は給付のうち「疾病・出産―医療」と「業務災害―医療」の計、「年金」は「業務災害―年金」と「年金」（老齢・遺族・

図 2-2　ILO 基準　支出の分類

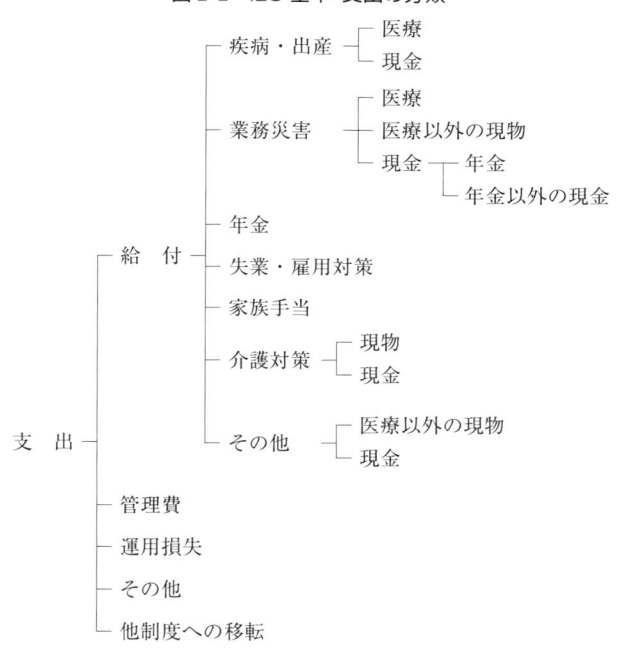

```
                              ┌ 疾病・出産 ─┬ 医療
                              │           └ 現金
                              │           ┌ 医療
                              │ 業務災害 ─┼ 医療以外の現物
                              │           └ 現金 ─┬ 年金
                              │                   └ 年金以外の現金
                   ┌ 給　付 ─┼ 年金
                   │          ├ 失業・雇用対策
                   │          ├ 家族手当
                   │          ├ 介護対策 ─┬ 現物
                   │          │           └ 現金
      支　出 ──────┤          └ その他 ──┬ 医療以外の現物
                   │                      └ 現金
                   ├ 管理費
                   ├ 運用損失
                   ├ その他
                   └ 他制度への移転
```

障害年金）の計、「福祉その他」は給付総額から上記「医療」「年金」を差し引いた残りである。なお、給付のうち「介護対策」と「運用損失」項目はもともとの ILO 基準にはなかった項目で日本独自に追加した項目である。「介護対策」は 2000 年度介護保険の導入時から「福祉その他」の再掲として集計が行われている。また、「運用損失」は、年金積立金の市場運用を機に 2002 年度より加えられたものである。

① 給付
　給付とは
　ILO 基準において現物と現金が含まれるという以上に給付の詳しい定義はなされていない。そこで国立社会保障・人口問題研究所では、給付の定義について次のように整理している。

「給付」とは、直接・間接的に個人へ「現物」もしくは「現金」として帰着する費用である。ILO 基準では「直接・間接的に」という表現はないが、当研究所の集計実務において決算書項目の中から計上すべきものを判断するのに際して必要となったため、このように解釈をしている。ここでいう「間接的」とは、給付（特にサービス）が、公的機関や自治体から個人に直接提供される場合ばかりではなく、その他の機関（社会福祉法人・医療法人・NPO 等）によって供給される場合があることを想定したものである。

「給付」であるかどうかの判断が難しいケースがいくつか想定される。まず第 1 に、そもそも個人へ帰着する費用か否かという判断が難しい場合がある。年金保険や医療保険、介護保険などの社会保険給付については、個人に帰着するものの範囲を把握することは比較的容易と考えられるが、公衆衛生や社会福祉の分野には多様なサービスや事業が存在するため、個人に帰着する費用の範囲を捉えることが難しいものも少なくない。たとえば、相談指導・カウンセリング事業など直接個人を対象に実施されるものがある一方、集団指導や講習会の開催などを通じて展開されるもの、普及啓発など不特定多数向けの事業など、個人に帰着する費用であるとの位置づけが直ちには難しい形態も想定される。また、保健福祉分野のサービス提供に係る連携体制の確保やネットワーク構築を図ることを目的とする事業については、その取り組みを通じてサービスの質を向上させる効果を有するものの、直ちにはその事業経費を個人へ帰着する費用としての給付概念に含めることは難しい面がある[18]。これと同様に、サービス提供に携わる従事者の研修事業などについても、その取り組みを通じて従事者の資質を向上させる効果を有するものの、やはり、その事業経費を個人へ帰着する費用としての給付概念に含めることが難しい面がある。なお、これらの問題は、集計に際して社会保障をどのような定義や範囲で捉えていくのかという全体的検討と密接に関連する。現集計では、上記の給付の判断が難しい費用について、一定の基準に沿った計上にはなっておらず、今後の課題である。

第 2 に、対象となる事業の実施に必要な費用が、独立行政法人や公益法人、NPO 等に対する国からの補助金や委託費等として支出されている場合がある。社会保障費用統計においては、国からの独立行政法人等への移転額では

なく、実際に給付や事業を実施する機関における収支決算を捉えることが基本である。しかしながら、社会保障費用統計のデータは基本的に中央政府の制度所管部局からデータを得てきた歴史があり、国からの補助金や委託費等の支出額として捉えることが少なくなかった。国の決算データは補助金、交付金として、ひとまとまりの費用となっており、実際には個人に帰着する「給付」と考えられる部分と、「管理費」や「その他の支出」に該当する部分とが混在している場合も少なくない。個人に帰着する費用と考えられる部分が明らかに大半を占める場合には、全体を給付として捉えても支障がないかもしれないが、両者の費用部分のウエイトが明らかでない場合や、あるいは年度によってウエイトが変動するようなケースもあるため、全体として当該費用を給付として捉えるか否かの判断が難しい[19]。

　第3に、給付に関連する人件費の扱いである。社会保障給付費を「現金」と「現物」に分けたとき、現物として分類される費用は、保健医療や福祉等のサービスであるが、サービス提供を担うのは人であるため、人件費が費用の多くを占めている。たとえば、医療機関に支払われる診療報酬や在宅介護・施設介護の事業者に支払われる介護報酬には、サービス提供に携わる従事者の人件費部分が多く含まれている。しかし、人件費といっても、直接に治療や看護・介護、日常生活上の世話をする者の人件費だけではなく、関連する事務作業に従事する者の人件費もある。これら専門職種以外の人件費のどこまでを集計対象とするかによって、当然「給付」として計上される額も変わってくることとなる。しかしながら、現在の集計においては、「管理費」等として提示された決算データについては、その具体的な内容や使途にまで踏み込めていないため、当該給付との関連性や範囲の妥当性を検証することはできず、一律に「給付」の対象外として整理している。

　なお、地方自治体についても、次のような議論が考えられる。すなわち、公立保育所運営費負担金のように、直接のサービス提供を担う従事者の人件費については、（前述のような事情から推計値とはなるものの）「給付」として計上する取り扱いとなるが、他方、たとえば福祉事務所に勤務している者が住民に対する相談支援業務などに携わる場合には、その人件費は地方公務員給与として一般事業経費に位置づけられる。地方公務員の人件費の積算根拠

となる各種経費の中から、住民個人に対する保健福祉サービスの提供に相当する部分だけを抽出して、「給付」に計上し直すという作業は、やはり実務的にも難しい問題があることは否めない。

いずれにしても、保健医療や福祉等の分野におけるサービス提供に関連する人件費等をどのような範囲で捉えるべきかについては、各事業経費における「管理費」的な部分の流れの把握を含めて、今後とも研究を深めるべき課題の1つであると考えられる。

以上に述べたような費用の取り扱いについては、今後の社会保障給付費の集計をより適切なものとしていくうえで重要なポイントとなる。今後、こうした課題について検討を深めていく必要がある。

### 給付の分類

「給付」は、その給付形態によって図2-2のとおりに分類される。これらを3部門（医療、年金、福祉その他）ごとに、各形態の内容、含まれる給付について説明する。

### 医療

現物給付形態で給付される医療給付費のことである。つまり「医療」は、一般に人々（被保険者およびその被扶養者）が診療を受けたとき、自己負担以外は医療機関から保険者に請求されるが、その請求額を表している。ただし、自己負担額が規定額以上になった場合の高額医療費等については、償還払いとなって実際には現金が支払われるが、これも従来から保険給付の一種であり「疾病・出産―医療」に含む。現物給付という名称は、一般にサービスと同意語として用いられる（コラム2参照）。「業務災害―医療」は、業務災害で診療・治療を受けた場合の医療費を表している。現行の業務災害補償制度では、医療サービスを受けた場合、自己負担はない。

### 年金

現金給付のうち年金として給付されるものを表している。「業務災害―年金」は、業務災害補償制度において支払われる給付で、本人に対する障害補

償給付やその家族に対する遺族補償給付などで年金形態の給付である。年金の形態とは、一時金のように一度にまとめて支払われる現金ではなく、一定期間にわたって給付される現金という意味である。「年金」は、老齢・障害・遺族の3種類の年金給付とそれに付随する附加給付を表している。

## 福祉その他

「疾病・出産─現金」は、出産に係る費用に対する給付である出産育児一時金と、出産で休業中の所得保障の一部としての出産手当金等および、被保険者が傷病によって稼得能力が失われた場合の所得保障としての傷病手当金等である。たとえば、現行制度では正常分娩に係る費用（出産育児一時金）は、出産に係った費用の規模にかかわらず規定額が支払われるため、現物ではなく現金に分類している。そのほか本分類に含まれるのは、生活保護の被保護世帯の出産扶助金と、公衆衛生の特定疾患（ハンセン病・結核・原爆後遺症等）の患者の所得保障を目的とした現金給付である。「業務災害─医療以外の現物」は、補装具等支給費である。「業務災害─年金以外の現金」は、業務災害補償制度において支払われる一時金の支給金や埋葬料等と休業補償給付である。

次に「失業・雇用対策」は、失業時の所得保障を目的とした給付（雇用保険の求職者給付、高年齢雇用継続給付、教育訓練給付等）を含む。そのほか、失業者や障害者、高齢者等の雇用促進や解雇せず雇用継続を促す助成金も含まれる。「家族手当」は、児童手当の現金給付と、社会福祉に含まれる障害児や母子家庭等の子どもに支給される特別児童扶養手当または児童扶養手当である。「介護対策─現物」は、介護保険の介護、介護予防サービス等と生活保護の介護扶助等である。「介護対策─現金」は、介護保険の福祉用具・住宅改修サービス費と雇用保険の介護休業給付が含まれる。

「その他─医療以外の現物」には、サービス給付が分類されている。たとえば、児童手当の児童育成事業費補助金のうち延長保育サービス事業費に要する費用の補助がこれに当たる。また社会福祉のほとんどの事業の補助金が本分類に含まれている。児童福祉施設（保育園・心身障害児施設等）の運営費はすべて本分類に計上される。また、障害者自立支援給付諸費のうち医療給

付（障害者医療費等）以外もここに計上される。「その他—現金」は、健康保険の埋葬料や生活保護の生活・住宅・教育・生業・埋葬等の扶助金である。そのほか、社会福祉の災害救助費や災害弔慰金、特別障害者手当等給付金等が含まれる。

②**給付外**

　管理費以下の「給付外」の項目について、以下定義を述べる。「管理費」は、業務取扱費・事務費・事務所費・総務費・基金運営費・業務委託費等である。管理費とは、当該制度の運営や給付を行うために必要な費用であるが、この種の正確な情報は入手困難なことが多い。その理由の1つは、同一機関で複数の給付を行っている場合に、給付の種類で管理費を分離することができない場合が多いためである。「運用損失」は、決算時点で生じた積立金等の評価損等である。「その他」は施設整備費等である。

### (3) 他制度からの移転と他制度への移転

　収入の「他制度からの移転」（図2-1）と支出の「他制度への移転」（図2-2）は2種類ある。1つは財政調整であり、ある特定の給付の財源を複数の保険者で分担拠出するものである。たとえば、後期高齢者医療制度の財源は各医療保険が分担拠出しているが、各健康保険制度からの後期高齢者支援金拠出が「他制度への移転」として記録され、その受け入れは後期高齢者医療制度の「他制度からの移転」に計上される。

　もう1つは、保険料の徴収と給付を行う制度が異なる場合の移転である。たとえば、介護保険の財源のうち、第1号被保険者の保険料拠出は介護保険の「被保険者拠出」に計上されるが、第2号被保険者の介護保険料拠出は各健康保険制度の健康保険料とあわせて徴収されるため、各医療保険制度の「被保険者拠出」にいったん計上されたのち、「他制度への移転」を経て、介護保険の「他制度からの移転」として記録される。また、国民年金の第2号被保険者拠出は被用者年金保険料とあわせて徴収されるが、うち基礎年金部分については、被用者保険から国民年金に移転する形で記録される（被用者保険の「他制度への移転」および国民年金の「他制度からの移転」）。

## 注

1) 作成方法通知は、統計法に基づき、基幹統計の作成方法を統計を所管する大臣から総務大臣へ通知するものである。社会保障費用統計は 2012 年 7 月に通知を行い、2013 年 10 月に変更通知を行った。作成方法は国立社会保障・人口問題研究所ホームページに掲載している。http://www.ipss.go.jp/ss-cost/j/sakuseifsss2012.pdf

2) OECD 基準社会支出統計では財源データを整備していない。その一方で、OECD では別の統計（Revenue Statistics：歳入統計）において、各国の税、社会保険料の国際比較データを整備している（財務省の国民負担率の国際比較は同統計の税、社会保険料を使用）。ただし、Revenue Statistics の税には、社会保障に加えて、社会保障以外の防衛費等へ充当する分も含み、社会保障に限った財源をみるデータとしては不適当である。将来、OECD が社会支出と Revenue Statistics を一体化させる形で拡張される可能性があるが、多大な労力がかかるため実現は難しい状況にある（Adema et al., 2011）。一方、欧州諸国に限れば、ESSPROS 統計において社会保障の財源データが整備されており、国際比較が可能である。しかし、日本は、ESSPROS 統計を整備していないため、比較ができない。また、ILO 基準と ESSPROS 基準では集計範囲が異なるため（コラム 1 参照）、日本（ILO 基準）と欧州諸国（ESSPROS 基準）の財源を単純に比較することはできない。

3) 確定給付年金、確定拠出年金についても、法令の定めによる制度で、義務的私的社会支出に位置づけられるとも考えられるが、現時点でデータの入手制約により計上できていない。

4) 制度実施機関の種類は、SNA 政府諸機関分類表における機関の分類（一般政府と民間機関）に沿って、制度の実施機関が一般政府であれば「公的社会支出」、民間機関であれば「私的社会支出」としている。OECD 基準マニュアルには SNA と整合性を図る方針が示されており、その一例が上記分類である。

5) 任意私的社会支出の概念は発展途上にあり、各国の OECD へのデータ提供の足並みも揃っていない。日本の任意私的社会支出の範囲に関しても検討途上にあるため、公表する「費用統計」には含めていない。ちなみに任意私的社会支出として、アメリカの民間医療保険、旧公務員への年金（カナダ、デンマーク、オランダ、スウェーデン、イギリス等）などが計上されている。

6) OECD 基準マニュアル（Adema et al., 2011）の分野別定義は簡素でわかりにくいため、EU の ESSPROS 基準マニュアル（EUROSTAT, 1996）も参考に記述した。コラム 1 で述べるとおり、EU 諸国については、ESSPORS 基準でつくられたデータが一部改変されて OECD 基準データとして使われている。したがって、EU 諸国は実質 ESSPROS 基準に沿って分類集計されている。ESSPROS 基準と OECD 基準の分類定義は類似しているが、ESSPROS のほうが記述が詳細であり、具体例も多くわかりやすい。そのため、OECD 基準を理解するには ESSPROS 基準マニュアルも参照することをすすめる。

7) たとえば、介護保険事業費補助金、介護サービス指導者養成研修等委託費、地域

介護・福祉空間整備等施設整備交付金。
8) 1980～2008年度までは、医療経済研究機構の推計によるOECD Health Dataの公的保健支出から高齢社会支出に計上される介護保険の医療系サービスと補装具費を除く額、2009年度以降については、国立社会保障・人口問題研究所推計値を計上している。経緯に関しては国立社会保障・人口問題研究所社会保障費用統計プロジェクト（2013）参照。
9) 保健社会支出については、国民医療費や該当する決算データによる集計を基本とするが、地方交付税制度研究会編『地方交付税制度解説　単位費用篇』の単位費用額を総人口ベースに換算する方法による推計も一部含んでいる。たとえば、母子保健費用は、決算データより国庫負担額と、『地方交付税制度解説　単位費用篇』の母子衛生費を総人口ベースに換算した額を合算し、計上している。
10) 諸外国では本分類に、家族手当と類似の機能を持つ税給付を計上している。たとえばイギリスでは、Working Tax Credit（cash part, less child care component）、Child Tax Credit（cash part）が他の現金給付に計上されている。
11) 2007年度の遡及改訂時（「平成17年度社会保障給付費」公表時）において、公立保育所運営費負担金の一般財源化に伴い地方自治体が負担している費用の額を推計して、2004年度まで遡って集計対象に含めることとした。これは、家族関係費用について、国際的な比較の問題を含めて国民的な関心が大きく高まるなか、相当額を計上してきた公立保育所運営費負担金について、集計対象から外れたままにしておくことは適切ではないという判断から、制度所管部局の協力を得て実現させたものである。
12) 国際比較性を向上させるため、義務教育小学校入学年齢の違いについて次のような操作をし5歳以下に揃えている。いくつかの北欧諸国では7歳が就学年齢、その前年の6歳は就学前教育であるが、6歳への支出分を推計し就学前教育費から除外した。逆に、5歳で就学するオーストラリア、ニュージーランド、イギリスの就学前支出データは、小学校在学の5歳児相当の支出を就学前教育費に加えている（OECD Family Database PF3.1参照）。
13) OECD基準の積極的労働市場政策社会支出と失業社会支出の各国データは、OECD Employment Database（http://www.oecd.org/employment/database）のLabour Market ProgrammesのうちActive measuresが積極的労働市場政策社会支出、Passive measuresが失業社会支出に使われている。我が国は厚生労働省労働部局（職業安定局、職業能力開発局、労働基準局）より集めたデータを国際課が1990年分から同データベースに登録している。1990～2007年まで予算値、2008年以降は決算値となっている。その関係で、決算値が得られない区分（障害者雇用支援とリハビリテーション）は2008年以降の数値が登録されていない。また国の負担は計上しているが、地方負担、あるいは独立行政法人が実施する制度による支出（例：独立行政法人高齢・障害・求職者雇用支援機構が実施する障害者雇用納付金制度に基づく助成金）は非計上である。OECDの定義について詳しくはCoverage and classification

of OECD data for public expenditure and participation in labour market programmes（http://www.oecd.org/els/emp/42116566.pdf）参照。
14) 雇用保険の障害者初回雇用奨励金、精神障害者等雇用安定奨励金、独立行政法人高齢・障害・求職者支援機構が実施する障害者雇用納付金制度に基づく各種助成金等が該当するが、非計上である
15) 住宅に使途限定した現金給付はSNAにならい現物給付に分類される（Adema et al., 2011）
16) アメリカの他の政策分野社会支出・現金・所得補助にはEarned Income Tax Credit: refundable part（EITC）が含まれている。
17) 「他の社会保障制度」は、2011年度集計よりILO基準の範囲を見直した結果、新たに加えた制度であり、地方公共団体単独実施公費負担医療費、被災者生活再建支援事業などが含まれる。他の社会保障制度に含まれる制度と数値については、公表資料（国立社会保障・人口問題研究所、2013）の巻末参考資料6、ホームページ掲載表、第15表参照。
18) 特に、公衆衛生に係る費用の分類については、さらに「医療」と「医療以外の現物給付」との仕分けが難しい場合もある。実務的には、当該事業の実施に際して、医療従事者がどの程度携わるのか、医学的管理がどの程度及ぶのかなどによって「医療」と「医療以外の現物」とを仕分けることが考えられるが、上記のとおり、多様な形態での取り組みが展開されるなかで、現実問題としてその線引きは難しいケースも少なくない。
19) 2012年の基幹統計指定を機に集計範囲の見直しを行い制度を追加した際には、当該給付が独立の機関（独立行政法人や財団法人）により行われている場合は、国から機関への運営費交付金ではなく、機関における収支決算を登録してもらう形とした。今後も実施機関における決算収支をできるだけ収集する方針である。

## 参考文献

Adema, W., P. Fron and M. Ladaique（2011）"Is the European Welfare States Really More Expensive?: Indicators on Social Spending, 1980−2012; and a Manual to the OECD Social Expenditure Database（SOCX），" *Social, Employment and Migration Working Papers*, 124, OECD.（邦訳、国立社会保障・人口問題研究所（2012）「OECD Social Expenditure Databaseマニュアル」内閣府、第54回統計委員会資料、参考2）

EUROSTAT（1996）*EUROSTAT ESSPROS MANUAL 1996*．（邦訳、国立社会保障・人口問題研究所（1998）『ESSPROSマニュアル1996年度版』）

ILO（1997）The Cost of Social Security 19th International Inquiry Manual.（邦訳、国立社会保障・人口問題研究所（2012）「ILO Cost of Social Securityマニュアル」内閣府、第54回統計委員会資料、参考3）

国立社会保障・人口問題研究所（2008）「社会保障費統計資料集（時系列整備）」。
――――（2011）「社会保障費に関する検討会報告書」所内研究報告、第 41 号。
――――（2013）「平成 23 年度社会保障費用統計」。
国立社会保障・人口問題研究所社会保障費用統計プロジェクト（2013）「2010（平成 22）年度社会保障費用――概要と解説」『季刊社会保障研究』第 48 巻第 4 号，pp. 447-456。

## *Column 1* ❖ 社会保障費用の国際基準の関係

　社会保障費用の国際基準とは、国際機関が定めた社会保障に係る支出および財源の定義、分類に関する基準であり、①経済・財政統計の一部として社会保障費用を扱う統計（国連の国民経済計算、IMFの政府財政統計）、②社会保障に限り全体を捉える統計（ILO、OECD、EU基準）、③社会保障の個別分野のデータベースの一部として費用を扱う統計（OECDのHealth Database, Labor Market Database, Education Database）の3つに分類できる。我が国の「社会保障費用統計」は、②社会保障に限り全体を捉える統計に該当し、ILO、OECD基準に沿った集計を行っている。以下では、ILO、OECD基準の違い、およびEU基準について紹介する。

### ILO 基準と OECD 基準の違い

　ILO基準とOECD基準の概要は第2章のとおりであるが、両基準の相違点は、次の4点に整理される。

　まず第1に、国際比較可能性である。ILO基準は、1996年度以降、諸外国のデータ更新が途絶え、国際比較ができない状況が続いている。他方、OECD基準は定期的に更新され、直近まで国際比較が可能となっている。

　第2に、OECD基準は収入データがない。同基準は社会保障財源に関する定義・分類がなく、我が国および諸外国においても同基準に沿った財源データは存在しない。そのため、財源構造の国際比較ができない。一方、ILO基準には社会保障財源の定義・分類があり、1950年度から2011年度までの社会保険料（被保険者拠出、事業主拠出）、公費負担（国庫負担、地方負担）、その他収入（資産収入、その他）別のデータが利用可能である。ただしILO基準財源データは我が国の時系列データとしてのみ利用可能なもので国際比較はできない。ILO基準国際比較データ更新が途絶えた1996年度以降、我が国と諸外国の社会保障財源が比較可能なデータは存在しない。しかしながら、欧州諸国に限れば、EU基準ESSPROS統計（後述）において社会保障財源データが整備されており、国際比較が可能である。

　第3に、範囲の違いである。ILO基準の「社会保障給付費」は個人に直接渡

る給付（年金給付、生活保護給付、医療や介護サービス等）を集計対象とする。他方、OECD 基準は「社会支出」と呼ばれ、ILO 基準に比べて範囲が広く、施設整備費等の直接個人に渡らない費用も対象とする。

　第 4 に、支出分類の違いである。OECD 基準は政策分野別 9 分類（高齢、遺族、障害・業務災害・傷病、保健、家族、積極的労働市場政策、失業、住宅、他の政策分野）、ILO 基準は機能別 9 分類（高齢、遺族、障害、労働災害、保健医療、家族、失業、住宅、生活保護その他）を採用している。両基準の違いは、たとえば、障害と労働災害は OECD 基準では障害・業務災害・傷病社会支出分類に一括であるが、ILO 基準ではそれぞれ障害給付、労働災害給付、保健給付に分かれる。

　さらに、OECD 基準では失業社会支出、積極的労働市場政策社会支出の 2 分類であるが、ILO 基準は失業給付のみという違いがある。具体的には、OECD 基準では、求職者給付と高年齢者雇用継続給付は失業社会支出、教育訓練給付、雇用安定等給付金は積極的労働市場政策社会支出に分かれるが、ILO 基準失業給付はこれらすべてを含む。

　その他、生活保護の扱いも両基準で異なる。OECD 基準では介護扶助は高齢社会支出、葬祭扶助は遺族社会支出、医療扶助は保健社会支出、教育扶助と出産扶助は家族社会支出に位置づけ、政策分野のいずれにも位置づけられない生活扶助、生業扶助については他の政策分野社会支出に分類している。他方、ILO 基準では、生活保護うち住宅扶助は住宅給付、その他の扶助はすべて生活保護その他給付に計上される。

### EU 基準（ESSPROS）

　EU 基準は ESSPROS と呼ばれる EU 諸国の社会保護統計体系の作成基準であり、上述のとおり、財源データを持つとともに、給付を集計対象とする点において、ILO と共通している。ただし、ESSPROS の給付の範囲は ILO よりも狭く、OECD 基準の保健社会支出に含まれる喫煙等の健康リスクへの啓発事業のように不特定多数を対象とするもの、積極的労働市場政策社会支出の対事業主向けの雇用維持や採用奨励のための支出、家族社会支出の就学前教育は、ESSPROS では含まない。また、ESSPROS 特有の分類として、給付において現

金、現物の別に加えてミーンズテスト有無別の表章がある点、および財源については SNA（国民経済計算）の制度部門に沿った分類項目となっている点が特徴である。

　今後も、我が国の社会保障費用統計は、ILO 基準による集計を継続していく方向であるが、現統計が準拠する ILO 第 18 次、第 19 次基準を基軸として統計整備を行っている先進国は日本だけである。ILO が 2005 年に発表した新たな基準があるものの、主に途上国が採用し、先進国では EU 諸国は EU 基準、EU 以外の国は OECD 基準を基軸とし、新たな ILO 基準は採用していない。こうした国際的動向をふまえたうえで、社会保障費用統計の国際比較可能性を向上させるには、OECD 基準を継続するとともに、将来的には ILO 基準に代わるものとして EU 基準に準拠した集計を考えていく必要があろう。

［竹沢純子］

## *Column 2* ❖ 各種統計におけるサービス（現物）給付の扱い

　社会保障の給付は現金とサービス（現物）の2種類に分けて考えられている。現金は貨幣という意味よりも、受け取った者の自由意思で交換できる形態を表している。したがって、たとえば自費で診療を受けてあとからその費用が戻ってくる、いわゆる償還払いはサービス給付となる。それはすでに受け取ってしまった医療サービスの対価が支払われたと考えるからである。一方、現金は児童手当や障害者手当などの社会手当や老齢年金などの公的年金、失業給付など、受給した者がその自由意思で何とでも交換できる給付である。たいていの場合、生活費として消費に使われるものだが、ホームレスになっても飲酒を選択する人に、家賃を強制的に払わせることはできない。サービスが重要なのは、購入したくてもそのサービスが不足していたり、一般の人が購入できないほど高価であったりする場合、現金の給付が必ずしも個人の厚生水準を向上させることができないからである。かつて、医療給付における自己負担が費用の5割だったころに、自己負担を回避するために重篤になるまで診療を受けない人、特に健康水準の低下する高齢者の存在が社会問題になった。そこで、自己負担部分を自治体が独自に負担することで老人医療費の無料化が始まったのである。また、寿命の延びと人口の高齢化によって心身の機能が衰える高齢者が増えたうえ、核家族化によって介護する人が不足することになり、治療は必要ないのに入院する人が増え医療給付が急激に増えた。公的介護保険の導入に当たっては、介護サービスの供給を確保することが重要な政策課題となった。サービス給付は生活圏で提供されなければならないので、自治体が主体となって供給することが効率的といわれている。

　国際基準で集計されている3つの「社会保障費用統計」、OECDのSOCX、ILOのCOSS、そしてEUROSTATのESSPORSにおいては、いずれも支出や給付をまず現金とサービスに分けている。一方、SNA（国民経済計算）では現金とサービスの区別はない。2005年のSNAの改訂で、一般政府の機能別支出がより細かく分類されるようになった。しかし、保健についてはサービスとして外来・病院・公衆衛生に分けているが、社会保護については、傷病・障害など目的別には分けられるものの、介護や保育等のサービス別には分けられていない。

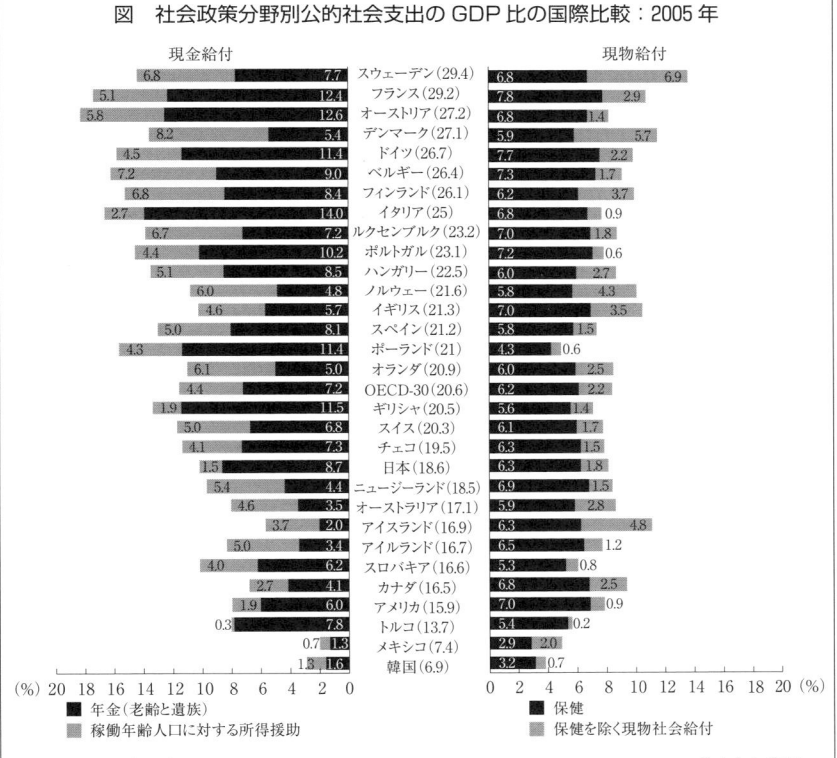

図　社会政策分野別公的社会支出のGDP比の国際比較：2005年

| 現金給付 | | | 現物給付 | |
|---|---|---|---|---|
| 6.8 / 7.7 | スウェーデン(29.4) | 6.8 / 6.9 | | |
| 5.1 / 12.4 | フランス(29.2) | 7.8 / 2.9 | | |
| 5.8 / 12.6 | オーストリア(27.2) | 6.8 / 1.4 | | |
| 8.2 / 5.4 | デンマーク(27.1) | 5.9 / 5.7 | | |
| 4.5 / 11.4 | ドイツ(26.7) | 7.7 / 2.2 | | |
| 7.2 / 9.0 | ベルギー(26.4) | 7.3 / 1.7 | | |
| 6.8 / 8.4 | フィンランド(26.1) | 6.2 / 3.7 | | |
| 2.7 / 14.0 | イタリア(25) | 6.8 / 0.9 | | |
| 6.7 / 7.2 | ルクセンブルク(23.2) | 7.0 / 1.8 | | |
| 4.4 / 10.2 | ポルトガル(23.1) | 7.0 / 1.8 | | |
| 5.1 / 8.5 | ハンガリー(22.5) | 6.0 / 2.7 | | |
| 6.0 / 4.8 | ノルウェー(21.6) | 5.8 / 4.3 | | |
| 4.6 / 5.7 | イギリス(21.3) | 6.9 / 3.5 | | |
| 5.0 / 8.1 | スペイン(21.2) | 5.8 / 1.5 | | |
| 4.3 / 11.4 | ポーランド(21) | 4.3 / 0.6 | | |
| 6.1 / 5.0 | オランダ(20.9) | 6.0 / 2.5 | | |
| 4.4 / 7.2 | OECD-30(20.6) | 6.2 / 2.2 | | |
| 1.9 / 11.5 | ギリシャ(20.5) | 5.6 / 1.4 | | |
| 5.0 / 6.8 | スイス(20.3) | 6.1 / 1.7 | | |
| 4.1 / 7.3 | チェコ(19.5) | 6.3 / 1.5 | | |
| 1.5 / 8.7 | 日本(18.6) | 6.3 / 1.8 | | |
| 5.4 / 4.4 | ニュージーランド(18.5) | 6.9 / 1.5 | | |
| 4.6 / 3.5 | オーストラリア(17.1) | 5.9 / 2.8 | | |
| 3.7 / 2.0 | アイスランド(16.9) | 6.3 / 4.8 | | |
| 5.0 / 3.4 | アイルランド(16.7) | 6.5 / 1.2 | | |
| 4.0 / 6.2 | スロバキア(16.6) | 5.3 / 0.8 | | |
| 2.7 / 4.1 | カナダ(16.5) | 6.8 / 2.5 | | |
| 1.9 / 6.0 | アメリカ(15.9) | 7.0 / 0.9 | | |
| 0.3 / 7.8 | トルコ(13.7) | 5.4 / 0.2 | | |
| 0.7 / 1.3 | メキシコ(7.4) | 2.9 / 2.0 | | |
| 1.3 / 1.6 | 韓国(6.9) | 3.2 / 0.7 | | |

(%) 20 18 16 14 12 10 8 6 4 2 0　　　　0 2 4 6 8 10 12 14 16 18 20 (%)

■ 年金（老齢と遺族）　　　　　　　　　■ 保健
■ 稼働年齢人口に対する所得援助　　　　■ 保健を除く現物社会給付

出所：OECD (2009) OECD Social, Employment and Migration Working Papers No. 92, p. 26 をもとに和訳。

　近年人々のニーズに対応するには、サービスの給付が重要だという認識が高まっている。また、費用投入の効果としても、現物のほうが効果的との見方もある。たとえば子どものいる世帯の所得水準を上げるためには、児童手当よりも保育や教育支援による親の就労促進のほうが効果があるという研究も出始めている。特に、所得制限を設けることが多い現金給付は、就労インセンティブを阻害することがある。その緩和のために、高年齢者雇用継続給付の導入のように、働きながらも受給できる手当とするなどの工夫が行われてきた。

[勝又幸子]

# 第 2 部　日本社会の変容と社会保障

第 3 章

# 社会保障費用の動向

竹沢 純子

　本章では第 1 節で OECD 基準社会支出、第 2 節で ILO 基準社会保障給付費と同財源の動向を概観する。各基準の定義や分類はすでに第 2 章で記述のため、ここでは繰り返さない。また各政策分野や制度別の推移とその背景については、続く章で詳しく分析がなされる。

## 1　OECD 基準社会支出の時系列推移——1980〜2011 年度

　OECD 基準社会支出は 1980 年度から 2011 年度まで約 30 年のデータが整備されている[1]。政策分野別社会支出額は 1980 年度 26 兆円から 2011 年度 112 兆円へ、対国内総生産比社会支出は同 10.4% から同 23.7% へと増加した（図 3-1）。政策分野別の構成比の推移をみると（図 3-2）、1980 年度当初はトップが保健社会支出 43.1%、次いで高齢社会支出 29.6% であったが、1997 年度には高齢社会支出が保健社会支出を超え、2011 年度は高齢社会支出 46.5%、保健社会支出 32.4% である。このように首位は入れ変わったが、約 30 年の間、高齢社会支出、保健社会支出で 7 割を占める傾向は変わらない。一方、高齢社会支出、保健社会支出以外の 7 分類の構成比は、1980 年度から概ね低下・横ばいにあるなかで、家族社会支出が 1990 年代以降比重を高め、1991 年度 3.2% から 2011 年度 5.7% へ増えた点は注目される（第 7

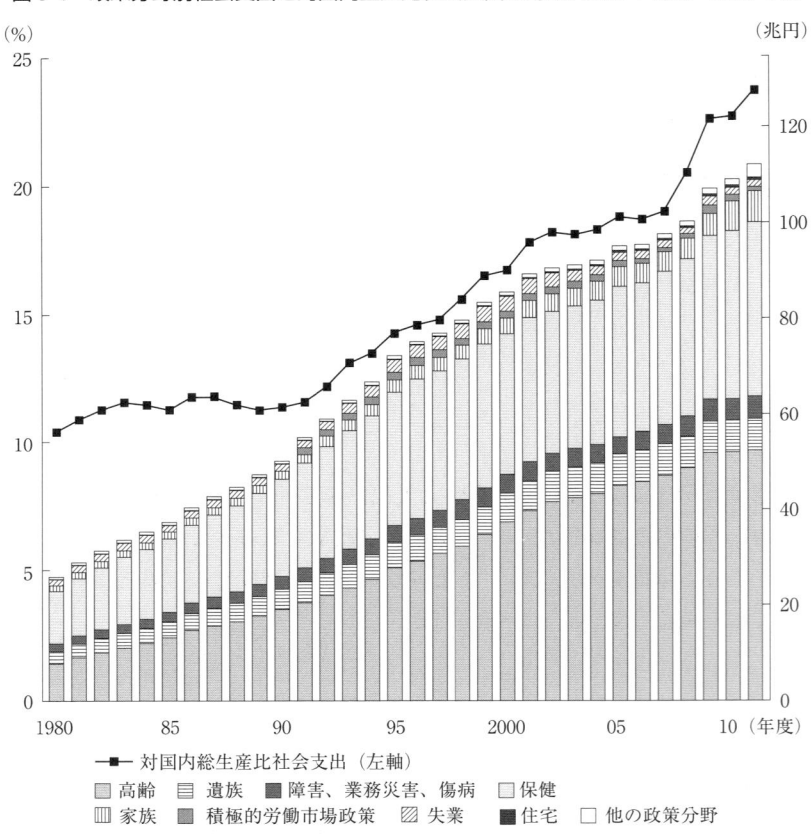

図 3-1　政策分野別社会支出と対国内生産比社会支出の時系列推移：1980〜2011 年度

凡例：対国内総生産比社会支出（左軸）／高齢／遺族／障害、業務災害、傷病／保健／家族／積極的労働市場政策／失業／住宅／他の政策分野

出所：国立社会保障・人口問題研究所（2013）より作成。

章参照）。

## 2　ILO 基準社会保障給付費の時系列推移——1950〜2011 年度[2]

### （1）　社会保障給付費の推移

　ILO 基準社会保障給付費は 1950 年度から 2011 年度まで約 60 年間のデータが整備されている。社会保障給付費総額は 1950 年度にはわずかに 1,261 億円であったが、2011 年度には 107.5 兆円へ、対国内総生産比社会保障給付

図 3-2 政策分野別社会支出の構成比の時系列推移：1980～2011年度

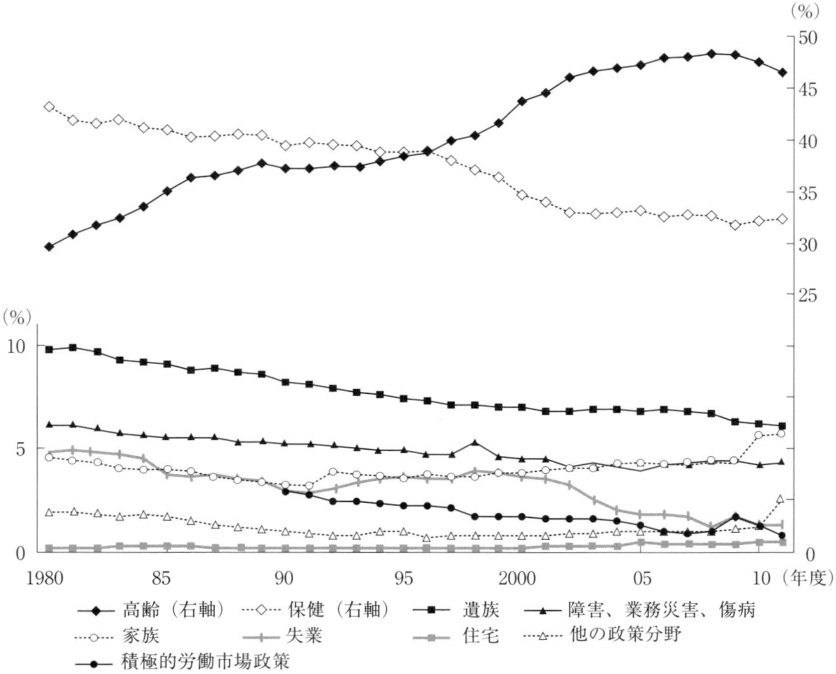

◆ 高齢（右軸）　◇ 保健（右軸）　■ 遺族　▲ 障害、業務災害、傷病
○ 家族　＋ 失業　□ 住宅　△ 他の政策分野
● 積極的労働市場政策

出所：国立社会保障・人口問題研究所（2013）より作成。

費は同 2.9% から同 22.7% へと増えた（図 3-3）。

次に部門別社会保障給付費の構成比（図 3-4）は、1950年度から1963年度まで「医療」「年金・福祉その他」の2分類、1964年度以降は「医療」「年金」「福祉その他」の3分類の推移を表している。1964年度当初は「医療」が過半で「年金」「福祉その他」がともに2割程度であった。その後、1970年代に「年金」が大きく増え、1981年度には「医療」を超え首位となった。「年金」は1980、1990年代は徐々に伸びが鈍化し、1998年度の53.2%をピークに以降横ばい、低下傾向にある。「医療」は1980、1990年代に緩やかに低下し、2000年代以降は横ばいである。「福祉その他」は1960年代から低下傾向にあったが、1991年度の10.0%を底として、それ以降は増加し2011年度には18.9%に達している。

## 図3-3 社会保障給付費の年次推移：1950〜2011年度

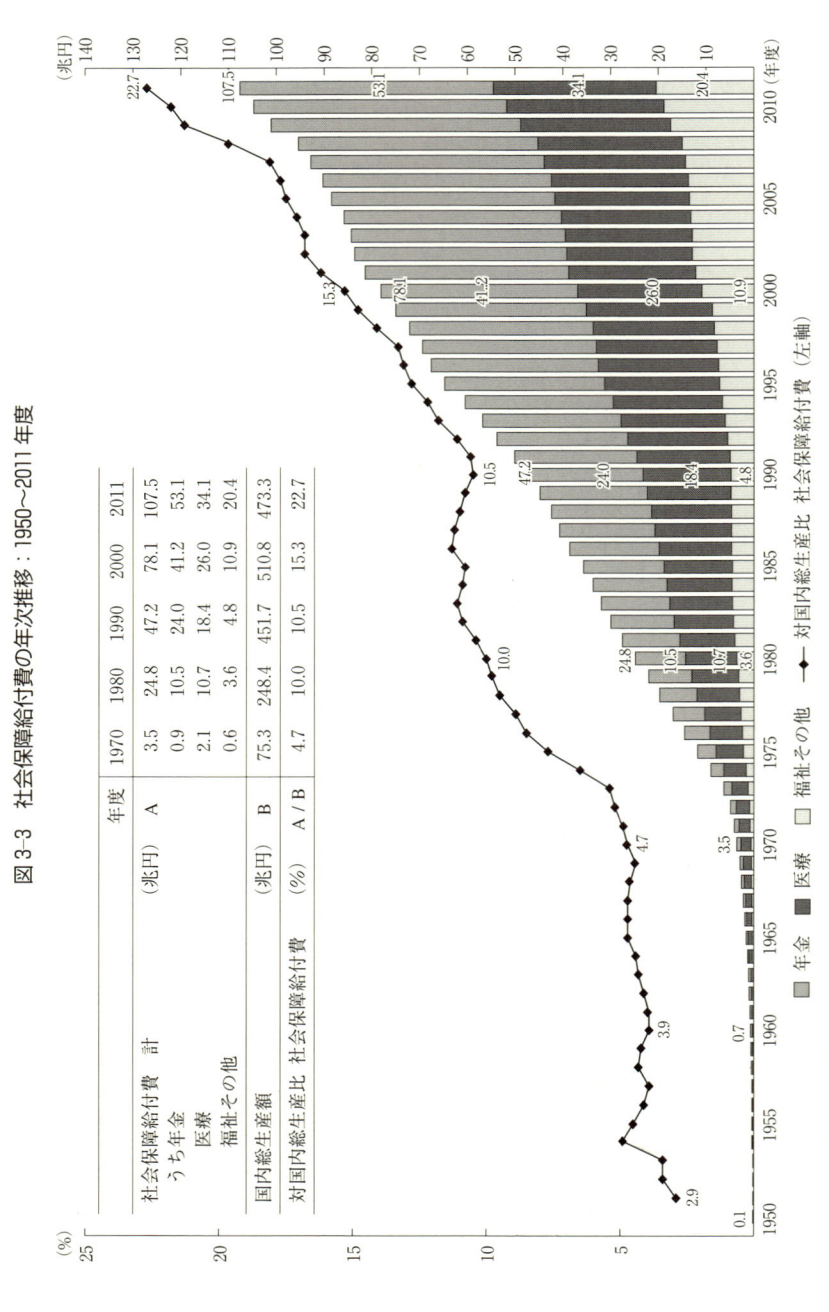

| 年度 | | | 1970 | 1980 | 1990 | 2000 | 2011 |
|---|---|---|---|---|---|---|---|
| 社会保障給付費 | 計 | (兆円) A | 3.5 | 24.8 | 47.2 | 78.1 | 107.5 |
| | うち年金 | | 0.9 | 10.5 | 24.0 | 41.2 | 53.1 |
| | 医療 | | 2.1 | 10.7 | 18.4 | 26.0 | 34.1 |
| | 福祉・その他 | | 0.6 | 3.6 | 4.8 | 10.9 | 20.4 |
| 国内総生産額 | | (兆円) B | 75.3 | 248.4 | 451.7 | 510.8 | 473.3 |
| 対国内総生産比 社会保障給付費 | | (%) A/B | 4.7 | 10.0 | 10.5 | 15.3 | 22.7 |

出所：国立社会保障・人口問題研究所（2013）より作成。

第3章　社会保障費用の動向　67

図3-4　部門別社会保障給付費の構成比の年次推移：1950～2011年度

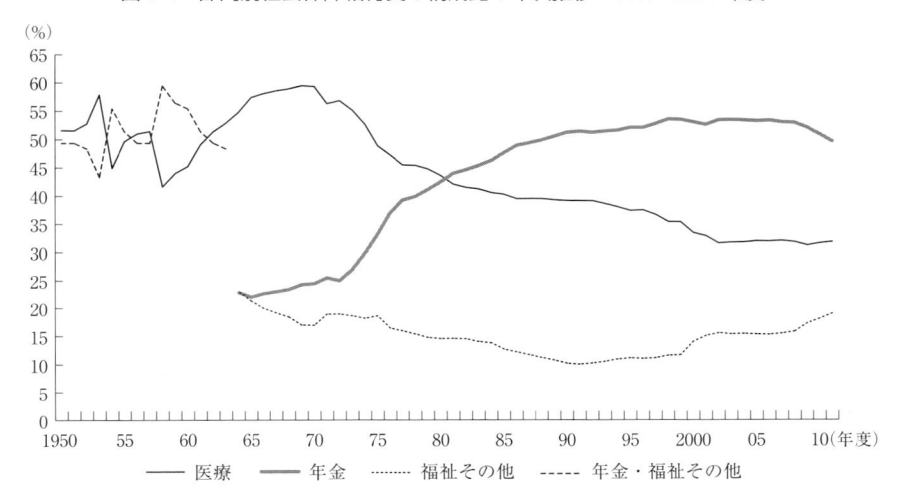

出所：国立社会保障・人口問題研究所（2013）より作成。

図3-5　部門別社会保障給付費の対前年度伸び率の年次推移：1951～2011年度

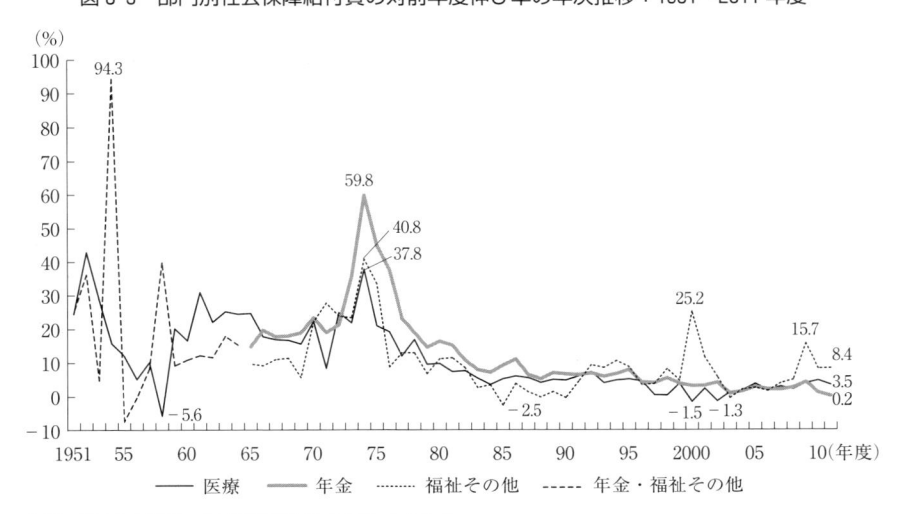

出所：国立社会保障・人口問題研究所（2013）より作成。

部門別社会保障給付費の対前年度比伸び率（図3-5）をみると、1970～1990年度前後まで「年金」の伸び率が最も高かったが、1990年代以降は「福祉その他」の伸び率が大きく、上記構成比の動きを裏づけている。特に突出して伸びが大きい年がいくつかある。1974年度は、福祉元年（1973年度）と呼ばれる社会保障制度の拡充に伴い3部門ともに急増し、給付費総額では対前年度比44.2％の伸びとなった。「福祉その他」で2000年度が突出しているが、これは介護保険導入に伴う増である。同分類の2009年度の増は2008年リーマン・ショックに伴う雇用環境の悪化で失業や生活保護が増えたことによるもの、2011年度8.4％増は2010年度（2011年3月）東日本大震災に伴う災害救助費等の増によるものである。また「医療」は2000年度、2002年度にマイナスの伸びとなっているが、2000年度の－1.5％は介護保険導入に伴い老人保健制度（「医療」）の給付であった介護老人保健施設費や訪問看護費等が介護保険（「福祉その他」）に移ったこと、2002年度の－1.3％は診療報酬の－2.7％改定と2002年10月から老人保健制度における完全定率一割負担が実施された影響による。最後に「年金」は、2011年度に0.2％と過去最低の伸び率となった。これは物価スライドで0.4％給付が減額したこと、ならびに支給対象年齢の引き上げに伴い受給者数の伸びが抑制されたこと等による。

## （2） 社会保障収入の推移：1960～2011年度

ILO基準社会保障収入は1960年度から2011年度の時系列データが利用できる[3]。図3-6は財源別社会保障収入の推移である。まず総額では1960年度9,260億円から2011年度には115.7兆円に増加した。2001年度から年金積立金の自主運用開始に伴い、それ以降、毎年の運用環境によって「資産収入」が乱高下している結果、総額も大きく上下している。

このように変動が大きい「資産収入」と「その他」を除き、財源別の構成比の推移をみる（図3-7）。「社会保険料（被保険者拠出、事業主拠出）」は、ともに3割前後で推移してきたが、2000年代以降、「事業主拠出」が低下している。特に2009年度には「被保険者拠出」「事業主拠出」ともに急低下しているが、これは2008年リーマン・ショックによる給与減と雇用保険料率引

第3章 社会保障費用の動向　69

図3-6　財源別社会保障収入の年次推移：1960〜2011年度

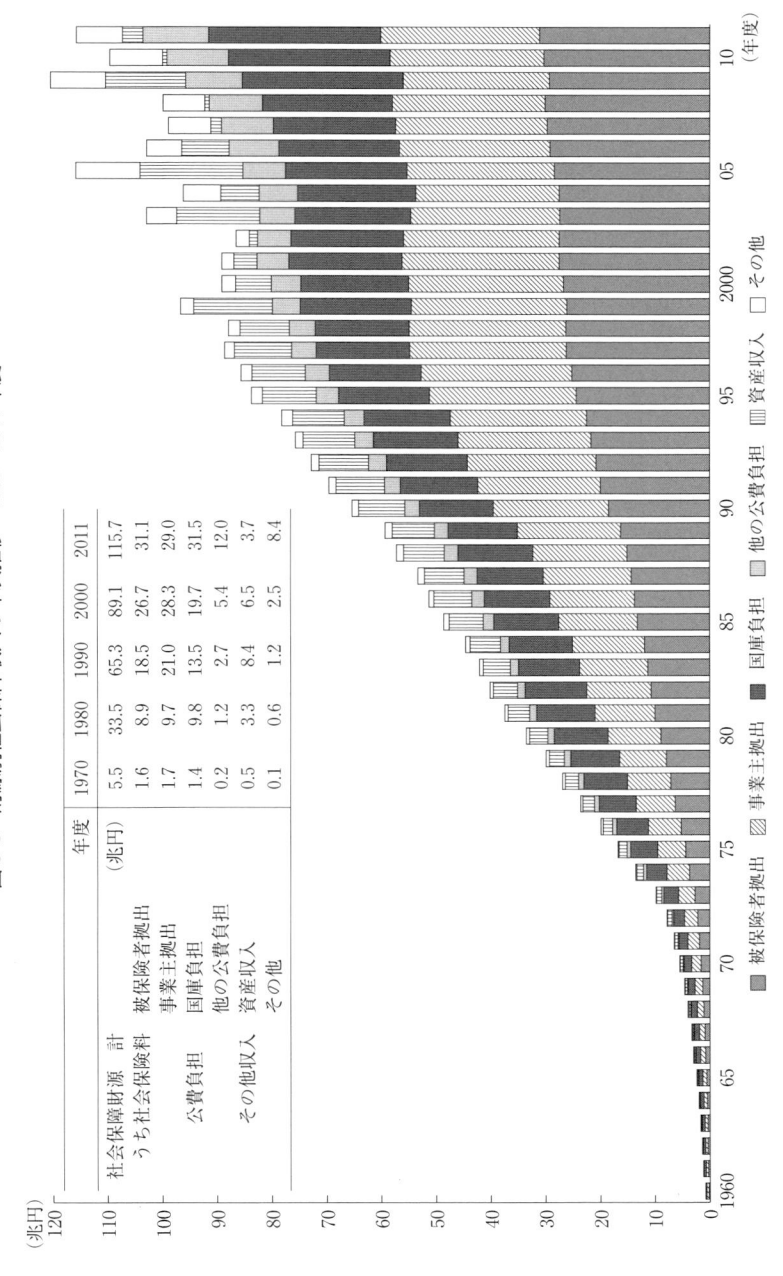

| 年度 (兆円) | 1970 | 1980 | 1990 | 2000 | 2011 |
|---|---|---|---|---|---|
| 社会保障財源　計 | 5.5 | 33.5 | 65.3 | 89.1 | 115.7 |
| うち社会保険料　被保険者拠出 | 1.6 | 8.9 | 18.5 | 26.7 | 31.1 |
| 　　　　　　　　事業主拠出 | 1.7 | 9.7 | 21.0 | 28.3 | 29.0 |
| 公費負担　　　　国庫負担 | 1.4 | 9.8 | 13.5 | 19.7 | 31.5 |
| 　　　　　　　　他の公費負担 | 0.2 | 1.2 | 2.7 | 5.4 | 12.0 |
| その他収入　　　資産収入 | 0.5 | 3.3 | 8.4 | 6.5 | 3.7 |
| 　　　　　　　　その他 | 0.1 | 0.6 | 1.2 | 2.5 | 8.4 |

■ 被保険者拠出　◨ 事業主拠出　■ 国庫負担　▨ 他の公費負担　▥ 資産収入　□ その他

出所：国立社会保障・人口問題研究所（2013）より作成。

図 3-7 財源別社会保障収入の構成比の年次推移：1960〜2011 年

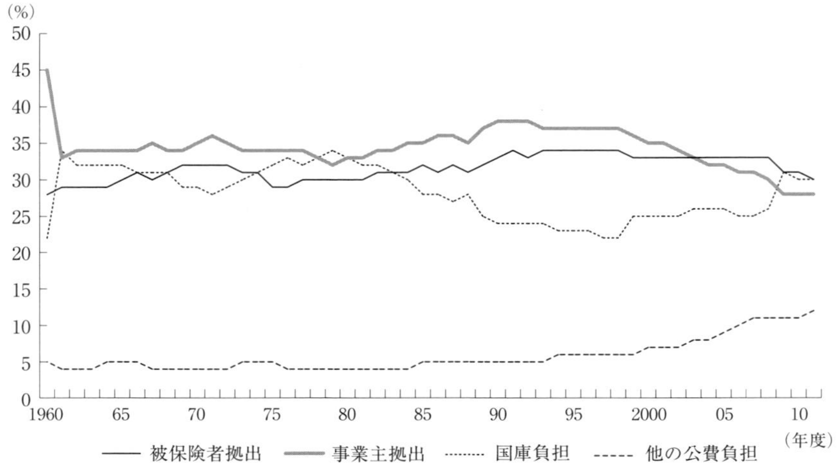

凡例：── 被保険者拠出　── 事業主拠出　……… 国庫負担　---- 他の公費負担

出所：国立社会保障・人口問題研究所（2013）より作成。

き下げの影響である。一方、「国庫負担」は、1960 年代当初は 3 割程度を占めていたが、1980 年代から 1990 年代半ばにかけて 2 割台に低下した。しかし 1990 年代後半以降は比重を高め、2011 年度には「被保険者拠出」「事業主拠出」を超え首位となった。これは 2011 年 3 月の東日本大震災の影響である。「他の公費負担」は、1960〜1990 年度まで 5 ％前後であったが、1990 年代以降に上昇し、2011 年度には 10.3％ に達した。このように近年、社会保障財源に占める「国庫負担」「他の公費負担」の割合が上昇傾向にある。

注
1) 積極的労働市場政策社会支出は 1980〜1989 年度はデータがなく、1990〜2011 年度のデータとなっている。
2) ILO 基準は 1950 年から値があるが、現公表資料の集計表 2（ILO 第 18 次基準表）ベースで、過去に遡って概念上一貫性のある時系列整備がなされているのは 1969 年以降である（社会保障研究所編、1995）。
3) 1951 年度が最初のデータであるが、1950 年代は 3 年おき（1951、1954、1957 年）しかなく、毎年継続してデータがあるのは 1960 年度以降である。

**参考文献**

国立社会保障・人口問題研究所（2013）「平成 23 年度社会保障費用統計」。
社会保障研究所編（1995）『社会保障費統計の基礎と展望』有斐閣。

# 第4章

# 我が国の人口動向と社会保障
——過去から現在までの期間

金子 隆一

## 1 人口と社会問題

　人口の動きは常に経済社会の基底にあって、われわれの生活に思いがけない影響をもたらしている。たとえば人口と経済成長あるいは社会問題との関係に関しては、経済（とりわけ食糧供給）が人口増加を制約し、その軋轢によって貧困などの社会問題が生ずるとする見方（Malthusian）と、人口増加の圧力こそが技術革新を促し、経済発展と文明化を推進してきたとする見方（Boserupian）があり、対立的に論じられることが多いが、いずれにしろ時々の経済社会は人口によって規定されており、常にそれらの相対関係の揺らぎが社会問題を発生させているという点では一致している。

　ほかでもない産業革命を経て現代社会へと連なる近代化の過程は、数々の新しい社会問題を提示してきたが、それらのほとんどは既存の経済社会システムと、これに並行して進展した人口転換に伴う人口ならびにライフコース変化との離齬に起因するといってよい。18世紀初めヨーロッパの一部の国でみられたわずかな死亡率の低下が、穏やかな人口増加圧力と社会における不確実性の低下を招き、この2つのきっかけにより産業化や近代経済の成立がもたらされたわけであるが、同時に増大した人口を都市へと集め、貧困・格差の歯止めのない拡大や、未発達の公衆衛生下での感染症蔓延をもたらした。

マルサスによれば、これらはまさに「人口の原理」による事態ということになり、ボズラップによれば、痛ましいながらも次の時代を拓く技術革新に必要な契機ということになる。事実こうした状況に喘いだ労働者たちによる共済組織はやがて国家による社会保険制度へと発展し、時を経て現代の社会保障制度へとつながる。このように社会保障とは、時代とともに人口と経済社会が大小の軋轢を抱えながら進展する過程で生ずる構成員の生存や生活を脅かすリスクに対して、これらを社会全体に薄く分散することによって弊害を最小化する技術として捉えることができる。

本章では、我が国戦後の人口動向について概観し、社会経済の変化、社会保障制度の変遷との関係について考察する際の一助としたい。

## 2　我が国の人口動向と社会保障の歩み

### (1)　戦前の人口動向

「第1回国勢調査」(1920年)による日本の総人口は約5,963万人で、明治初期からの50年足らずで約2,000万人(60%)の増加があった。また、このときから太平洋戦争開戦前の1940年「第5回国勢調査」までに約1,600万人増加した。大正から昭和初期にかけての人口増加率は年率1.5%前後に達している。こうした急な人口増加は、工業化の進展と相まって都市化などの地域構造変動をも引き起こした。この人口増加の原因としては、同時期の国民所得の増加に伴う生活水準の向上と近代医療や公衆衛生の導入、発達による死亡率低下が挙げられる。しかし、都市部を中心とした急激な過密化は、国民の間に次第に過剰人口意識を生んだ。1918年米価の急騰を発端とした大規模な米騒動も、人々に食糧と人口との不均衡の問題として捉えられた。さらに、第1次大戦後に生じた不況と世界恐慌によって大量の失業者が発生する事態となり、一方で国外における排日移民の動きが強まるにつれて、国民の間に広がった過剰人口意識による閉塞感は日本を次第に軍事的な海外進出へと向かわせることになった。

我が国では戦前から老齢を含む種々の理由による生活困窮者への救護法(1929年制定)や、炭鉱夫等一部の職業の労働者に対する健康保険法(1922

図 4-1　我が国戦前の人口ピラミッド：1930 年

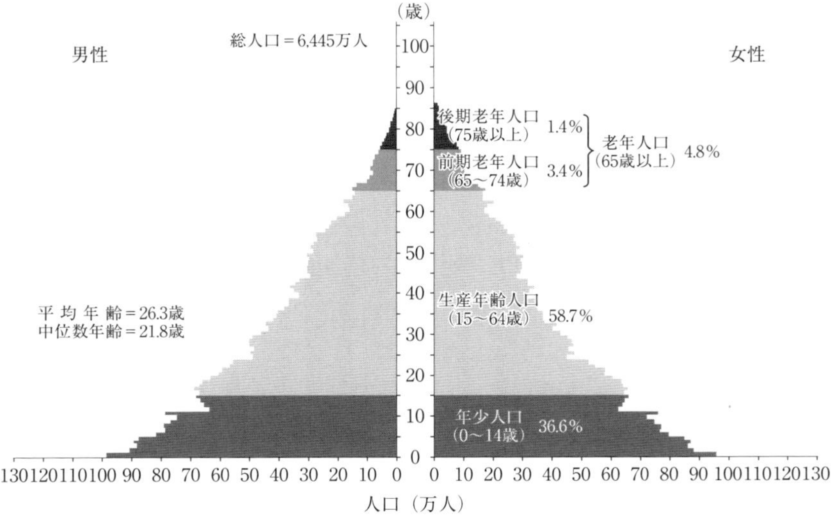

総人口 = 6,445 万人
男性　　　　　　　　　　　　　　　　　　　女性

後期老年人口（75歳以上）1.4%　）老年人口（65歳以上）4.8%
前期老年人口（65～74歳）3.4%

平均年齢 = 26.3歳
中位数年齢 = 21.8歳

生産年齢人口（15～64歳）58.7%

年少人口（0～14歳）36.6%

人口（万人）

出所：総務省統計局「国勢調査」。

年）、農山漁村住民を対象とする国民健康保険法（1938 年）、船員等の年金から一般労働者を被保険者とする厚生年金保険法制定（1944 年）など、一定の社会保障制度の発足と発展がみられた。当時の人口構成から明らかなように（図 4-1）、高い死亡率によって年少期や生産年齢の間に多くの人が亡くなることにより、多くの働き盛り人口が失われていた。実際 1926～1930 年当時の生命表によれば、65 歳まで生存するのは男性 33.8%、女性 39.6% にすぎず、付随する健康の状態も考え合わせると、労働力の損耗は大きかった[1]。一方で富国強兵、殖産興業を国是とし、列強との競争に直面していた政府にとって、健康で豊富な労働力の確保は急務であり、健康保険制度等の社会事業はこれに寄与するものと位置づけられ、推進されたと考えられる。

(2)　終戦直後の人口動向

1945 年から 1950 年のわずか 5 年間に日本人口は約 1,100 万人の増加をみた。原因は、軍人・軍属などの外地から引き揚げによる社会増と、「ベビー

ブーム」の発生、さらに死亡率の低下である。この期間の海外からの引揚者は復員軍人を含めて約625万人で、流出入の純増は約500万人と見積もられる。また、1947～1949年ベビーブームの出生率は一時的に33～34‰まで上昇し、わずか3年間で806万人の出生があった。これらにより人口増加率はこの時期に史上初めて2％を大きく上回る水準に達した。こうした急激な人口増や戦争による経済システムの破綻によって食糧、物資は不足し、国民生活は著しく窮乏した。したがって、この時期の社会保障は、引揚者や失業者などを中心とした生活困窮者に対する生活援護施策、ならびに衰弱した国民全般を感染症から守るための衛生環境や栄養の改善、予防接種の普及などの施策が中心となった。こうした努力により戦時下で著しく高まっていた死亡率は、戦前からの低下傾向にいち早く復帰し[2]、それを上回る勢いで低下を始めたが、これにより人口増加率はさらに高まった。しかし我が国の場合、それら人口増や産業の壊滅によって行き場を失った労働層は、かなりの部分が農村に吸収され、戦後の失業問題、食糧問題はある程度緩和された。国民主権、基本的人権の尊重を柱とする新しい憲法のもと、国民の生存と生活の保障に関する国の責任が明文化され、社会保障は国民の権利として経済の復興とともに新たな制度の創設や行政機構の整備が進められることとなった。

### (3) 戦後復興期～高度経済成長期の人口動向

ベビーブーム以降、出生率は急低下を始めた。普通出生率（人口1,000人当たりの出生数）はピークの1947年34.3‰から1957年17.2‰へ、わずか10年間で半減した。合計特殊出生率[3]ではこの間4.54から2.04へ低下しており、このときすでに当時の人口置換水準（1957年2.22）を下回るレベルへと低下したことになる。ベビーブームによる「団塊の世代」と、その後の急激な出生低下による縮小世代とのギャップは、やがて日本の人口動態と社会経済にさまざまな形で影響を及ぼすことになる。この時期の出生率低下は、一般の夫婦がその生活水準から自ら判断して、望まない高順位の出生数を減らしたことが特徴である。近接的には1948年に制定された優生保護法（現母体保護法）による人工妊娠中絶および優生手術の認可と、その後に行われた改正による適用範囲の拡大による効果が大きい。1949年に届け出られた人

工妊娠中絶は 24 万 6,000 件であったが、1955 年には 117 万件にのぼり、実に出生数の 68% に相当した。こうした事態を憂慮した民間団体等[4]によって盛んに避妊普及運動が行われ、政府も明示的に人口政策を行うことはなかったものの、公衆衛生プログラムの一環として家族計画事業の支援に回った。その結果避妊は急速に普及し、出生抑制手段としての人工妊娠中絶と概ね交代した。

　この出生低下は当時国際的にみて異例といえる急速なものであったが、長期的にみるとすでに戦前にみられた低下傾向から、戦争による混乱を挟んで連続して生じたものとする見方が妥当である。すなわち、戦後の出生低下は、明治期以降の近代化に伴う人口転換の最終局面としてみるべきであろう。このような性急な出生低下こそが、半世紀後の我が国に異例のスピードで人口高齢化をもたらした[5]。こうした出生減により、1960 年の人口ピラミッドは 10 歳より上の前近代的な山型と 10 歳未満の少産型が接合した特異な形状となった（図 4-2）。

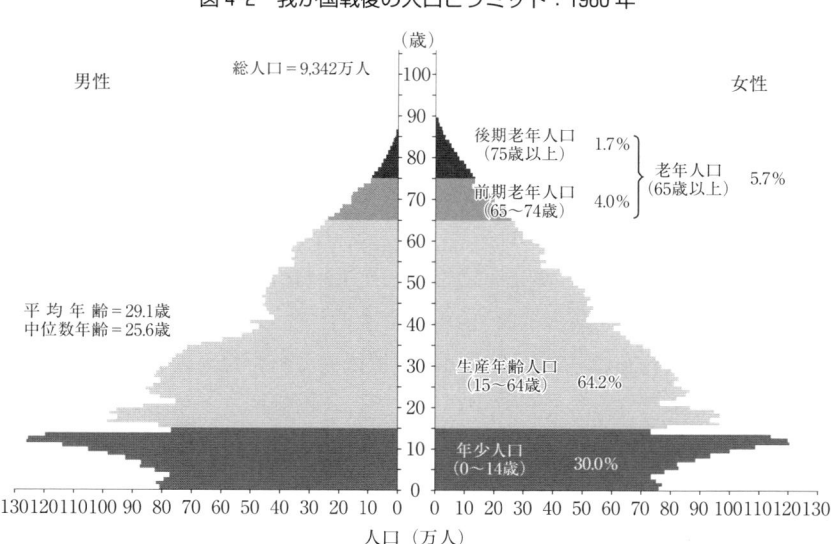

図 4-2　我が国戦後の人口ピラミッド：1960 年

男性　総人口＝9,342 万人　女性

後期老年人口（75 歳以上）1.7%
前期老年人口（65〜74 歳）4.0%
老年人口（65 歳以上）5.7%
生産年齢人口（15〜64 歳）64.2%
年少人口（0〜14 歳）30.0%

平均年齢＝29.1 歳
中位数年齢＝25.6 歳

人口（万人）

出所：総務省統計局「国勢調査」。

経済社会が戦後の混乱からの復興を果たすに従い、社会保障の対象は次第に全国民をカバーするものへと拡大を示した。1950年には社会保障制度審議会による「社会保障制度に関する勧告」によって制度の体系化が図られ、その後の発展の枠組みが成立した。老後の所得保障については、1954年厚生年金保険の全面的な改正に続き1961年国民年金の開始により国民皆年金制度が実現した。一方、医療保障については1948年国民健康保険の市町村公営化や1953年適用業種拡大などにより再建が進み、1961年には「全国民を包含する総合的な医療保障」[6]を実現するものとしてすべての市区町村で新国民健康保険法が実施されるに至り、国民皆保険が達成された。すなわち、同年に国民皆年金・皆保険が実現されたことになる。さらに、社会福祉の分野では、同時期に老人福祉法や児童手当法の制定、老人医療費支給制度の創設が行われるなど、社会保障制度の体系がほぼ整った。

　こうした発展の背景に一連の好景気や高度経済成長による財政的余裕の拡大があったことは確かであるが、これとともにこの時期に特異的に現れた人口構造が各種の制度拡充に有利に働いていたことを理解する必要がある。再び図4-2をみると、この時期には急な出生低下による年少人口の縮小と前近代的レジームが残した小さな老年人口が併存していることがわかる。たとえば年金・医療給付の大部分を占める老年人口の割合をみると5.7%であり、後期（75歳以上）老年人口に至っては1.7%にすぎない。社会のマクロ的な扶養負担は、従属人口指数（年少人口と老年人口の和の生産年齢人口に対する比）によって測られるが、戦前にはそれは70%を超えていた（1940年70.9%）のに対して、戦後は1950年67.5%から1960年55.7%を経て、1970年には44.9%まで低下している。こうした人口状況を背景にその後も社会保障の拡充は続き、1973年には田中角栄内閣によって福祉元年と銘打ち、老人医療費無料化をはじめ、健康保険の被扶養者の給付率の引き上げ、高額療養費制度の導入、年金給付水準の引き上げ、物価スライド・賃金スライドの導入などのさらなる大幅な拡充が行われた。

　従属人口負担の軽さは、社会保障制度の拡充に有利であっただけでなく、経済活動にも有利な条件であったといえる。働き盛りの世代が小さな扶養負担とともに生産活動に邁進し、その貯蓄をはじめとする資産形成が産業の資

本形成に寄与する構造ともなっていた。高度経済成長そのものがこの特異な人口構造によって支えられていた面が大きい。この人口構造から派生する一国の経済的有利さは、人口配当または人口ボーナスなどと呼ばれ、程度の差こそあれ人口転換を経験した社会に必ず、ただし一度だけ訪れる恩恵とされている。

　前述のように日本の人口動態は1950年代半ばにはいち早く人口置換水準へと到達したが、その後の高度経済成長期においても日本人口は増加率1％内外で高水準の成長傾向を維持していた。人口動態率（出生率、死亡率）が人口置換水準にありながら、人口成長が続いていることは一見矛盾しているように思えるが、再生産年齢層（出産年齢層）が人口の中で相対的に大きな割合を占めている場合には、一人ひとりの生む子ども数は減っても、親世代の人口規模に見合う大規模な子ども世代が生まれてくることになり、人口は増加を続ける。これは人口のモメンタム（慣性）と呼ばれる性質である。このころの日本人口は、「生み盛り」の年齢層を多く擁した「若い」年齢構造を持っており、一方で高齢人口が少ないため死亡数も少なかった。こうしたメカニズムにより日本人口は人口置換水準の動態率を持ちながら増加を続け、1967年には1億人を突破した（この慣性による人口増加は2000年代まで続くことになる）。

　我が国の高度経済成長期は、国内で未曾有の人口移動を経験した時期でもあった。戦後いったん農村に吸収された労働力、あるいはベビーブームや死亡率の低下によって新たに生じた余剰労働力は、この時期に都市における工業部門にすっかり吸収されることになる。3大都市圏への移動は、ピークとなる1961年には年間65万人の転入超過を記録した。これら都市への移住者は主に戦前からベビーブーム期までに生まれた世代であったが、これらの世代では親の出生数から推定されるきょうだい数は4～5人程度と前近代的水準にありながら（図4-3）、めざましい死亡率低下により成人に至る生存率は高まっており[7]、青壮年期の人口規模が増大していた。一般に多産多死から少産少死に至る人口転換過程の途中に、死亡率低下と出生率低下の時間差により多産少死の大規模世代が形成されるが、それは日本では概ね昭和一桁からベビーブーム期に生まれた世代に相当する。彼らの多くは余剰労働力とな

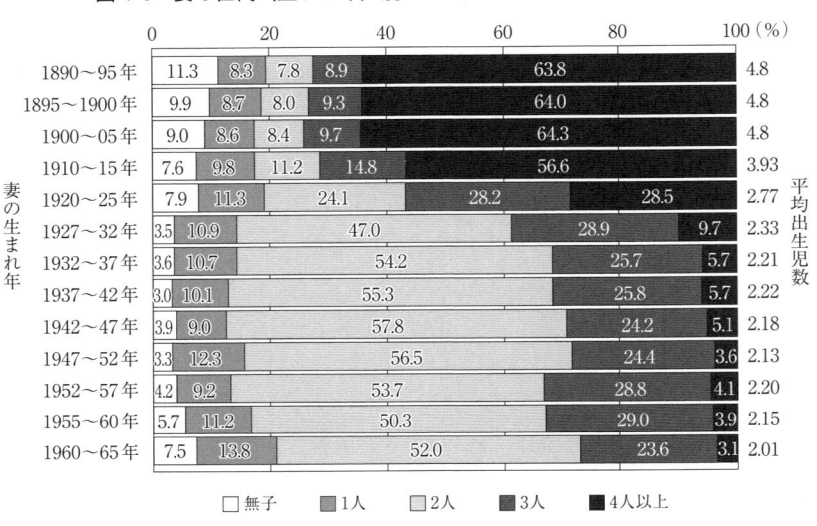

図 4-3 妻の世代（生まれ年）別にみた完結出生児数の分布と平均

| 妻の生まれ年 | 無子 | 1人 | 2人 | 3人 | 4人以上 | 平均出生児数 |
|---|---|---|---|---|---|---|
| 1890～95年 | 11.3 | 8.3 | 7.8 | 8.9 | 63.8 | 4.8 |
| 1895～1900年 | 9.9 | 8.7 | 8.0 | 9.3 | 64.0 | 4.8 |
| 1900～05年 | 9.0 | 8.6 | 8.4 | 9.7 | 64.3 | 4.8 |
| 1910～15年 | 7.6 | 9.8 | 11.2 | 14.8 | 56.6 | 3.93 |
| 1920～25年 | 7.9 | 11.3 | 24.1 | 28.2 | 28.5 | 2.77 |
| 1927～32年 | 3.5 | 10.9 | 47.0 | 28.9 | 9.7 | 2.33 |
| 1932～37年 | 3.6 | 10.7 | 54.2 | 25.7 | 5.7 | 2.21 |
| 1937～42年 | 3.0 | 10.1 | 55.3 | 25.8 | 5.7 | 2.22 |
| 1942～47年 | 3.9 | 9.0 | 57.8 | 24.2 | 5.1 | 2.18 |
| 1947～52年 | 3.3 | 12.3 | 56.5 | 24.4 | 3.6 | 2.13 |
| 1952～57年 | 4.2 | 9.2 | 53.7 | 28.8 | 4.1 | 2.20 |
| 1955～60年 | 5.7 | 11.2 | 50.3 | 29.0 | 3.9 | 2.15 |
| 1960～65年 | 7.5 | 13.8 | 52.0 | 23.6 | 3.1 | 2.01 |

出所：妻の生まれ年 1920～25 年以前は総務省統計局「国勢調査」、以降は国立社会保障・人口問題研究所「出産力調査」および「出生動向基本調査」による。「国勢調査」は既婚女性、1890～95 年は妻の年齢 55～59 歳、1895～1900 年は妻の年齢 45～49 歳、「出生動向基本調査」は初婚どうし夫婦で妻の年齢 45～49 歳の子ども数。

り、雇用を求めて大挙して大都市に押し寄せた。このため 3 大都市圏の人口は 1947 年 2,638 万人から 1970 年には 4,827 万人へと 83.0% の増加を示し（3 大都市圏以外の同時期の人口増は 9.0%）、3 大都市圏人口構成比は 33.8% から 46.1% と上昇した。これらの人口移動は同時に産業間の労働力の移動でもあった。第 1 次産業人口は 1955 年に就業総数の 41.1% を占めていたが、1975 年には 13.8% にまで減少した。これに対し第 2 次、第 3 次産業人口は同時期にそれぞれ 23.4%→34.1%、35.5→51.8% と大きくシェアを増大させ、産業構造は一変した。また雇用労働者の割合も 1955 年 45.7% から、1975 年の 69.1% へと上昇した（サラリーマン化）。その一方で、農漁村では若年労働力不足、後継者難、高齢化、女性化が進み、その都市とのアンバランスが過疎・過密問題として社会問題化した。

都市に移り住んだ世代を中心に、世帯も核家族化、単独化が進行し、平均世帯規模は 1950 年 5.02 人から 1970 年の 3.73 人へと縮小、世帯数は 64% も

増大した（同時期の人口増加は 24％）。ただし、核家族化は当該世代の成人きょうだい数の増加という人口学的背景のもとで起きており、地方を中心に親と後継ぎ夫婦の同居といういわゆる直系家族型の世帯は必ずしも減少することなく残った。

　前述のとおりベビーブーム期以降出生率は急減したが、これを家族の視点からみれば、世帯当たりの子ども数の減少として捉えられる。この時期以降に家族形成を行った世代（図 4-3 では概ね妻の生まれ年 1927～1932 年生まれ以降）では、子ども 2 人の夫婦が過半数となり、この状況がその後長期に定着した。核家族化と相まって、我が国では夫婦と子ども 2 人の構成を標準の姿として捉えることが普通となり、この「標準世帯」の概念は、その後の社会保障制度の設計にも大きな影響を与えている。また、家族の役割・機能も大きく変質した。家族は従来の生産の単位から消費の単位と子育ての場となり、男女の家庭内役割分業の進展（専業主婦の一般化）など、「家族の戦後体制」（落合、1994）としての近代家族が成立した。また、親が少数の子どもに教育投資を集中することが可能になり、若年世代では男女を問わず高学歴化が進み、受験戦争、学歴社会が本格化した。

### （4）　安定成長期～現在の人口動向

　1960 年代末から 1970 年代前半にかけては、戦後ベビーブーム世代の結婚出産時期に当たり、いわゆる出生のエコー効果により出生数は高騰した。1971～1974 年は、1952 年以来初めて年間 200 万人超の出生を記録し、第 2 次ベビーブームを形成した。

　このころから日本経済は新たな局面を迎える。1971 年円為替相場変動制への移行と、1973 年秋 OPEC の原油価格引き上げ（オイルショック）は、一時的にはインフレと物価高騰をもたらし、長期的には経済が高度成長から低成長または安定成長へと切り替わるきっかけを与えた。高度経済成長期の特徴であった農村から都市への人口移動も急速に沈静化に向かい、3 大都市圏への流入超過数はピーク（1961 年）の 65 万人から、1970 年 41 万人を経て 1976 年には一気に 1 万人の転出超過に至るまで減少した。この背景には、都市と地方の経済格差の縮小とともに、ベビーブーム世代の後に続く世代の

きょうだい数の急減という人口構造上の要因も指摘されている[8]。

　社会保障の分野では、1973年の老人医療費無料化以降、高齢者の医療費が増大し、オイルショック後の経済の低成長基調などと相まって国民健康保険の財政が逼迫する状況に至り、1970年代後半には制度見直しの気運が高まった。1980年代に入ると、いわゆる増税なき財政再建を目指して臨時行政調査会（第2次）による社会保障制度改革が断行された。受益者の負担を基本指針としながらも、このころから顕在化してきた人口高齢化の進展を見据え、高齢者保障への適合が進められた[9]。国民年金制度については、1985年に強制加入を基礎として、専業主婦などの女性や障害者に対する年金権の保障を目指した基礎年金制度が創設されるなど大きな改正が実施された。

　一方、1970年代半ば以降、あたかも経済基調の転換と並行するように日本の出生率は低下を始める。いわゆる「少子化」の始まりである。すでに人口置換水準前後にあった出生率がさらに低下することは、人口はいずれモメンタムを使い果たした時点から減少を始めることが運命づけられる。この人口置換水準下への出生率の低下は、戦後ベビーブーム世代の出生が一段落し、出生の主役がその後の小さな世代に引き継がれたことと相まって、出生数をみるみる減少させていった。1975年の約190万件から、1985年には143万件に、さらに1990年に入ると120万件前後にまで減少している。この間日本経済は1970年代後半から1980年代前半の安定成長、1980年代後半から1990年代初めのいわゆるバブル経済、さらにその崩壊後の不況と大きな変動を経験したが、少子化の傾向は1970年代半ばのスタートから現在までほぼ一貫して続いている。

　少子化を進展させた原因は時期によってかなり様相が異なるが、現在までの少子化過程全体を通して進行しているのは結婚の変化、すなわち晩婚化とこれに伴う出生最盛期における未婚化の進展である（表4-1）。女性の平均初婚年齢は1970年24.2歳から1980年までに1年上昇し、2000年までには2.8年上昇した。同時期女性25〜29歳未婚率は1970年18.1%から1980年24.0%を経て、2000年までには54.0%に達している。こうした結婚の変化は、婚外子が全出生の1〜2%にすぎない我が国では直接出生減につながった[10]。

表4-1　少子化過程における結婚指標の推移

|  | 平均初婚年齢(歳) | | 夫妻平均年齢差(年) | 未婚率(%) | | 生涯未婚率(%) | |
|---|---|---|---|---|---|---|---|
|  | 夫 | 妻 |  | 男性<br>(30〜34歳) | 女性<br>(25〜29歳) | 男性<br>(50歳) | 女性<br>(50歳) |
| 1970年 | 26.9 | 24.2 | 2.7 | 11.7 | 18.1 | 1.7 | 3.3 |
| 1980年 | 27.8 | 25.2 | 2.6 | 21.5 | 24.0 | 2.6 | 4.4 |
| 1990年 | 28.4 | 25.9 | 2.5 | 32.8 | 40.4 | 5.6 | 4.3 |
| 2000年 | 28.8 | 27.0 | 1.8 | 42.9 | 54.0 | 12.6 | 5.8 |
| 2010年 | 30.5 | 28.8 | 1.7 | 47.3 | 60.3 | 20.1 | 10.6 |

注：生涯未婚率は、45〜49歳と50〜54歳未婚率の平均値であり、50歳時の未婚率に相当する。
出所：平均初婚年齢、平均年齢差は厚生労働省統計情報部「人口動態統計」、未婚率、生涯未婚率は総務省統計局「国勢調査」から算出。1970年は沖縄県を含まない。

　これら結婚離れの背景には、1970年代以降のサービス化、ソフト化、情報化へと向かう産業構造の転換とこれに伴う女性の社会参加の進展、男女が意識のうえでも経済活動の面でも対等化したこと、それに反して社会・企業が依然として高度経済成長期に形成された男性・仕事中心の雇用慣行、企業風土（終身雇用、年功序列、長時間労働など）を維持していたことから結婚後の女性の負担感が増大したことなどが指摘されている。同時に女性の賃金上昇が、家事・育児の機会費用（時間の経済的価値）を上昇させ、一方で男性賃金との格差の縮小によって家庭内の男女役割分業の経済的メリットを低下させるなど、総じて結婚の効用を下げる方向に働いたとみられている。

　1990年代以降は、それまで安定していた夫婦の子どもの生み方にも遅れがみられるようになった[11]。「出生動向基本調査」の結果によれば、1950年代半ば以降1980年代半ばまでに結婚した夫婦では30年間にわたって完結出生児数は2.2人前後で安定していたが、1980年代後半結婚世代では2.09人、1990年代前半結婚世代で1.96人と継続した減少が始まっており、まだ出生過程にある若い世代でも引き続き出生ペースの低下がみられることから、夫婦出生力の低下は進行しているとみられる（国立社会保障・人口問題研究所、2012b）。

　また1990年代以降はバブル崩壊の影響などにより経済は低迷し、企業活動のグローバル化の進展、国際競争の激化などと相まって、雇用環境は次第

に厳しくなった。15〜24歳の若年層では1990年代半ばから2000年代初めにかけて非正規雇用による就業（パート・アルバイト、派遣労働など）の割合が拡大し、定着した。非正規就業の未婚者は、正規雇用の未婚者に比べ結婚意欲が低く（国立社会保障・人口問題研究所、2012c）、また実際に未婚率が高いことがわかっており（厚生労働省、2012）、その格差は特に男性で著しい。したがって1990年代以降の晩婚化（平均初婚年齢の上昇）、未婚化（20〜30代未婚率の上昇）、非婚化（生涯未婚率の上昇）などの一層の結婚低迷には、雇用環境の悪化や賃金の低迷などが強く関連しているとみられる。

少子化、すなわち人口置換水準下の出生率の低下とその継続による年少人口の縮小は、時間を置いて人口減少をもたらす。我が国の合計特殊出生率は1974年以降人口置換水準下でほぼ一貫して低下を続け、2005年には史上最低値1.26に至ったが、前述した人口モメンタムの効果により総人口は増加を続けていた。しかし、総人口は「2010年国勢調査」による遡及推計により2008年（12月）1億2,810万人をピークとして減少に転じたことが明らかとなった。今後は加速的に人口減少に向かうことが見込まれる。

一方、少子化は人口高齢化をも促進する。日本の戦後を通して経済発展に有利な条件を提供してきた豊富な生産年齢（15〜64歳）人口は、1995年8,716万人をピークに減少を始めた。その一方で老年（65歳以上）人口割合は高度経済成長期の5〜6％台から徐々に上昇し、1970年に7％を超え、1990年12.0％、2010年23.0％と加速的に増加を続けている。この老年人口割合の増加ペースは欧米と比べてきわめて速いのが日本の特徴である。たとえば7％から14％に達するのに要した年数はフランスでは126年、イギリス46年、ドイツ40年であったが、日本では1970〜1994年のわずか24年にすぎない[12]。これは先述の戦後日本における急速な人口転換によって運命づけられたものである。その結果、日本は2005年ごろには世界で最も高齢化率（65歳以上人口割合）が高い国となった。

「平成22年国勢調査」による人口ピラミッド（図4-4）によれば、生産年齢層は団塊世代および団塊ジュニア世代（第2次ベビーブーム世代）を含み、比較的豊富な人口を擁するが、団塊世代は2012〜2014年の3年間に65歳の境を越え老年人口に参入する。この間は毎年100万人超の高齢人口の増加と

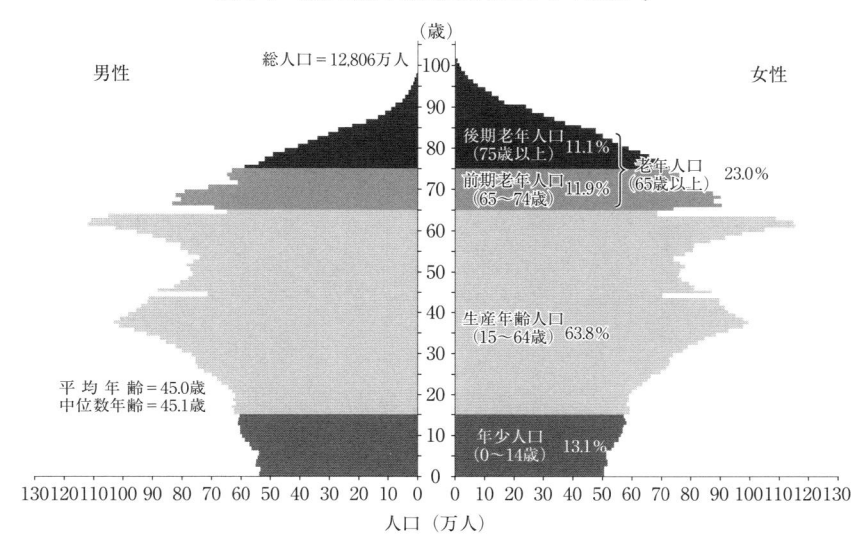

図4-4　我が国近年の人口ピラミッド：2010年

総人口＝12,806万人
男性　　　　　　　　　　　　　　　　　　　　　　女性

後期老年人口（75歳以上）11.1％
前期老年人口（65～74歳）11.9％
老年人口（65歳以上）23.0％

生産年齢人口（15～64歳）63.8％

平均年齢＝45.0歳
中位数年齢＝45.1歳

年少人口（0～14歳）13.1％

出所：総務省統計局「国勢調査」。

　それをやや上回る数の生産年齢人口の減少が見込まれる。我が国の人口高齢化は、団塊および団塊ジュニア世代の加齢とともに深刻さを増すとみてよいだろう。一方、団塊ジュニア世代以降の世代の「少子化」を反映して青少年人口、年少人口が急に縮小している様子がわかる。これらの世代が今後の人口再生産すなわち家族形成、出産子育てを担う世代であることを考えると、再生産を通した大幅な人口の回復は構造的に望めないことがわかる。

　結婚離れをはじめとする少子化現象や、戦後一貫して継続してきた順調な寿命の伸長などは、人々のライフコースに大きな変容をもたらした[13]。それらは世帯構造の変化に反映されている。図4-5に世帯数の変化ならびにその家族類型別の内訳の推移を示した。図4-5（1）全世帯（一般世帯）について1980年以降にみられる変化は、単独世帯、夫婦のみ世帯、「ひとり親と子」世帯の増加と、子ども数減少を反映した「夫婦と子」世帯の減少である。(2) 高齢者世帯（世帯主が65歳以上の一般世帯）についてみると、世帯数自体の増加が著しく、なかでも夫婦のみ世帯と単独世帯の増加が著しいことがわかる。

86  第2部  日本社会の変容と社会保障

**図 4-5  世帯数および家族類型別構成の推移：1980～2035 年**

(1)  全世帯（一般世帯）
(百万世帯)

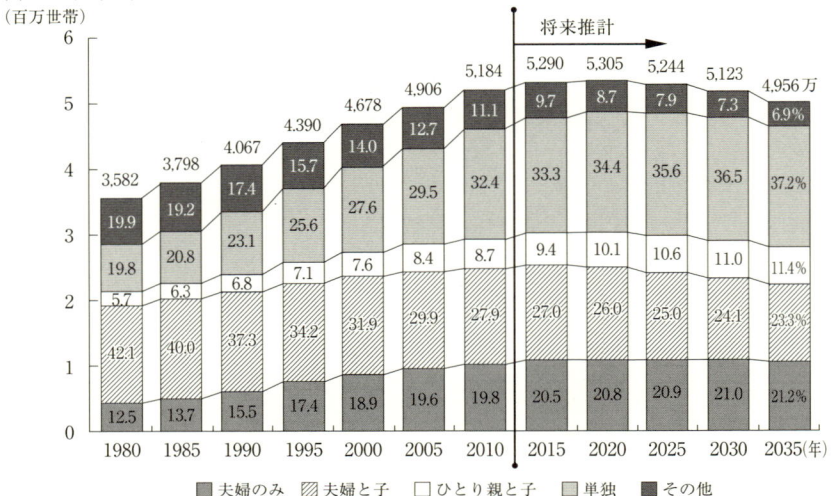

| 年 | 総数(万) | 夫婦のみ | 夫婦と子 | ひとり親と子 | 単独 | その他 |
|---|---|---|---|---|---|---|
| 1980 | 3,582 | 12.5 | 42.1 | 5.7 | 19.8 | 19.9 |
| 1985 | 3,798 | 13.7 | 40.0 | 6.3 | 20.8 | 19.2 |
| 1990 | 4,067 | 15.5 | 37.3 | 6.8 | 23.1 | 17.4 |
| 1995 | 4,390 | 17.4 | 34.2 | 7.1 | 25.6 | 15.7 |
| 2000 | 4,678 | 18.9 | 31.9 | 7.6 | 27.6 | 14.0 |
| 2005 | 4,906 | 19.6 | 29.9 | 8.4 | 29.5 | 12.7 |
| 2010 | 5,184 | 19.8 | 27.9 | 8.7 | 32.4 | 11.1 |
| 2015 | 5,290 | 20.5 | 27.0 | 9.4 | 33.3 | 9.7 |
| 2020 | 5,305 | 20.8 | 26.0 | 10.1 | 34.4 | 8.7 |
| 2025 | 5,244 | 20.9 | 25.0 | 10.6 | 35.6 | 7.9 |
| 2030 | 5,123 | 21.0 | 24.1 | 11.0 | 36.5 | 7.3 |
| 2035 | 4,956 | 21.2% | 23.3% | 11.4% | 37.2% | 6.9% |

（将来推計：2015年以降）

■夫婦のみ　▨夫婦と子　□ひとり親と子　▨単独　■その他

(2)  高齢者世帯（世帯主が 65 歳以上の一般世帯）
(百万世帯)

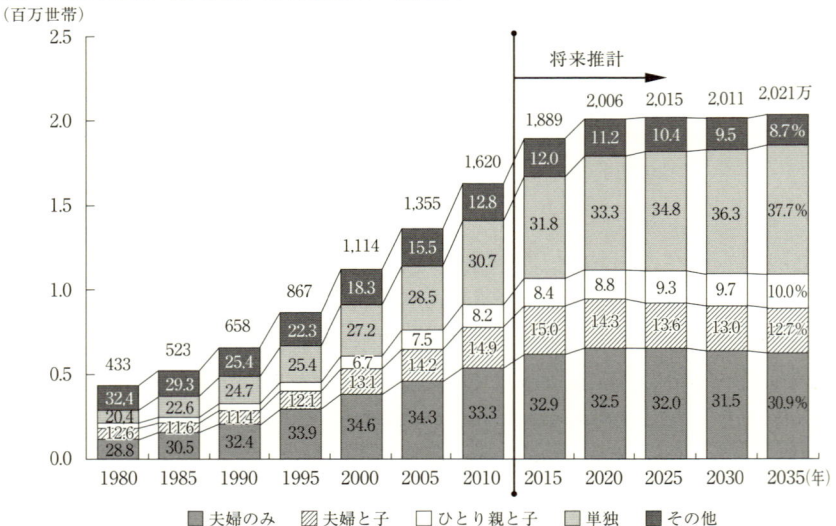

| 年 | 総数(万) | 夫婦のみ | 夫婦と子 | ひとり親と子 | 単独 | その他 |
|---|---|---|---|---|---|---|
| 1980 | 433 | 28.8 | 12.6 | 20.4 | 32.4 | |
| 1985 | 523 | 30.5 | 14.6 | 22.6 | 29.3 | |
| 1990 | 658 | 32.4 | 11.4 | 24.7 | 25.4 | |
| 1995 | 867 | 33.9 | 12.1 | 25.4 | 22.3 | |
| 2000 | 1,114 | 34.6 | 13.3 | 6.7 | 27.2 | 18.3 |
| 2005 | 1,355 | 34.3 | 14.2 | 7.5 | 28.5 | 15.5 |
| 2010 | 1,620 | 33.3 | 14.9 | 8.2 | 30.7 | 12.8 |
| 2015 | 1,889 | 32.9 | 15.0 | 8.4 | 31.8 | 12.0 |
| 2020 | 2,006 | 32.5 | 14.3 | 8.8 | 33.3 | 11.2 |
| 2025 | 2,015 | 32.0 | 13.6 | 9.3 | 34.8 | 10.4 |
| 2030 | 2,011 | 31.5 | 13.0 | 9.7 | 36.3 | 9.5 |
| 2035 | 2,021 | 30.9% | 12.7% | 10.0% | 37.7% | 8.7% |

（将来推計：2015年以降）

■夫婦のみ　▨夫婦と子　□ひとり親と子　▨単独　■その他

注：グラフ上部の数値は世帯数（万世帯）。グラフ内部の数値は構成比（％）。
　　1980～1995 年「ひとり親と子」の構成比は順に 5.8％、6.0％、6.2％、6.3％。
出所：総務省統計局「国勢調査」、国立社会保障・人口問題研究所「日本の世帯数の将来推計（全国推計）平成 25 年 1 月推計」。

## 3 おわりに

　本章では、戦後を中心に我が国の人口動向を概観し、社会保障制度の成立、発展との関係をみてきた。社会経済の歴史的展開の背景には必ず人口変動があるが、人口変動は個人のライフコース変化により引き起こされる。冒頭では社会保障とは、時代とともに人口と経済社会が軋轢を抱えながら進展する過程で次々と生ずる生存や生活のリスクに対して、弊害を最小化するための国や社会が持ちうる技術として捉えた。未曾有の人口変動を目前とする我が国のような社会においては、社会保障を対症療法の技術として捉えるのではなく、人口―経済社会―ライフコースの自律的変動過程に積極的に関与し、システム全体をあるべき方向へと振り向ける装置として展開させることが望まれる。そのためには人口変動と経済社会変動と社会保障の有機的でダイナミックな関係についての理解を深める必要がある。この点については、第13章において再び触れることにする。

注
1) 近年では65歳までの生存率は9割前後（2012年男性87.8％、女性93.8％）となっている。
2) 戦前の調査では平均寿命は男女とも50年を超えなかったが、戦後1947年には男50.06年、女53.96年（1947年「第8回生命表」）となり、初めて50年を上回ったことが確認された。
3) 女性の年齢別出生率を再生産年齢（通常15～49歳）にわたって合計した指標。当該年齢別出生率に従ってこの年齢期間を過ごした場合の平均出生児数と解釈できる。
4) 1954年には日本家族計画連盟、日本家族計画普及会（現日本家族計画協会）が発足し、政府も受胎調節を公衆衛生の名目で行政に織り込むなど、民間の活躍を軸にしながらも官民の協力で我が国における家族計画は急速な普及をみせた。
5) 1970年代後半以降、中国、韓国、台湾などの東アジアの国々では、我が国を上回るペースでの出生率低下が生じており、これらの国々において今後、高齢化が急ピッチで進むことを宿命づけている。
6) 1956年1月、鳩山一郎首相の国会施政方針演説における表現。
7) 出生から20歳まで生存する確率は、1900年生まれ男性で63.7％（女性61.9％）

であったのに対し、昭和一桁世代の 1930 年生まれでは 74.5%（75.7%）、ベビーブーム世代の 1947 年生まれでは 86.3%（87.6%）と著しい改善がみられている（南條・吉永、2002）。
8) 伊藤（1984）は日本の高度経済成長期における非 3 大都市圏から 3 大都市圏への人口移動数は、地方における「後継ぎ」とその配偶者候補以外の県外移動可能な者「潜在的他出者」の人口によって決まるとし、その変動を人口転換期の成人きょうだい数の変化に求め、人口移動の隆盛と 1970 年以降における急速な終息を人口転換の帰結として説明した。
9) 1985 年に社会保障制度審議会は「老人福祉の在り方について」を答申し、1986 年には「長寿社会対策大綱」の閣議決定がなされている。
10) 婚外子（従来の「嫡出でない子」）出生数の全出生数に占める割合は、1970 年 0.93%、1990 年 1.07%、2010 年 2.15% である。
11) 1989 年の合計特殊出生率は 1966 年丙午の値を下回り 1.57 と史上最低を記録し、「1.57 ショック」として注目されたが、このころから夫婦出生力は低下を始めたとみられる。
12) 国連 2010 年推計、および「国勢調査」による。なお、高齢化率（65 歳以上人口割合）がすでに 21% を超えたとみられるドイツ、イタリア、日本で 14% から 21% に達するのに要した年数は、それぞれ 41 年、25 年、13 年と推定される。
13) 戦後の平均寿命の伸長は、1970 年ごろを境に大きく 2 つのフェーズに分けることができる。すなわち乳児死亡を中心とする若年死亡の改善が進んだ高度経済成長期のフェーズとその後の高齢者死亡の改善が進んだフェーズである。後者は今後も進展することが見込まれている。


## 参考文献

伊藤達也（1984）「年齢構造の変化と家族制度からみた戦後の人口移動の推移」『人口問題研究』第 172 号、pp. 24-38。
落合恵美子（1994）『21 世紀家族へ——家族の戦後体制の見かた・超えかた』有斐閣。
厚生労働省（2012）『平成 22 年　社会保障を支える世代に関する意識等調査報告書』。
国立社会保障・人口問題研究所（2012a）『日本の将来推計人口（平成 24 年 1 月推計）（抜粋）』。
―――（2012b）「第 14 回出生動向基本調査（結婚と出産に関する全国調査）　第Ⅰ報告書　わが国夫婦の結婚過程と出生力」『調査研究報告資料』第 29 号。
―――（2012c）「第 14 回出生動向基本調査（結婚と出産に関する全国調査）　第Ⅱ報告書　わが国独身層の結婚観と家族観」『調査研究報告資料』第 30 号。
―――（2013a）『人口統計資料集　2013 年版』。
―――（2013b）『日本の世帯数の将来推計（全国推計）（2013（平成 25）年 1 月推計）』。

南條善治・吉永一彦（2002）『日本の世代生命表——1891～2000年期間生命表に基づく』日本大学人口研究所。

第 5 章

# 人口構造の変化と社会保障制度改革
――社会保障費用統計の動向から

勝又　幸子

## 1　はじめに

　第 3 章では「社会保障費用統計」の動向を統計データが存在する 1950 年度から 2011 年度に至る約 60 年間について概観した。一方、第 4 章では、日本の人口構造がどのように変化してきたのかについて戦前から戦後、そして現在に至るまでを概観した。この 2 つの章を受けて本章では時々の政策や社会の変化に財政支出としての社会保障給付費がどのように反応したのかを、より細かな個別の制度の動向とともにみていきたい。戦後社会保障政策の歴史では、改革と呼ぶにふさわしいいくつかの大きな変化があった。それは、1961 年の国民皆保険・皆年金であり、1975 年老人保健制度の創設であり、1986 年の基礎年金制度の創設、そして 1990 年介護保険の導入であった。

　本書が利用する国立社会保障・人口問題研究所が整備している社会保障費用統計では、国民皆保険・皆年金の時代からの制度別データが整備できていない。最も古いデータでも国民皆保険・皆年金開始の 8 年後からのスタートになっている。そこで 1969 年以前については ILO（世界労働機関）の刊行物等からの集計データを参考にした。第 3 章では、第 1 節で OECD 基準の社会支出を、第 2 節で ILO 基準の社会保障給付費を長期にわたって時系列で概観しているが、本章では後者の ILO 基準の社会保障給付費だけを使って、

社会保障制度の変遷とその結果としての社会保障給付費の動向を観察したい。OECD は 1980 年以降しか時系列の整備がないが、ILO は 1969 年から整備されていて、日本の社会保障制度にとって重要な発展課程をみるためにはふさわしいと考えられるためである（図 5-1）。

本章では 1969 年から 2011 年までの 42 年間を 3 つの時間軸で概観する。まず 1 番目は終戦直後から 1970 年代前半まで、それは終戦から戦後復興期と高度経済成長期をカバーした時代であり、第 1 次オイルショック以前である。そして 2 番目は 1970 年代前半から 1990 年まで、それは 2 度のオイルショックを経験し 1989 年には 1.57 ショックと呼ばれた人口構造の少子化局面へ社会の気づきがあった時期である。そして 3 番目は 1990 年代から現在に至る少子高齢化社会と経済低成長の時期である。第 3 章の社会保障給付費の対 GDP 比率（図 3-3）をみると、1 番目は対 GDP 比率で 5％ 以下の時代、2 番目は経済不況による GDP の落ち込みにより対 GDP 比率が急激に膨張した時代で一気に 2 倍の 10％ を超えた時代、そして 3 番目は前世紀最後の好景気である平成景気を始点として、低経済成長時代にあっても社会保障給付が増加していった時代として区別した。

## 2　終戦から戦後復興期と高度経済成長期の社会保障給付

終戦直後、海外からの引揚者の帰国とベビーブームと死亡率の低下で、人口増加率が史上初めて 2％ を大きく上回る水準になったことが第 4 章で紹介されている。そしてこの時期の社会保障は、引揚者や失業者などを中心とした生活困窮者に対する生活援助施策、ならびに衰弱した国民全般を感染症から守るための衛生環境や栄養の改善、予防接種の普及などが中心になった[1]。社会保障給付費の制度別データは 1969 年度以降しか残っていないため、給付費の総額の規模と医療・年金と福祉の大枠から終戦直後をみることしかできないが、対 GDP 比率でみると、4％ を超える水準で推移してきている（図 5-2）。戦後初の好景気である 1954～1957 年の神武景気のころからすでに社会保障制度が整備されていたことがわかる[2]。隣国の韓国は OECD への加盟が遅かったため、1990 年からしか集計値がないが、2010 年現在で

第 5 章　人口構造の変化と社会保障制度改革　93

図 5-1　社会保障給付費の制度別シェアの推移と社会の変化

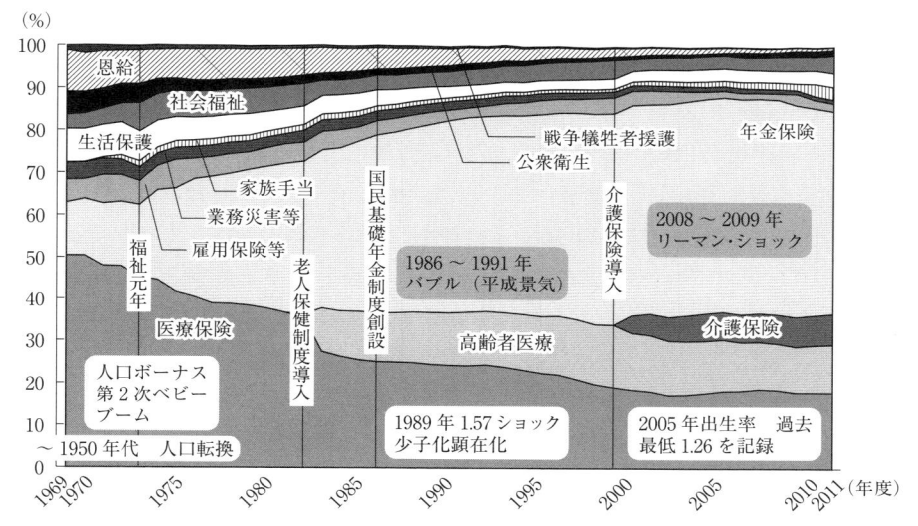

(%)

凡例（上から下）: 恩給／社会福祉／生活保護／家族手当／業務災害等／雇用保険等／医療保険／老人保健制度導入／国民基礎年金制度創設／公衆衛生／戦争犠牲者援護／介護保険導入／年金保険／介護保険

注記テキスト:
- 福祉元年
- 人口ボーナス　第2次ベビーブーム
- ～1950年代　人口転換
- 1986～1991年　バブル（平成景気）
- 1989年 1.57ショック　少子化顕在化
- 2008～2009年　リーマン・ショック
- 2005年出生率　過去最低1.26を記録
- 高齢者医療

横軸: 1969/1970, 1975, 1980, 1985, 1990, 1995, 2000, 2005, 2010, 2011（年度）

出所：「平成22年度社会保障費用統計」HP掲載表、第20表「制度別社会保障給付費の推移」をもとに作成。

図 5-2　1951～1968 年度の社会保障給付費（対 GDP 比率）

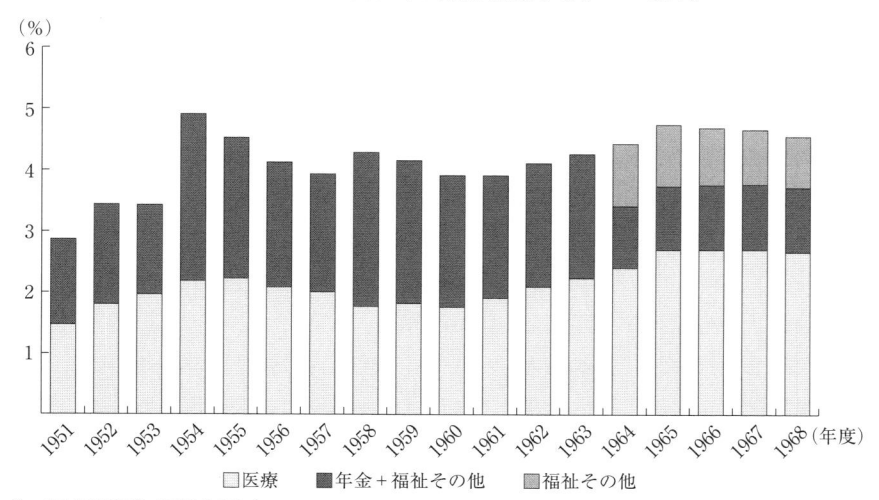

(%)

横軸: 1951, 1952, 1953, 1954, 1955, 1956, 1957, 1958, 1959, 1960, 1961, 1962, 1963, 1964, 1965, 1966, 1967, 1968（年度）

凡例: □医療　■年金＋福祉その他　▨福祉その他

注：1964年度以降は■部分が年金。
出所：「社会保障費用統計」第9表「社会保障給付費の部門別推移（対国内総生産比）」から作成

も対GDP比率は9.22%である。現在の韓国の経済力と1950年代の日本の経済力の違いを考えれば、日本が戦後復興期にすでに対GDP比率で4％を超える社会保障給付を支出していたことは驚きに値する。

### (1) 国民皆保険・皆年金の意味

終戦直後でも対GDP比率で4％以上の社会保障給付が行われていたとはいえ、それは困窮する人々に広く給付されていたわけではなかった。土田 (2011) は、当時の経済の二重構造、すなわち多くの中小零細企業の労働者が不安定就労者の存在だった時代を次のように表現している。「社会保険でも同様で、国民の3分の1にあたる約3千万人が医療保険や年金保険の適用外とされ、病気時や退職後の生活不安にさらされていた。こうした二重構造問題については、単に賃金等の雇用条件の改善のみではなく、社会保障での対応、特に未加入者問題への対策を講じることが求められた。1950年代中頃から国民皆保険・皆年金の要望が高まったのは、二重構造問題という社会的背景があったことを看過してはならない」(土田、2011：p. 246)。

国民皆保険とは、自営業者のための「国民健康保険」の創設により、それまで大企業の被用者とその扶養者に限られていた公的医療保険（自営業と従業員5人未満の小企業の従業員）が全国民に広がったことを表している。

また、国民皆年金とは、戦前からあった被用者の厚生年金と公務員共済制度に加えて、自営業者のための「国民年金」が創設され全国民を対象に公的年金制度が整備されたことを表している。1961年の皆年金が創設された背景にも皆保険と同様の二重構造問題があった。政治的背景としては、1955年体制すなわち自由民主党が福祉国家の建設を党綱領にうたって与党となったこと、当時イギリスのベヴァリッジ報告を手本にして政策議論が行われていたことなどである (田多、2011：p. 228)[3)]。

次節で触れるが、1986年にスタートした「国民基礎年金」は、今でも国民年金と呼ばれることが多いが、これは国民皆年金を機に創設された「国民年金」とは区別しておかなければならない。国民皆年金時代の国民年金は、5人以下の従業者の事業所と農林漁協に携わる者を含む自営業を加入対象とした制度であった。

## (2) 「もはや戦後ではない」といわれた時代

　1950年代後半から1970年代前半にかけて、我が国は空前の高度経済成長を謳歌した。これを背景に社会福祉・社会保障の体制整備と拡充が図られ、1973年には政府が「福祉元年」と宣言するに至った。しかし、同年および1978年と2度のオイルショックを経て、様相は一変する。経済は高度成長から低成長へと変化し、福祉は財政的な重荷とみなされ、見直しの対象となった（児島、2005）。

　「もはや戦後ではない」[4]とされた1956年から1973年の第1次オイルショック以前までの間は、人口動向としては、出生率が急激に下落した時期である。合計特殊出生率にして4.54から2.04へと人口置き換え水準を下回った。その背景には優性保護法（1948年に制定され、1996年に母体保護法に名称変更）による人工妊娠中絶および優性手術の認可、その後に行われた経済的理由への適用拡大の効果があった。旧優性保護法のもと、人工妊娠中絶に係る費用はすべて医療費として給付された。金子が第4章で書いているように、その後出生抑制手段は人工妊娠中絶から避妊へと変わっていった。

　この時期の公衆衛生に計上されている費用をみると、保健所運営費補助金、結核医療や精神保健費、原爆被爆者医療費が大きい。

　1973年「福祉元年」には、それまで地方自治体が単独事業で行っていた高齢者の自己負担部分の公費負担制度、すなわち老人医療費無料化が国の政策として導入されることになった（土田、2011：p. 250）[5]。しかし、在宅介護サービスが整備できていなかった当時、要介護高齢者が長期に入院するという社会的入院の増加などに起因する医療費の急激な増加に、第1次オイルショック後の財政難が重なり、見直し議論がまもなく始まった。

　図5-3から、人口1人当たりの国民医療費が1974年に高騰したことがわかる。国民医療費とは診療に係る費用の合計で窓口で支払う自己負担を含む。

図5-3 国民医療費対前年増減の推移とGDP対前年比率の推移：1950年代〜現在

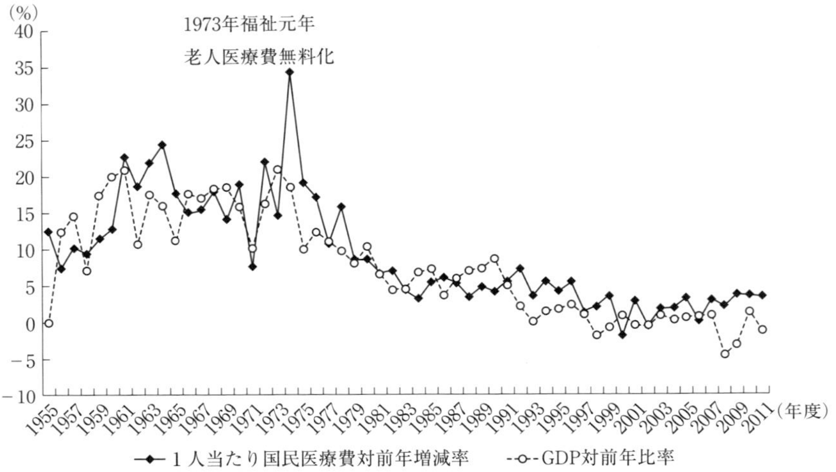

1973年福祉元年
老人医療費無料化

●— 1人当たり国民医療費対前年増減率　-○- GDP対前年比率

出所：「平成23年度 国民医療費」より作成。

## 3　2つのショック（第1次・第2次オイルショックと1.57ショック）
　　——1970年代後半から1990年

　1970年代後半から1990年まで、それは2度のオイルショックを経験するなかで、老人保健制度の導入と国民基礎年金の創設が行われた時期である。そして1990年を前にして1989年には1.57ショックと呼ばれた人口構造の少子化局面が現実味をもって社会に捉えられ始めた時期といえる。

### （1）　老人保健制度の創設

　1982年、老人保健制度がスタートした。この制度名が「保健」であり「保険」ではないことに注意したい。老人保健制度とは、引退後の高齢者の加入の増加により財政収支が悪化した国民健康保険を他の社会保険全部で援助する、いわゆる財政調整の制度である。社会保障費用統計の収支表では、制度間移転として記録される。かつて国民皆保険を達成したときには、国民健康保険を創設しそこに公費を投入することで全国民への医療給付を達成したが、

図 5-4　過去 40 年間の老人医療費の推移：1971～2011 年度

（億円）縦軸、1971～2011（年度）横軸の積み上げ棒グラフ。1973 年に「福祉元年（老人医療費無料化）」の矢印。凡例：保険給付費（国保）／老人医療費補助金／老人保健・後期高齢者医療。

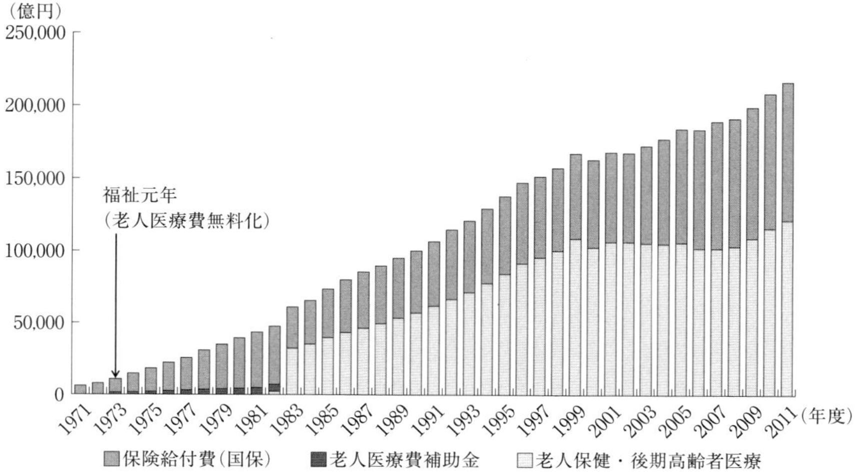

出所：「社会保障費用統計」より作成。

老人保健制度は、既存の社会保険の拠出金の投入による財政支援であった。すなわち 75 歳以上の高齢者の医療費をすべての健康保険制度がそれぞれの老人加入率に反比例するように負担していた。すべてであるから、被用者保険に限らず国民健康保険もしかりであった。しかし、導入から 10 年後には被用者保険では収入の 3 割以上を老人保健への拠出に回さなければならなくなり、財政状況を悪化させた[6]。図 5-4 のように、2000 年介護保険が導入されるまで、直線的に老人医療費は増加を続けていた。言い換えれば、老人保健の導入は高騰する医療費の抑制には何ら効果はなく、単に医療費の財源構造に影響を及ぼしたにすぎなかった。

### (2)　国民基礎年金制度の創設

1986 年、国民基礎年金が創設された。国民年金とはいえ従来の自営業者のための公的年金ではなく、すべての国民を対象にした、いわゆる 1 階部分の公的年金である。国民基礎年金の創設は、経済不況下の財政不安と急激な人口の少子高齢化への対応が重い陰を落とし始めた時代の改革と位置づけら

れよう。

　国民皆年金から20年が経った1970年代最後のころには、無年金者の存在が解決すべき課題として認識されるようになっていた。皆年金であるはずなのに無年金者が存在するというのはおかしな話であるが、残念ながら制度の狭間に落ちた人々が存在した。それは、被用者の離婚した配偶者、成人になる前に障害者となった人々、日本が難民条約批准前に日本にすでに居住していた定住外国籍住民などだった。

　1985年改正により、基礎的年金の一元化と給付水準の抑制という大幅な改革が行われたが、急速に進む人口の高齢化と年金制度の成熟化に伴い年金給付費用の増大による年金財政の危機と世代間の不公平が次第に問題となってきた。そこで、さらなる改革、特に支給開始年齢の引き上げによる給付費用の抑制が次の課題となっていた。支給開始年齢の引き上げについては、1980年改正においてすでに提案されたが、定年制との関係から時期尚早として認められなかった。このため残された課題として、1989年改正の焦点として支給開始年齢の65歳への引き上げが取り上げられることになった（清水、2005）。しかし、その後の年金改正（1989年改正）では、労働側の反対などから、支給開始年齢の引き上げは実現しなかった[7]。

　基礎年金の創設は生活保護制度にも影響を与えた。それは成人する以前に障害者になった人が無拠出でも年金受給ができるようになり、それまでその多くが家族の扶養でしか生活できなかったり、世帯分離による生活保護受給でしか自立することができなかったりしたのに対して、障害基礎年金の受給を契機として、自立が可能になった。

　「1.57ショック」とは、戦後最低の出生率を記録した1966年の1.58を下回る1.57を1989年に記録したため、マスコミが命名した。図5-1にも示したが、第4章で金子が解説しているように、人口動向からみると、1950年代末までにすでに「人口転換」を短期間に達成し途上国で問題になった「人口爆発」は起こらなかった。そして第2次ベビーブームの1970年代～1980年代は、比較的潤沢な生産年齢人口の存在が、日本人社会に少子化の危機感を感じさせにくい状況があった。一方、人口高齢化の問題は、まずは老人医療費の財政問題として認識され老人保健制度の導入が行われたが、公的年金

の将来については残念ながら当時はまだ人々が危機感を持つほどには認識されていなかったといえよう。

　少子化の人口学的要因と家族政策についてはそれぞれ本章に続く第6章・第7章で詳しく書かれている。2003年、本格的に少子化対策が始まったが、すでに社会保障費用としては多くを高齢者の年金・医療・介護に費やさなければならない社会状況に日本はあり、現在に至ってもなかなか家族社会支出を増やすことができないのが現状である。

## 4　1990年代から現在に至る少子高齢化と経済低成長の時代

### (1)　介護保険制度の導入

　2000年に介護保険が導入された。図5-1で高齢者医療の部分から一部分かれるように介護保険の給付が増大していった様子からもわかるように、介護保険の創設を機に、高齢者医療費の一部を介護給付に移し替えながら、新たに在宅サービスを中心とする高齢者介護サービスの給付が増大していった。たとえば、医療保険からの給付を受けていたリハビリ施設である老人保健施設は、介護保険対象施設となった。その当時、そもそも急性期の治療を目的とした病院は患者1人当たりの診療報酬が高額になるため、治療の必要性が低い高齢者が長期入院することが非効率な医療給付として問題になっていた。それまで、医療費の抑制は、患者負担割合の引き上げや医療供給側の病床数の管理によって行われ、なかなか成果を上げてこなかったが、介護保険の導入によって医療費が抑制できるようになった。図5-4をみると、2000年以降増加が抑制されたことがわかる。

### (2)　セーフティネットの再認識

　2008年世界同時金融危機、いわゆるリーマン・ショック直後の2008年末に日比谷公園に通称派遣村と呼ばれた仮設テントが設置され、そこに収容できなくなった人々の一部が中央官庁の合同庁舎の講堂で年を越したことは記憶にまだ新しい。国民皆保険・皆年金が導入された1960年代に問題になっていた労働者の二重構造が、半世紀経った2008年に再び顕在化したのであ

る。かつては大企業と中小零細企業との間の二重構造だったものが、現在は働く人々の間に、正規労働者と非正規労働者という二重構造をつくり、リーマン・ショック後の派遣切りと呼ばれた雇用調整で職場と居住場所を一度に失った多くの人々の存在が明らかになった出来事だった。

このころから、セーフティネットという言葉が政策議論の中で頻繁に用いられるようになった。生活保護制度が社会保障におけるセーフティネットの役割を果たすことが期待されたが、それから4年後の2011年の東日本大震災で多くの人が被災した影響もあり効率的なセーフティネットの議論は進まないなかで、生活保護給付額の減額だけが先行して実施されるに至っている。

被保護人員数は、1951年度から集計されているが、当時の1カ月平均被保護実人員数は204.6万人だった[8]。そして当時の保護率は1,000人当たり24.2人（‰）となっており、2011年に至るまで最高の保護率を記録していた[9]。しかし、図5-5からわかるように、保護率の上昇よりも生活保護給付の増加が著しく、その増加は2008年以降加速しているようにもみえる。国

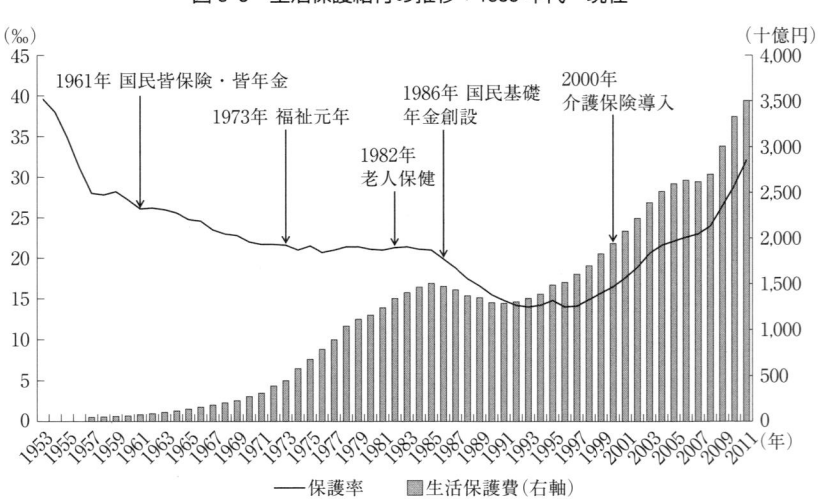

図5-5　生活保護給付の推移：1950年代〜現在

出所：厚生労働省大臣官房統計情報部「社会福祉行政業務報告」（福祉行政報告例）と「社会保障費用統計」より作成。

民基礎年金の創設で言及したことだが、1986年から1997年にかけて保護率は急激に低下した。その理由は前半と後半で異なり、前半は基礎年金で障害者が年金受給者となり被保護世帯から脱することができたことが原因だが、後半は平成景気（1986〜1991年）が人々の暮らしに好影響を与えたからと考えられる。

　生活保護を受給している人々の特徴にも変化が表れている。被保護世帯の種類としては、1980年代後半から一貫して高齢者世帯が約4割を占めている。1980年代に14％を占めていた母子世帯は近年では半分の7％となっている。また、リーマン・ショック後の傾向としてはその他の世帯[10]が徐々に増加している。さらに、貧困に陥る高齢単身世帯の増加が高齢者世帯の割合を増やしている。高齢者は就労による自立が困難であり、生活保護受給期間は長期化しやすい。また最近では、貧困の連鎖と呼ばれる、生活保護の受給者の固定化が問題になってきている。

## 5　まとめにかえて

　図5-1をもう一度みていただきたい。医療保険の給付費が全体の半分を占めていた1969年度には、未成熟な公的年金保険は受給者数が少なかったため給付も多くはなかった、一方、その他の制度、戦後処理のための戦争犠牲者援護費や公衆衛生費などはそれぞれに存在意義を持って給付されていた。それが、近年になるほど、年金、医療、介護が全体に占める割合を増加させてきた。これが社会保障給付費のトレンドからみた人口の高齢化の結果といえる。

　1969年度を基準として各制度の給付額が2011年度までにどのくらい変化したかをみてみると、社会保障給付費総額では37倍だが、家族手当では792倍、次いで年金で144倍、福祉＋介護保険で124倍となっている。医療保険＋高齢者医療を合計した部分は、金額的には218倍にとどまっていた。

　図5-6（A）は日本の少子化対策が2000年を境に大きく増加してきたこと示している。（B）は、制度によって動きが異なるものがあることを表している。ほとんどの制度が近年になっても少しずつ増加してきたのに対して、

102　第2部　日本社会の変容と社会保障

**図5-6　制度別社会保障給付費の規模的変化**

(A) 社会保障給付費総額よりも大きく増加した制度

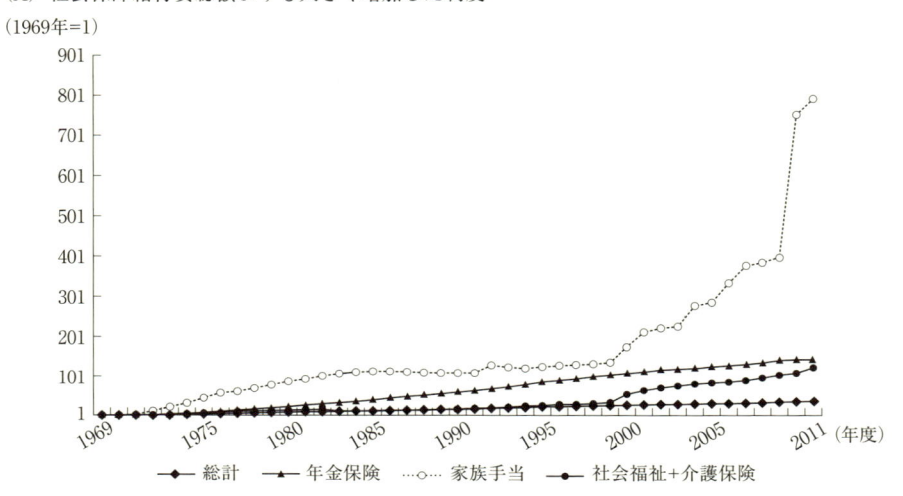

(1969年=1)

凡例：総計／年金保険／家族手当／社会福祉＋介護保険

(B) 社会保障給付費総額よりも変化が小さかった制度

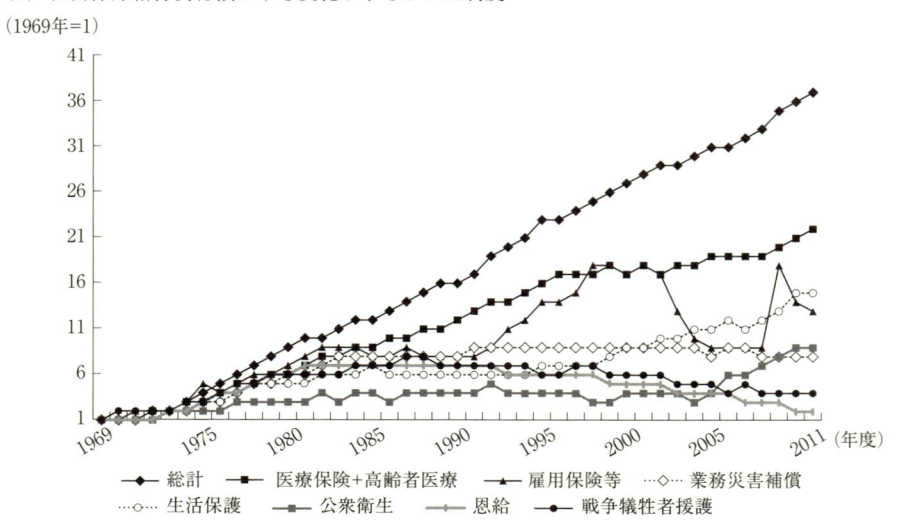

(1969年=1)

凡例：総計／医療保険＋高齢者医療／雇用保険等／業務災害補償／生活保護／公衆衛生／恩給／戦争犠牲者援護

出所：「平成22年度社会保障費用統計」HP掲載表、第20表「制度別社会保障給付費の推移」をもとに作成。

恩給と戦争犠牲者援護は1990年代をピークに減少している。いずれも受給者の減少によりまもなく制度の役割を終えることだろう。公衆衛生、生活保護、医療＋高齢者医療は、近年になってそれぞれ動きに特徴があるものの増加を続けている。雇用保険等給付だけが、上下に大きな変化を示している[11]。

　本章では、過去を3つの時期に分けて、時々の政策や社会の変化に財政支出としての社会保障給付費がどのように反応したのかをみてきた。終戦直後から1970年代前半までの経済高度成長期、1970年代後半から1989年までの2度のオイルショックと少子化の顕在化の時代、そして1990年代から現在に至る少子高齢化と経済低成長の時代。経済高度成長期に作られた社会保険制度が、世界経済の変化によって大きくゆらぎ、そして人口の少子高齢化によって、長期的改革を必要としてきた歴史を振り返った。過ぎてしまった過去ではあるが、振り返ることによって、学ぶことは多い。1つには、人口の少子高齢化への政策反応がもう少し早ければ、高齢者に過度に集中した社会保障給付の構造が多少なりとも改善できたのではないかということである。平成元年（1989年）年金改革で年金支給開始年齢を引き上げることができていれば、介護保険の導入で高齢者介護政策ばかりに目が行ってしまっていた10年前に、少子化対策にもっと財政投入ができたのではないか。その結果、出生率の回復も可能だったのではないか。後悔先に立たずかもしれないが、社会の動きに社会保障制度改革が迅速に対応することが難しいという事実にまずは真摯に向かい合う必要があるだろう。年金保険、医療保険、介護保険、個々の制度が描く将来像が、社会保障全体として描く将来像と同じではない。だからこそ、社会保障費用統計を通じて、社会全体の将来像を描き、その妥当性について社会に問うていく必要がある。

注

1) 第4章「我が国の人口（世帯）動向と社会保障」を参照。
2) 1951〜1968年度の数値は第1章で解説したように、収支表が残されていないため、ILOの刊行物からデータを起こしたものである。したがって、必ずしも時系列で整備されたものではない。1953年度と1954年度の間に段差が生じていることも集計方法の変更があった可能性がある。

3) 自由民主党は結党早々公的医療・年金保険制度への未加入問題の解決にも乗り出し、皆保険の実現を公約し、1956年の衆議院選挙においては国民の無拠老齢年金制度の1960年の創設を公約した。土田（2011）p. 245、2.「ベヴァリッジの影響と厚生省の対応」参照。
4) 1956年、経済企画庁は経済白書「日本経済の成長と近代化」の結びで「もはや戦後ではない」と記述。
5) 岩手県の沢内村は1960年から65歳以上の高齢者の自己負担を無料にしていたが、1969年に秋田県が都道府県レベルで初めて80歳以上について自己負担分の一定額を超える分を公費で負担する制度を開始した。続いて、東京都が同じ年に70歳以上の自己負担分の全額を公費で負担することとした。これが弾みとなって、患者の自己負担を公費で負担する制度が全国の自治体に一気に広がっていった。
6) 勝又（1994）は、老人保健導入から10年間の推移について分析した。
7) 1989（平成元）年の改正は、完全自動物価スライド制の導入、在職老齢年金の改善、学生の強制加入、国民年金基金の創設などが行われることになった。
8) 厚生労働省大臣官房統計情報部「社会福祉行政業務報告」（福祉行政報告例）。
9) 保護率は近年のほうが総人口が大きいため過去最高とはなっていないが、1カ月平均被保護実人員数は2011年に過去最高206.7万人を記録し、保護率は16.2‰を記録した。
10) その他の世帯とは、高齢者でも障害者でも母子家庭でもない世帯のことである。稼働可能な年齢でありながら、就労することができない、さまざまな困難を抱える人々が増えている。
11) 雇用保険給付の動きについては第8章を参照。

## 参考文献

勝又幸子（1994）「『老人保健制度』現状分析──制度創設から10年間の推移」『医療と社会』Vol. 3, No. 2, pp. 15-34。
国立社会保障・人口問題研究所（2002）社会保障研究資料第1号「社会保障費統計資料集　平成14年度遡及版」。http://www.ipss.go.jp/ss-stat/j/sokyu/sokyu1.html
─────（2005）「日本社会保障資料Ⅳ（1980〜2000）」所内研究報告 No. 13。http://www.ipss.go.jp/publication/j/shiryou/no.13/title.html
─────（2008）「社会保障費統計資料集　平成19年度遡及版　時系列整備」（1989年度〜2005年度）。http://www.ipss.go.jp/ss-stat/j/toukeisiryou/toukeisiryou.html
児島鈴代（2005）「日本社会保障資料Ⅳ（1980〜2000）」所内研究報告 No. 13「解題　社会福祉」
清水英彦（2005）「日本社会保障資料Ⅳ（1980〜2000）」所内研究報告 No. 13「解題　年金」。http://www.ipss.go.jp/publication/j/shiryou/no.13/data/kaidai/06.html

田多英範（2011）「福祉国家と国民皆保険・皆年金体制の確立」『季刊社会保障研究』第43巻第3号、pp. 220-30。

土田武史（2011）「国民皆保険50年の軌跡」『季刊社会保障研究』第43巻第3号、pp. 244-56。

第 6 章

# 少子化と人口学的要因

佐々井 司

　少子化対策と変遷と家族関係社会支出の推移を考察する前提として、ここではまず近年の少子化の動向とその背景にある人口学的要因について概説する（内閣府、2013）。これまでの少子化対策がどのような出生動向を背景に議論されてきたのか、また、どのような問題意識の中で家族関係社会支出が投じられてきたのかを考察するための基礎資料としたい。

## 1　近年の出生動向

　我が国の出生数および合計特殊出生率の推移をみたものが図 6-1 である。合計特殊出生率は、戦後の第 1 次ベビーブームを経験した直後から劇的に低下し、高度経済成長の始まる 1950 年代の半ばから、オイルショックなどを経て低成長期に入る 1970 年代半ばまでの約 20 年間、人口置換水準の前後を浮遊する。その後今日に至る約 40 年間は出生率が 2.0 を下回る水準で低迷を続けていることから、文字どおり人口が規模のうえで置換されることなく、2007 年からはついに人口の自然減が始まっている。

　合計特殊出生率の推移を女性の年齢別にみると戦後出生動向の特徴がみてとれる（図 6-2）。我が国における戦後の出生率は 20 歳代後半で最も高く、続いて 20 歳代前半と 30 歳代前半が高かった。ほとんどの出生がこの 20 歳

図 6-1　出生数および合計特殊出生率の推移

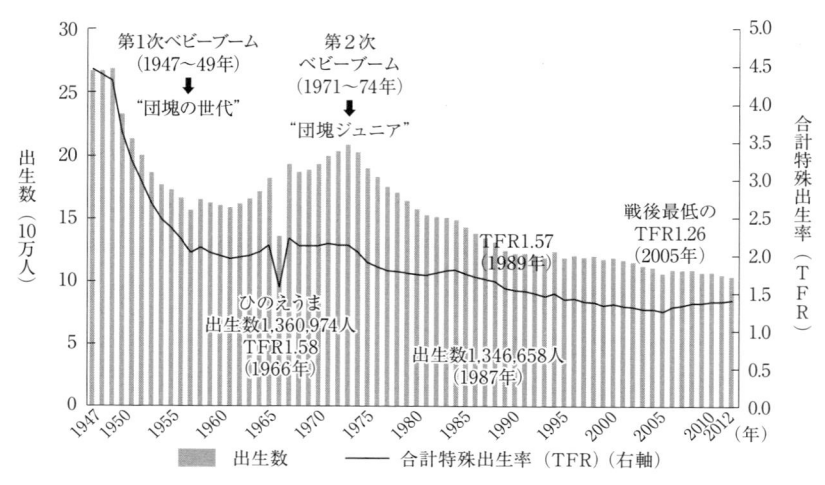

第1次ベビーブーム（1947～49年）　"団塊の世代"

第2次ベビーブーム（1971～74年）　"団塊ジュニア"

ひのえうま　出生数1,360,974人　TFR1.58（1966年）

出生数1,346,658人（1987年）

TFR1.57（1989年）

戦後最低のTFR1.26（2005年）

出生数　合計特殊出生率（TFR）（右軸）

出所：厚生労働省統計情報部「人口動態統計」より作成。

図 6-2　女性の年齢別出生率

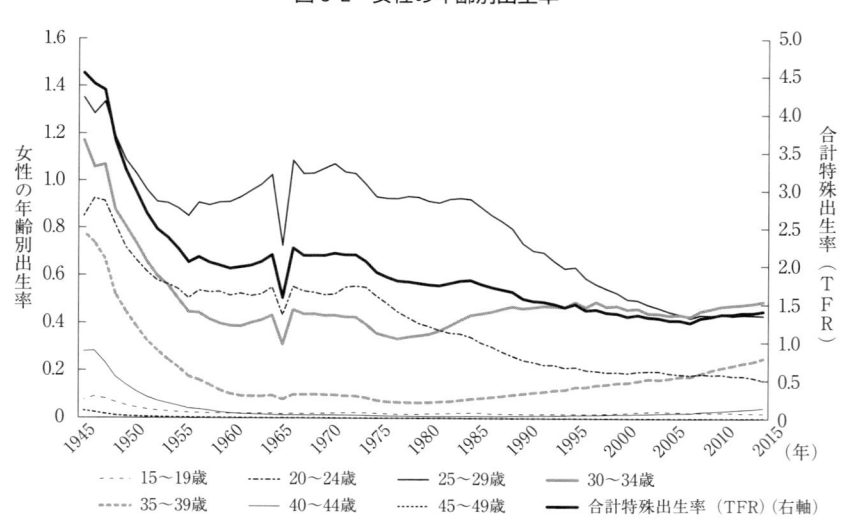

15～19歳　　20～24歳　　25～29歳　　30～34歳
35～39歳　　40～44歳　　45～49歳　　合計特殊出生率（TFR）（右軸）

出所：厚生労働省統計情報部「人口動態統計」より作成。

代前半から 30 歳代前半の間で起こっていた。しかし、1970 年代半ばから 20 歳代前半の出生率が急速に低下し、1980 年代半ば以降は 20 歳代後半の出生率も激減する。その一方で、1970 年代後半から 30 歳代の出生率が上昇に転じ、2006 年以降は 20 歳代の出生率よりも高くなっている。その結果、1980 年ごろまでは 20 歳代における出生が最も多く全出生のうち約 4 分の 3 を占めていたが、現在では 4 割程度にとどまる。すなわち、大半の出生が 30 歳以上で起こっていることを意味する。今から 30 年以上も前の時代を起点として始まった"晩産化"が現在も続いていることが、少子化の人口学的主要因であることは自明である。

## 2　結婚動向と近年の特徴

　少子化の主要因の 1 つが結婚動向である。その背景として、結婚している夫婦の出生子ども数がこれまで安定してきたことが根拠として挙げられる。ここではまず、近年の結婚の動向に関する定量分析の結果を示しながら、出生との関連を考察する。なお、ここでは結婚を主として狭義の婚姻に限定する。

　図 6-3 は戦後の婚姻件数の推移を示している。団塊の世代が 20 歳代後半になる 1970 年代前半に婚姻件数は戦後のピークを迎え、その後は微増と微減が繰り返されながら減少傾向が続いている。出生数の推移と単純に比較すると、婚姻件数と出生数との乖離が小さくなっている。換言すると、婚姻ほどには出生が起こっておらず、かつてのように婚姻が出生につながっていない可能性が示唆される。近年の婚姻の実態をみてみよう。まず、婚姻総数のうち初婚の割合が減っており、男女ともに再婚が増えている。1960 年代は再婚者の割合が比較的安定しており男性で 8 ％、女性で 6 ％ 程度であったが 1970 年代以降上昇が続き、2012 年には女性で 16％、男性で 19％ となっている。次に、婚姻を初婚に限定したうえで初婚時の年齢について考察する。第 1 次ベビーブームの時代の平均初婚年齢は男性で 26 歳、女性で 23 歳であったが、第 2 次ベビーブームの 1970 年代半ばには男性 27 歳、女性 24.5 歳まで上昇し、その後も微増を続けている。そして、2006 年には男性が 30 歳

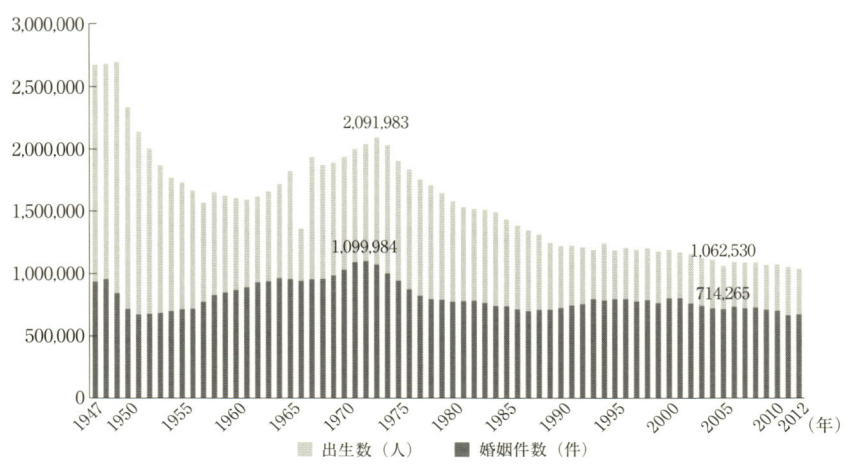

図 6-3 婚姻件数の推移

出所：厚生労働省統計情報部「人口動態統計」より作成。

に、2011年には女性が29歳に達している。このように、男女ともに晩婚化が顕著であるが、平均値のもとになる初婚年齢の分布をみることで近年の特徴がより鮮明になる。初婚時の女性の年齢分布をみたものが図 6-4 である。かつて初婚時の女性のほとんどが 20 歳代であり、とりわけ第 2 次ベビーブームのころまでは 20 歳代の半ばまでに結婚する女性が大半を占めていた。しかしその後は急速に晩婚化が進んでおり、1980年代の後半には 20 歳代の後半で結婚する女性が最も多くなり、近年では 30 歳以上での初婚件数の増加が続いており初婚全体に占める割合も 4 割に近づいている。

晩婚化と少子化の関連についてはさまざまな分析が行われている。なかでも、図 6-5 が示すように、初婚年齢が高くなるほど最終的に持つ子どもの数が少なくなるという分析結果は、両者の因果関係をわかりやすく説明している。特に妻の初婚年齢が高い場合、結婚持続期間が短い時点では他の結婚年齢との違いがさほど目立たないが、結婚後の期間が長くなると相対的な子ども数が顕著に少なくなる。

近年の婚姻には、再婚の増加や晩婚化といった現象以外にもいくつかの特筆すべき変化がみられる。1 つは離婚である。戦後の毎年の離婚件数は婚姻

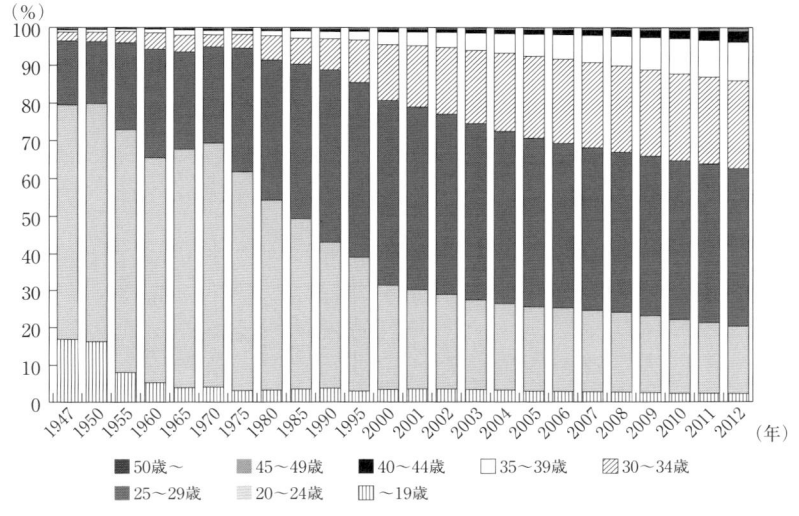

図6-4　初婚時の女性の年齢分布

図中凡例：■50歳～　■45～49歳　■40～44歳　□35～39歳　▨30～34歳　■25～29歳　□20～24歳　▥～19歳

出所：厚生労働省統計情報部「人口動態統計」より作成。

件数に比して少なく、1960年代半ばごろまで7万件程度であったが、その後徐々に増加し2002年には最高の29万件になった。第2次ベビーブームのころまでは婚姻件数も多かったため、毎年の離婚件数は同年の婚姻件数の10分の1程度であったが、2002年には婚姻件数100に対して離婚件数が約40に匹敵する。離婚までの同居期間は、戦後1980年代まで長期化が進んだが、1990年代以降は概ね安定しており同居期間3年までの離婚が3割、9年までが約6割を占めている。少子化と離婚の関連については、前述の再婚の動向とあわせて検証する必要がある。ちなみに、親権を行うべき子どもを伴う離婚件数は離婚総数の6割程度で推移しており戦後から今日まで大きな変動はないが、そのうち、女性がすべての子の親権を行う割合は1950年の40％から2012年の84％に倍増している（逆に、男性がすべての子の親権を行う割合は49％から13％に激減している）。

また、夫婦の一方が外国人である婚姻、いわゆる"国際結婚"も少なくない。外国人の入国超過が顕在化する1990年以降、夫婦のいずれかが外国人である婚姻が毎年2.5万～4万件で推移しており、婚姻総数に占める割合は

**図 6-5　夫婦の結婚年齢別にみた結婚持続期間別平均出生子ども数**

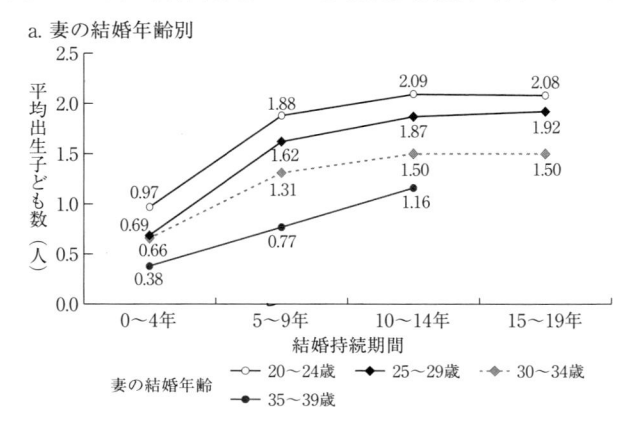

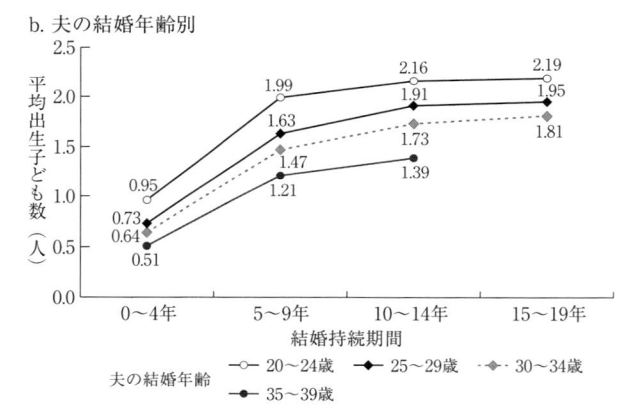

a. 妻の結婚年齢別

| 結婚持続期間 | 0〜4年 | 5〜9年 | 10〜14年 | 15〜19年 |
|---|---|---|---|---|
| 20〜24歳 | 0.97 | 1.88 | 2.09 | 2.08 |
| 25〜29歳 | 0.69 | 1.62 | 1.87 | 1.92 |
| 30〜34歳 | 0.66 | 1.31 | 1.50 | 1.50 |
| 35〜39歳 | 0.38 | 0.77 | 1.16 | |

b. 夫の結婚年齢別

| 結婚持続期間 | 0〜4年 | 5〜9年 | 10〜14年 | 15〜19年 |
|---|---|---|---|---|
| 20〜24歳 | 0.95 | 1.99 | 2.16 | 2.19 |
| 25〜29歳 | 0.73 | 1.63 | 1.91 | 1.95 |
| 30〜34歳 | 0.64 | 1.47 | 1.73 | 1.81 |
| 35〜39歳 | 0.51 | 1.21 | 1.39 | |

注：対象は初婚どうしの夫婦（出生子ども数不詳を除く）。集計客体数（妻，夫）：結婚年齢 20〜24 歳（1,505，922），25〜29 歳（2,687，2,533），30〜34 歳（842，1,289），35〜39 歳（178，420）。
出所：国立社会保障・人口問題研究所（2012a）。

約 5 ％に当たる[1]。

　以上のように、我が国における結婚は"若い日本人男女による婚姻を契機とした強い結びつき"のみに限定するのが難しい時代に入っている。

## 3 夫婦の出生動向

　一方、これまでは安定していると考えられてきた夫婦の出生動向にも近年変化の兆しがみられる。

　表6-1は「第14回出生動向基本調査」から得られる結果の一部で、調査回別にみた夫婦の完結出生児数の変化を表している（国立社会保障・人口問題研究所、2012a）。第1回調査が行われた1940年の完結出生児数が4.27人で、第5回調査が行われた1967年では2.65人にまで減っている。しかしながら第6回調査（1972年実施）から第12回調査（2002年実施）までの30年間においては完結出生児数約2.2人でほぼ変化がない。この一連の調査結果の考察から、日本では結婚さえすれば最終的に2人強の子どもは生まれているのだから、晩婚化・未婚化に歯止めがかかれば出生率も自ずと回復するだろう、という推測が成り立った。しかし、2005年実施の第13回調査では完

表6-1　夫婦の完結出生児数

(人)

| 調査（調査年次） | 完結出生児数 |
|---|---|
| 第1回調査（1940年） | 4.27 |
| 第2回調査（1952年） | 3.50 |
| 第3回調査（1957年） | 3.60 |
| 第4回調査（1962年） | 2.83 |
| 第5回調査（1967年） | 2.65 |
| 第6回調査（1972年） | 2.20 |
| 第7回調査（1977年） | 2.19 |
| 第8回調査（1982年） | 2.23 |
| 第9回調査（1987年） | 2.19 |
| 第10回調査（1992年） | 2.21 |
| 第11回調査（1997年） | 2.21 |
| 第12回調査（2002年） | 2.23 |
| 第13回調査（2005年） | 2.09 |
| **第14回調査（2010年）** | **1.96** |

注：結婚持続期間15～19年の初婚どうしの夫婦。
出所：国立社会保障・人口問題研究所（2012a）。

結出生児数が2.09人に低下し、さらに2010年実施の第14回調査では1.96人と2人を下回った。子ども数別夫婦割合をみると（表6-2）、近年観測される夫婦の完結出生児数の減少は、子どものいない夫婦と1人しか子どもを持たない夫婦割合の拡大、逆に3人以上子どもを持つ夫婦割合の縮小に起因していることがわかる。実は夫婦の出生子ども数が減少する徴候は第11回調査（1997年実施）ごろからあった。表6-3は、完結出生児数として用いられる結婚持続期間15〜19年を含め、初婚どうしの夫婦に限定して結婚持続期間別に調査時点における平均出生子ども数を集計したものである。調査回ごとに数値のぶれがみられるが、第11回調査における結婚持続期間0〜4年、5〜9年、10〜14年のすべての夫婦で平均子ども数が前回（第10回）調査の結果より低下することから、後づけながら、夫婦の出生動向がこのころから細部において変化を始めたと考えられよう。ただし、15〜19年の完結出生児数には変化がみられない。第12回調査では結婚持続期間0〜4年が前回比で上昇しているものの、5〜9年および10〜14年では2回連続で低下している。しかし、ここでも15〜19年夫婦の完結出生児数には顕著な変化がみられなかった。そして第13回調査で初めて完結出生児数が前回調査比で低下した。すなわち、完結出生児数の低下という形で表出する以前から夫婦の出生行動は変化していた。コーホート上は、1980年代に結婚した夫婦からその徴候が現れていたと推察される。

　夫婦が理想とする子どもを持たない理由は何であろうか。これも「第14回出生動向基本調査」において継続的に調査項目が設けられている。同様の調査において最大の理由に挙がるのは「経済的要因」である（表6-4）。本調査結果においても「子育てや教育にお金がかかりすぎるから」を選択する夫婦が60％で最も多くなっている。ただし、妻の年齢別にみると若い女性ほど「経済的要因」が高くなっており、30歳未満では80％を超える。逆に、年齢の高い女性ほど頻度が高くなるのは「年齢・身体的要因」で、なかには「欲しいけれどもできないから」という理由も含まれる。また、理想子ども数と予定子ども数の組み合わせ別にみると（表6-5）、そもそも理想の子ども数が3人以上と多い場合には「経済的要因」を挙げる女性が多く、逆に理想の子ども数が少ない場合には「年齢・身体的要因」を挙げる女性が多くなっ

表 6-2　子ども数別にみた夫婦の割合

| 調査（調査年次） | 0 人 | 1 人 | 2 人 | 3 人 | 4 人以上 | 完結出生児数 (±標準誤差) | (標本数) |
|---|---|---|---|---|---|---|---|
| 第 7 回調査 (1977 年) | 3.0% | 11.0 | 57.0 | 23.8 | 5.1 | 2.19 人 (±0.023) | (1,427) |
| 第 8 回調査 (1982 年) | 3.1 | 9.1 | 55.4 | 27.4 | 5.0 | 2.23 (±0.022) | (1,429) |
| 第 9 回調査 (1987 年) | 2.7 | 9.6 | 57.8 | 25.9 | 3.9 | 2.19 (±0.019) | (1,755) |
| 第 10 回調査 (1992 年) | 3.1 | 9.3 | 56.4 | 26.5 | 4.8 | 2.21 (±0.019) | (1,849) |
| 第 11 回調査 (1997 年) | 3.7 | 9.8 | 53.6 | 27.9 | 5.0 | 2.21 (±0.023) | (1,334) |
| 第 12 回調査 (2002 年) | 3.4 | 8.9 | 53.2 | 30.2 | 4.2 | 2.23 (±0.023) | (1,257) |
| 第 13 回調査 (2005 年) | 5.6 | 11.7 | 56.0 | 22.4 | 4.3 | 2.09 (±0.027) | (1,078) |
| **第 14 回調査 (2010 年)** | **6.4** | **15.9** | **56.2** | **19.4** | **2.2** | **1.96 (±0.023)** | **(1,385)** |

注：結婚持続期間 15〜19 年の初婚どうしの夫婦。
出所：国立社会保障・人口問題研究所 (2012a)。

表 6-3　夫婦の結婚持続期間別にみた平均出生子ども数

| 結婚持続期間 | 第 7 回調査 (1977 年) | 第 8 回調査 (1982 年) | 第 9 回調査 (1987 年) | 第 10 回調査 (1992 年) | 第 11 回調査 (1997 年) | 第 12 回調査 (2002 年) | 第 13 回調査 (2005 年) | 第 14 回調査 (2010 年) |
|---|---|---|---|---|---|---|---|---|
| 0〜4 年 | 0.93 人 | 0.80 | 0.93 | 0.80 | 0.71 | 0.75 | 0.80 | 0.71 |
| 5〜9 年 | 1.93 | 1.95 | 1.97 | 1.84 | 1.75 | 1.71 | 1.63 | 1.60 |
| 10〜14 年 | 2.17 | 2.16 | 2.16 | 2.19 | 2.10 | 2.04 | 1.98 | 1.88 |
| **15〜19 年** | **2.19** | **2.23** | **2.19** | **2.21** | **2.21** | **2.23** | **2.09** | **1.96** |
| 20 年以上 | 2.30 | 2.24 | 2.30 | 2.21 | 2.24 | 2.32 | 2.30 | 2.22 |

注：初婚どうしの夫婦。
出所：国立社会保障・人口問題研究所 (2012a)。

表 6-4　理想の子ども数を持たない理由 (1)

(複数回答、%)

| 妻の年齢 | (集計客体数) | 理想の子ども数を持たない理由 ||||||
|---|---|---|---|---|---|---|---|
| | | 経済的要因 ||| 年齢・身体的要因 |||
| | | 子育てや教育にお金がかかりすぎるから | 自分の仕事(勤めや家業)に差し支えるから | 家が狭いから | 高年齢で生むのはいやだから | 欲しいけれどもできないから | 健康上の理由から |
| 30歳未満 | ( 90) | 83.3 | 21.1 | 18.9 | 3.3 | 3.3 | 5.6 |
| 30〜34歳 | ( 233) | 76.0 | 17.2 | 18.9 | 13.3 | 12.9 | 15.5 |
| 35〜39歳 | ( 519) | 69.0 | 19.5 | 16.0 | 27.2 | 16.4 | 15.0 |
| 40〜49歳 | ( 993) | 50.3 | 14.9 | 9.9 | 47.3 | 23.8 | 22.5 |
| 総　数 | (1,835) | 60.4 | 16.8 | 13.2 | 35.1 | 19.3 | 18.6 |
| 第13回調査(総数) | (1,825) | 65.9 | 17.5 | 15.0 | 38.0 | 16.3 | 16.9 |

| 理想の子ども数を持たない理由 |||||||
|---|---|---|---|---|---|---|
| 育児負担 | 夫に関する要因 ||| その他 |||
| これ以上、育児の心理的、肉体的負担に耐えられないから | 夫の家事・育児への協力が得られないから | 一番末の子が夫の定年退職までに成人してほしいから | 夫が望まないから | 子どもがのびのび育つ社会環境ではないから | 自分や夫婦の生活を大切にしたいから |
| 10.0 | 12.2 | 5.6 | 4.4 | 7.8 | 11.1 |
| 21.0 | 13.3 | 4.3 | 9.9 | 9.9 | 7.3 |
| 21.0 | 11.6 | 6.9 | 8.9 | 8.1 | 7.5 |
| 15.4 | 9.9 | 10.2 | 6.2 | 6.1 | 3.7 |
| 17.4 | 10.9 | 8.3 | 7.4 | 7.2 | 5.6 |
| 21.6 | 13.8 | 8.5 | 8.3 | 13.6 | 8.1 |

注：予定子ども数が理想子ども数を下回る夫婦の割合はそれらの不詳を除く夫婦の32.7%である。理想・予定差の理由不詳を含まない選択率。
出所：国立社会保障・人口問題研究所（2012a）。

表 6-5 理想の子ども数を持たない理由 (2)

| 予定子ども数が理想子ども数を下回る組み合わせ | 予定子ども数が理想を下回る夫婦の内訳 | （集計客体数） |
|---|---|---|
| 理想1人以上予定0人 | 4.5% | (83) |
| 理想2人以上予定1人 | 30.6 | (561) |
| 理想3人以上予定2人以上 | 64.9 | (1,191) |
| 総　　数 | 100.0 | (1,835) |

（複数回答、%）

理想の子ども数を持たない理由

| 経済的要因 | | | 年齢・身体的要因 | | | 育児負担 | 夫に関する要因 | | | その他 | |
|---|---|---|---|---|---|---|---|---|---|---|---|
| 子育てや教育にお金がかかりすぎるから | 自分の仕事（勤めや家業）に差し支えるから | 家が狭いから | 高年齢で生むのはいやだから | 欲しいけれどもできないから | 健康上の理由から | これ以上、育児の心理的、肉体的負担に耐えられないから | 夫の家事・育児への協力が得られないから | 一番末の子が夫の定年退職までに成人してほしいから | 夫が望まないから | 子どもがのびのび育つ社会環境ではないから | 自分や夫婦の生活を大切にしたいから |
| 18.1 | 7.2 | 1.2 | 41.0 | 60.2 | 26.5 | 1.2 | 3.6 | 6.0 | 4.8 | 7.2 | 9.6 |
| 44.0 | 14.1 | 0.2 | 36.7 | 33.3 | 23.2 | 13.9 | 10.9 | 5.5 | 8.4 | 5.9 | 4.8 |
| 71.1 | 18.7 | 17.1 | 34.0 | 9.8 | 16.0 | 20.2 | 11.4 | 9.7 | 7.1 | 7.9 | 5.7 |
| 60.4 | 16.8 | 13.2 | 35.1 | 19.3 | 18.6 | 17.4 | 10.9 | 8.3 | 7.4 | 7.2 | 5.6 |

注：不詳を含まない選択率。
出所：国立社会保障・人口問題研究所（2012a）。

ている。

　近年では体外受精などの高度な生殖補助医療による出生が急増しており、2011年には3万人を超える出生が報告されている（河合、2013）。出生総数に占める割合も3％を超えた。この背景に男女の高齢による出産との関係が示唆されるなか、支援のあり方が課題となっている[2]。

## 4　結婚と出生との関係

　従来、結婚と出生の関係はきわめて密接であるといわれてきた。しかし近年では、両者の関係が従来のモデルの枠にはまらないケースが増えている（阿藤、2000）。

　婚姻届を出していない女性による出生、いわゆる嫡出でない子の出生が微増傾向にある（図6-6）。出生総数が近年減少傾向にあることから、必然的にその割合は拡大している。1970年代から1980年代半ばごろまで1％を下回る低い水準であったが、1980年代半ば以降は上昇が続いており近年では出生総数の2％超を占めている。

　また、結婚期間が妊娠期間より短いとみなされる出生、いわゆる"できちゃった婚""授かり婚""おめでた婚"も今日決して少なくない（図6-7）。厚生労働省統計情報部の特殊報告（厚生労働省統計情報部、2010）は、嫡出第1子出生数に占める割合が少なく見積もっても4分の1を占めるとしている（表6-6）[3]。

　総じて、定量的な出生モデルに結婚関連指標を説明変数として導入する場合に留意すべきことが多くなっている印象がある。その背景には、これまでみたように遅い結婚、離婚・再婚の動向、婚姻に基づかない出生、結婚期間が妊娠期間より短いとみなされる出生などの増加も影響している。これらはすべて地域間の差異が大きい指標でもある。

## 5　その他の留意事項

　ここまで近年の出生動向を概観してきた。要約すれば、我が国における近

第 6 章　少子化と人口学的要因　119

図 6-6　嫡出でない子の出生

縦軸左：出生総数に占める嫡出でない子の割合（%）
縦軸右：嫡出でない子の出生数（人）

2.23
0.77
12,548
23,138

―― 出生総数に占める割合　　■ 出生数（右軸）

出所：厚生労働省統計情報部「人口動態統計」より作成。

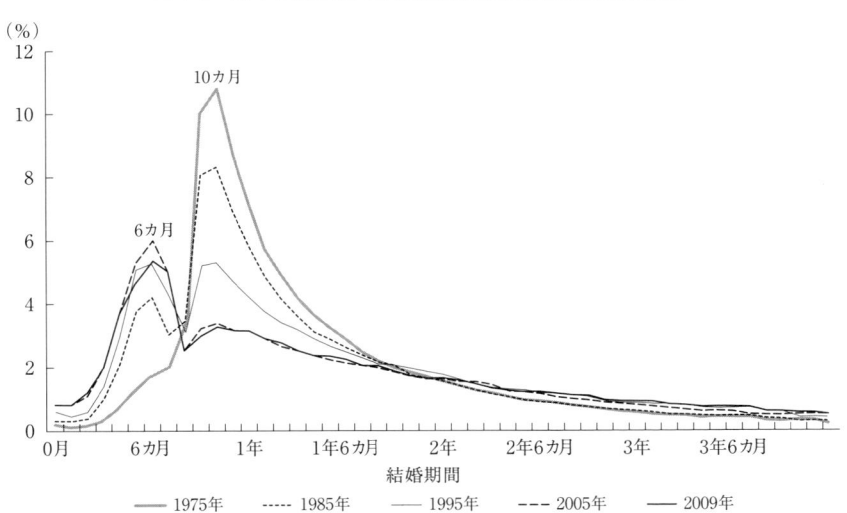

図 6-7　第 1 子出生までの結婚期間別にみた出生構成割合

(%)

10カ月
6カ月

結婚期間

―― 1975年　----- 1985年　―― 1995年　--- 2005年　―― 2009年

出所：厚生労働省統計情報部（2010）。

表 6-6 結婚期間が妊娠期間より短い出生数および嫡出第 1 子出生に占める割合

| 年次 | 嫡出第 1 子出生数（千人） | 結婚期間が妊娠期間より短い出生 | | |
|---|---|---|---|---|
| | | 出生数（千人） | 嫡出第 1 子出生に占める割合（％） | 嫡出第 1 子出生に占める標準化後の割合（％） |
| 平成 7 年 | 557 | 125 | 22.5 | 18.0 |
| 8 | 563 | 125 | 22.2 | 18.0 |
| 9 | 559 | 126 | 22.6 | 18.4 |
| 10 | 571 | 136 | 23.9 | 19.7 |
| 11 | 565 | 141 | 25.0 | 20.9 |
| 12 | 569 | 150 | 26.3 | 22.3 |
| 13 | 559 | 154 | 27.5 | 23.5 |
| 14 | 555 | 155 | 27.9 | 24.3 |
| 15 | 531 | 143 | 26.9 | 24.1 |
| 16 | 522 | 139 | 26.7 | 24.5 |
| 17 | 497 | 132 | 26.6 | 24.9 |
| 18 | 507 | 137 | 26.9 | 25.6 |
| 19 | 503 | 133 | 26.4 | 25.4 |
| 20 | 500 | 131 | 26.2 | 25.5 |
| 21 | 494 | 125 | 25.3 | 25.3 |

出所：厚生労働省統計情報部（2010）。

年の出生は必ずしも"若い日本人男女による婚姻を契機とした強い結びつき"に基づいた夫婦から生じているわけではない、ということになろうか。現状では、男女が一旦結婚さえすれば子どもが生まれ、ひいては少子化状態が解消に向かっていくという単純なシナリオを描くのは難しい。当然のことながら、少子化対策の一環としてワーク・ライフ・バランスを盛り込むに当たっては、さらにきめ細かい議論が必要であろう。マクロでみた我が国の出生メカニズム自体が変化するなかにあって、夫婦の働き方や若者の就労環境を説明変数の 1 つとして盛り込んだモデルが単一であるとは考えにくい（国立社会保障・人口問題研究所、2012b；厚生労働省統計情報部、2013）。今後、結婚・出生動向の的確な把握には今以上の精緻な分析が必要になるであろう。そのうえで、今後若年人口が減るなかで合計特殊出生率が置換水準に向けて回復したとしても当面子ども数の減少が続くことが確実視される社会において（国立社会保障・人口問題研究所、2013）、今後の少子化対策の意義や家族関係社会支出のあり方は実情に即した変化が求められるであろう。いじめ、虐待、事故、自殺など、少子化にもかかわらず子どもの生活や命を脅かす社

会問題は後を絶たない。無事出生してきた子どもが希望を持って生きていくことのできる社会環境づくりが基盤にあってこそ、少子化対策や家族関係社会支出の価値があることを忘れてはならない。

　最後に、地域と少子化対策の関連について問題提起をしたい。本書のテーマである社会保障関係費用は全国で事業展開するために要する総額であるが、今日の子ども・子育て支援を含む少子化対策の多くは、その実施主体が市区町村を中心とした地方公共団体である。端的にいえば、国でいくら多額の家族関係社会支出を講じたとしても、各地域で実効性のある対応がなされない限り、我が国全体の人口関連の評価指標に明示的な変化が現れることを期待するのは難しいであろう。地域が積極的に少子化対策に取り組むことのできる条件整備も急がれる。2015年度から実施が見込まれている子ども・子育て新制度が、地域の人口動向や家族関係社会支出にどのような影響を及ぼすことになるのか、注目される。


注
1) "国際結婚"の増加に伴い、父親または母親の一方が外国人である出生も珍しいケースではなくなっている。1990年以降毎年2万〜2.5万人、出生総数に占める割合は約2％である。
2) 医療・保健関連のその他の指標をみると、乳児死亡、新生児死亡、死産、周産期死亡、人工妊娠中絶などは、出生数に比してすべてが減少傾向にある。
3) 女性の年齢別にみると、出生総数に対する嫡出でない子の出生の割合は19歳以下で突出して高く、20歳代前半でも近年上昇傾向にある。また結婚期間が妊娠期間よりも短いとみなされる出生も19歳以下と20歳代前半で顕著に多く発生している。ちなみに、人工妊娠中絶件数は出生数に比して減少する傾向にあるが、年齢別にみるとやはり19歳以下と20歳代前半で相対的に多くなっている。


**参考文献**
阿藤誠（2000）『現代人口学——少子高齢社会の基礎知識』日本評論社。
河合蘭（2013）「不妊治療の現状」『国民生活』No. 8、国民生活センター。
厚生労働省統計情報部（2010）『「出生に関する統計」の概況　平成22年度人口動態統計特殊報告』。
厚生労働省統計情報部（2013）『21世紀成年者縦断調査』。

国立社会保障・人口問題研究所（2012a）「第14回出生動向基本調査（結婚と出産に関する全国調査）　第Ⅰ報告書　わが国夫婦の結婚過程と出生力」『調査研究報告資料』。
―――（2012b）『第14回出生動向基本調査（結婚と出産に関する全国調査）　第Ⅱ報告書　わが国独身層の結婚観と家族観』『調査研究報告資料』。
―――（2013）『日本の将来推計人口　平成24年1月推計の解説および参考推計（条件付推計）』。
内閣府（2013）『平成25年版少子化社会対策白書――少子化の状況及び少子化への対処施策の概況』

第7章

# 我が国の少子化政策の変遷と
# 家族関係社会支出の推移

藤原　朋子

　第6章において少子化の要因と動向について述べた。それではこうした少子化の進行を受けて、政府はどのような対策を講じてきたのか、また、数々の政府決定による少子化関連のプランに応じて、家族関係社会支出がどう推移してきたのかについて社会支出の家族関係費用の推移をもとに考察したい。本章では、政府が本格的に少子化対策に取り組むきっかけともなった「1.57ショック」以降、直近の2011年度までの約20年間を考察期間とする。少子化対策という文言については、新エンゼルプラン策定当時は少子化対策推進関係閣僚会議が設置されており、「少子化対策」という文言が以後広く用いられているが、その後制定された「少子化社会対策基本法」では、「少子化に対処するための施策」という文言が、企業や自治体に行動計画策定を義務づけた「次世代育成支援対策推進法」では「次世代育成支援対策」という文言が法律上の用語となっている。各々の用語によって施策の範囲に厳密な差異はみられず、いずれも保育や子育て支援の現物サービス、児童手当や母子保健対策、育児休業制度や働き方の見直しに至るまで広範囲の施策を対象としていることから、政府のこれまでの政策の展開に関しては、より一般的な「少子化対策」を用いることとする。OECD基準の社会支出については、9つの政策分類の1つに「家族」を位置づけ、児童手当や育児休業給付など「現金給付」と保育等の「現物給付」に分類していることから、費用分析に当た

っては「家族」の社会支出を検討対象とし、その中でも「現金」および「現物」の分類に沿って構成の変容を中心にみていくこととする。

## 1　少子化対策の変遷

### （1）　少子化関連各種プランの変遷
#### ①1.57ショックを契機とする総合的な取り組み
エンゼルプラン

　我が国で政府が出生率の低下を社会問題として認識し、少子化への対応に本格的に取り組み始めたのは「1.57ショック」（合計特殊出生率が戦後最低であった丙午の年（1966年）の1.58を1989年に下回ったことを指す）以降であり、出生率の低下に社会的な関心が高まり、仕事と子育ての両立支援等少子化対策の検討が進むこととなった。

　1994年12月に「エンゼルプラン」が関係4大臣の合意により策定された。政府として少子化への対応策を総合的にまとめた最初の計画である。エンゼルプランの具体化の一環として、当面緊急に整備すべき保育対策等について3大臣合意により1999年度までの目標を定めた「緊急保育対策5か年事業」が策定され（1995～1999年度）、保育所の量的拡大、特に低年齢児の受け入れ増、延長保育の促進、地域子育て支援センターや放課後児童クラブの増を進めることとされた。

新エンゼルプラン

　その後、1999年12月に少子化対策推進関係閣僚会議で「少子化対策推進基本方針」を決定し、具体的な実施計画として「新エンゼルプラン」が6大臣において合意された。これは2000年度から2004年度までの計画となっており、保育サービスの拡充を柱としつつ、雇用、母子保健、教育事業も加えた幅広い分野について数値目標を掲げている。

　これに先立ち、国立社会保障・人口問題研究所による『日本の将来推計人口（平成9年1月推計）』では、中位推計の出生率が前回の1.80から1.61に下方修正され、さらに少子化が進行するものと推計されたことを踏まえ、

1997年10月人口問題審議会において、「少子化に関する基本的考え方について――人口減少社会、未来への責任と選択」と題する報告を取りまとめた。本報告では少子化は我が国社会への警笛であるとし、少子化の原因である未婚化・晩婚化は仕事と家庭の両立がしがたいために生じていると分析した。両立を妨げている要因は、固定的な雇用慣行と固定的な男女の役割関係であるとして企業社会と家庭・地域両面でシステム改革の必要性を訴えた。本報告は行政レベルでのその後の少子化対策の基本的な理念を提供する画期的な提言となった。本報告で興味深いのは、少子化がもたらす人口減少社会への対応のあり方について、①少子化の影響への対応、②少子化の要因への対応に分けて検討している点である。前者については、労働力人口の減少や経済成長率低下など少子化による影響については、女性や高齢者等の就業環境の整備を確実に実行すべきと指摘した。一方、後者については、結婚や出産は個人が決めるべき問題であり、少子化の要因への対応の是非については賛否両論あることを紹介しつつ、当審議会としては「個人の望む結婚や出産を阻む要因を取り除く対応を図る」観点から、少子化の要因への対応も図るべきと指摘した。当時、少子化対策を議論する場合、結婚や出産への自己決定権の制約を生じてはならないとの観点から注意深く検討がなされた様子がうかがえる。

## ②少子化社会対策基本法・次世代育成支援対策推進法の創設

　『日本の将来推計人口（平成14年1月推計）』では、「未婚化」や「晩婚化」に加えて、「夫婦の出生力の低下」という新しい現象がみられ、将来の少子化が一層進むという予測となった。これを受けて、もう一段の少子化対策を推進すべきとして厚生労働省が「少子化対策プラスワン」をまとめた。この特徴は、①男性を含めた働き方の見直しに重点を置いたこと、②実効性を担保するため、地方自治体および企業に行動計画策定とそのための立法措置を検討することとした点である。

　これを受けて、2003年には「少子化社会対策基本法」および「次世代育成支援対策推進法」が成立した。同基本法に基づき全閣僚から構成する「少子化社会対策会議」が内閣府に設置され、以降、重要な施策は本会議におい

て決定され、政府として推進されることとなった。

　同基本法では前文において、「少子化に歯止めをかける」ことが強く求められていることを正面から規定しており、少子化に的確に対処するための施策を総合的に推進することとしている。1997年の人口問題審議会報告と比較すると、少子化の傾向がなお続いており、少子化対策を講じる必要性や少子化への危機意識が広く共通認識となったことを反映しているといえるだろう。

　「次世代育成支援対策推進法」は企業と自治体双方に行動計画策定を義務づけ、国が定めた行動計画指針において、ニーズ把握のうえできるだけ定量的な数値目標を設定するよう求めている。企業の行動計画において、女性の就業継続支援のみならず、子どもの出生時の父親の休暇取得促進や男性の育児休業取得促進など、男性の働き方に着目した施策についても盛り込むこととされた。自治体における計画的な基盤整備等という福祉政策と企業における取り組み推進の労働施策の連携を実現する法体系となっている点が特徴である。

### ③子ども・子育て応援プランの策定

　2004年には同基本法による「少子化社会対策大綱」が少子化社会対策会議を経て閣議決定された。この大綱に基づき2005年度から2009年度までの5年間に講ずる具体的な施策と目標を掲げる「子ども・子育て応援プラン」が策定され、従来の「待機児童ゼロ作戦」のさらなる展開に加えて、「男性の育児参加の推進」、長時間労働是正など「働き方の見直し」や、若者のトライアル雇用推進など「若者の自立」のように、若者や男性の雇用・働き方に着目し、幅広い分野で具体的な目標を設定している。2004年度は、新エンゼルプラン最終年度であり、エンゼルプランおよび新エンゼルプラン等により、10年間にわたり少子化対策を講じてきたが、少子化の進展には歯止めがかからず、合計特殊出生率1.29、出生数111万1,000人といずれも過去最低を記録した時期である。

## ④「新しい少子化対策について」

　2005年には我が国が明治以来人口動態の統計を取り始めて以来、初めて出生数が死亡数を下回り、総人口が減少に転ずる人口減少社会が到来した。出生数106万人、合計特殊出生率は1.25といずれも過去最低を記録した。こうした状況を受けて、政府は2006年6月に「新しい少子化対策について」を少子化社会対策会議において決定した。「子ども・子育て応援プラン」の推進にあわせて、「出生率低下の傾向の反転に向け」、少子化対策の抜本的拡充が必要であり、社会全体の意識改革や家族・地域の絆の強化を強調した。「総合的な子育て支援策」と「働き方の改革」を柱としており、税制改正の議論とあわせて親の経済力が低い乳幼児期の経済的負担の軽減（児童手当制度の乳幼児加算の創設）も打ち出された。

## ⑤「子どもと家族を応援する日本」重点戦略

　『日本の将来推計人口（平成18年12月推計）』でも、中位推計による出生率が1.39から1.32に下方修正され、少子化や人口減少がさらに進むと予測された。これを受けて、2007年1月には、社会保障審議会「人口構造の変化に関する特別部会」は、「『出生等に対する希望を反映した人口試算』の公表に当たっての人口構造の変化に関する議論の整理」をとりまとめた。

　本整理では、結婚や出産に対する国民の希望には大きな変化がないのにもかかわらず、結婚・出産・子育てと就労との二者択一を迫られて、希望の実現を犠牲にしていると分析するとともに、結婚や出産の希望が実現した場合（生涯未婚率10%未満、夫婦完結出生児数2.0人以上として、出生率では2040年に1.75を実現）について「希望を反映した人口試算」を公表した。そのうえで国民の希望を実現するため、「結婚したい」「子どもを持ちたい」「2人目がほしい」といった希望に焦点を当てて、

- 若者の経済的基盤の確立（正規雇用の促進、均衡処遇の推進）
- 継続就業環境整備（育児休業制度、短時間勤務制度等）
- （特に父親の）家事・育児時間の増加（長時間労働の解消）
- 保育環境の整備

・育児不安の解消（専業主婦を含めた育児支援）

に速やかに取り組むべきと提言している。

　2007年2月には、少子化社会対策会議のもとに「子どもと家族を応援する日本」重点戦略検討会議を設置（関係閣僚と有識者で構成）、同年12月に、重点戦略を取りまとめ、さらには重点戦略を踏まえて2008年2月に保育施設等を充実強化するための「新待機児童ゼロ作戦」を発表した。本重点戦略において、2006年推計による人口減少社会は単純な人口規模の縮小ではなく、「人口構造の変化」を伴うものであり、我が国経済社会に大きな影響を与えると位置づけ、国民の希望と現実の乖離を生み出している要因を除去し、希望が実現できる社会経済環境を整備することが我が国にとって不可欠な政策課題であるとした。

　本戦略の特徴は、人口減少、とりわけ労働力人口の急速な減少に対応するための重点的な施策として、「車の両輪」となる2つの取り組み、「仕事と生活の調和の実現」および社会的基盤となる「次世代育成支援の枠組みの構築」を掲げた点である。

　特に、後者については、仕事と子育ての両立や家庭の子育てを支える社会的基盤となる「現物給付」の実現に優先的に取り組むことが必要であり、これを支える効果的な財政投入が必要であると指摘した。本戦略取りまとめの過程において「基本戦略分科会」では、「ここ数年の家族関係社会支出の充実の大半が児童手当の拡充に振り向けられて」きたことを指摘し、「就業継続できる体制整備が子育ての経済的負担感を緩和する」側面もあること、「子育ての負担感には経済的な負担の他に肉体的・精神的な負担感が強」いことから、「児童手当の拡充だけでは支援ニーズに十分応えられない」として、保育や子育て支援サービスなどの現物給付の抜本的拡充を財源を確保して実現する必要性を明確に打ち出した。

　現物給付の抜本的拡充のための新しい制度の具体的な検討の場として、2008年3月より社会保障審議会少子化対策特別部会で次世代育成支援の新しい制度体系について検討が開始された。5月には基本的考え方が示され、翌年2月に第1次報告がまとめられた。この第1次報告では、「OECD基準

の社会支出による家族関係社会支出が諸外国に比して低い（対 GDP 比で欧州諸国は 2〜3% であるのに対して我が国は 1% にすぎない)」ことを明示して、保育サービス等の現物サービスを抜本的に拡充するための包括的な新制度の創設と財源確保を提言した。

### ⑥子ども・子育てビジョン

民主党政権誕生後、2010 年 1 月には、少子化社会対策基本法上の大綱として、「子ども・子育てビジョン」が 2010 年度から 2014 年度までの計画として閣議決定された。

・潜在的な保育ニーズにも対応した保育所待機児童の解消
・地域の子育て力の向上
・男性の育児参加の促進
・子育てしやすい働き方と企業の取り組み

等の分野において数値目標を設定するとともに、
「保育制度改革を含む新たな次世代育成支援のための包括的・一元的な制度の構築」について検討し、上記制度の検討にあわせて、「幼児教育と保育の総合的な提供（幼保一体化)」のあり方についても検討し結論を得ることが明記された。

⑤で前述した新しい制度検討の流れを継承しながら、「幼保一体化」を加える形で法案化の検討が同ビジョンに基づき進められることとなった（制度内容は(3)において後述する)。

## (2) 児童手当

これまで概説してきた少子化関連の各種プランでは保育や子育て支援、若年者雇用、働き方の見直しなどさまざまな施策が計画的に推進されるよう盛り込まれているが、家族関係社会支出の約 4 割を占める児童手当（2011 年度家族関係社会支出 6 兆 3,890 億円のうち、児童手当は 2 兆 5,960 億円）については、必ずしも各種プランに盛り込まれていない。しかしながら、こうした計

表7-1 主なプランの数値目標等

| 主なプラン | 時期 | 主な数値目標 | 備考（出生率等） |
|---|---|---|---|
| エンゼルプラン（文部・厚生・労働・建設の4大臣合意）・緊急保育対策5か年事業（大蔵・厚生・自治の3大臣合意） | 1994年12月（1995～1999年度の5か年計画） | 【緊急保育対策5か年事業の主な数値目標】<br>　　　　　1994年度→1999年度<br>・低年齢児：45万人→60万人<br>・延長保育：2,2307カ所→7,000カ所<br>・地域子育て支援センター：<br>　　　　　236カ所→3,000カ所<br>・放課後児童健全育成事業：<br>　　　　　4,520カ所→9,000カ所 | 1994年出生率：1.50 |
| 新エンゼルプラン（大蔵・文部・厚生・労働・建設・自治の6大臣合意） | 1999年12月（2000～2004年度） | 【主な数値目標】<br>1999年度→2004年度<br>・低年齢時受け入れ枠の拡大：<br>　　　　　58万人→68万人<br>・延長保育：7,000カ所→10,000カ所<br>・地域子育て支援センター：<br>　　　　　1,500カ所→3,000カ所<br>・放課後児童クラブ：<br>　　　　　9,000カ所→11,500カ所<br>・不妊専門相談センター：<br>　　　　　24カ所→47カ所 | 『日本の将来推計人口（平成9年1月推計）』（中位推計による出生率：1.80→1.61）<br>1997年10月：人口問題審議会報告「少子化に関する基本的考え方について──人口減少社会、未来への責任と選択」 |
| 仕事と子育ての両立支援等の方針（待機児童ゼロ作戦）（閣議決定） | 2001年7月 | 【主な数値目標】<br>・2002年度中に5万人、さらに2004年度までに10万人、計15万人の保育受け入れ増。（保育所のみならず幼稚園の預かり保育を活用） | |
| 子ども・子育て応援プラン（少子化社会対策会議決定） | 2004年12月（2005～2009年度） | 【主な数値目標】（2009年度まで）<br>・2006年度までにトライアル雇用による常用雇用への移行率80％<br>・ファミリーフレンドリー表彰企業数累計700社<br>・長時間時間外労働を行う労働者を1割以上減少<br>・地域の子育て支援拠点全国6,000カ所<br>・待機児童対策：保育所児童数215万人に拡大<br>・待機児童ゼロ作戦のさらなる展開 | 『日本の将来推計人口（平成14年1月推計）』（中位推計による出生率：1.61→1.39）<br>2002年9月：厚生労働省「少子化対策プラスワン」<br>2003年7月：少子化社会対策基本法、次世代育成支援対策推進法成立<br>2003年9月：少子化社会対策会議設置<br>2004年6月：少子化社会対策大綱決定（閣議決定） |

第 7 章　我が国の少子化政策の変遷と家族関係社会支出の推移　131

| 主なプラン | 時期 | 主な数値目標 | 備考（出生率等） |
|---|---|---|---|
| 仕事と生活の調和推進のための行動指針（ワーク・ライフ・バランス推進官民トップ会議決定） | 2007年12月 | 【主な数値目標】<br>10年後（2017年）の目標<br>・就業率（20歳〜44歳女性の場合）：<br>　　　　　　　　　　　64.9%→69〜72%<br>・有給休暇取得率：46.6%→100%<br>・第1子出産前後の女性の就業継続率：<br>　　　　　　　　　　　38.0%→55.0% | 2005年出生率：1.26<br>『日本の将来推計人口（平成18年12月推計）』（中位推計による出生率：1.39→1.32）<br>2007年1月：社会保障審議会人口構造の変化に関する特別部会「「出生等に対する希望を反映した人口試算」の公表に当たっての人口構造の変化に関する議論の整理」 |
| 新待機児童ゼロ作戦 | 2008年2月 | 【主な数値目標】10年後の目標として<br>・3歳未満児の保育提供割合：20%→38%<br>・保育利用児童数（0〜5歳）：100万人増<br>・放課後児童クラブ提供割合（小学校3年まで）：19%→60% | 2008年出生率：1.37 |
| 子ども・子育てビジョン（民主党政権下）（少子化社会対策会議決定・閣議決定） | 2010年1月<br>（2010〜2014年度） | 【主な数値目標】2014年度目標値<br>・不妊専門相談センター：55都道府県・市→全都道府県・政令市・中核市<br>・保育所利用者数：215万人→241万人【2012年4月：224万人】<br>・3歳未満児保育利用率：75万人→102万人、24%→35%【2012年4月：80万人】<br>・延長保育：79万人→96万人【2010年度：81.2万人】<br>・放課後児童クラブ：81万人→111万人【2012年5月：85.2万人】<br>・地域子育て支援拠点：7,100カ所→10,000カ所【2011年度7,555カ所】<br>・週労働時間60時間以上雇用者の割合：10%→半減（2017年までの参考指標）<br>・男性の育児休業取得率：1.23%→10%（同上）<br>・第1子出産前後の女性の就業継続率：38%→55%（同上）<br>・くるみん取得企業：652社→2,000社<br>【子ども手当、高校無償化】<br>【幼児教育と保育、子育て支援】<br>・保育の潜在ニーズも踏まえた待機児童解消、放課後児童クラブの充実、地域子育て支援拠点の整備、新たな次世代育成支援のための包括的・一元的制度の検討、幼児教育と保育の総合的提供（幼保一体化） | 2010年出生率：1.39<br>2012年出生率：1.41<br>『日本の将来推計人口（平成24年1月推計）』（中位推計による出生率：1.32→1.34）<br>2012年8月：子ども・子育て支援関連3法成立 |

画的整備とは別に、あるいは並行して、児童手当はそのときどきの税制改正の議論と関連する形で、毎年度の予算編成過程で拡充が図られてきた。

　1990 年以降の制度改正経緯を概観すると、1991 年改正（翌年 1 月施行）では、支給対象の第 1 子への拡大、3 歳未満児への重点化、手当額の倍増が実現した。

　2000 年改正（同年 6 月施行）では、支給対象を義務教育修学前までに拡大した。

　1999 年 10 月に発足した自民党・自由党・公明党の 3 党連立政権の合意書において、「児童手当の拡充等少子化対策を進めるとともに、所得課税の諸控除の整理について直ちに協議を開始する」とされたことから、児童手当制度改正は政治課題の 1 つとなった。少子化対策については、同年 12 月に新エンゼルプランが策定されて保育、雇用、母子保健、教育の幅広い分野で推進されることとなったが、児童手当については、政府・与党内で予算編成過程で調整が行われ、支給対象を義務教育修学前までに拡大することで合意された。関連する所得税改正として、16 歳未満の扶養親族に係る扶養控除額の加算（10 万円）措置が廃止されることとなり、これによる増収分を児童手当の支給拡大に充てることとなったのである。

　2004 年改正（同年 6 月施行）では、支給対象を小学 3 年生までに拡大した。その財源については、自民党・公明党・保守党による連立政権が 2003 年度税制改正において配偶者特別控除を廃止するに当たり、増収分の使途として、総額 2,500 億円の枠内で児童手当支給対象年齢の見直しを柱とする少子化対策を行うことが 3 党で合意されている。

　2006 年改正（同年 4 月施行）では、政府・与党協議会の合意により、支給対象を小学校 6 年生までに拡大するとともに、所得制限を緩和して支給率を 85％ から 90％ に引き上げた。

　2007 年改正では、3 歳未満児の手当額引き上げ（乳幼児加算、3 歳未満児は第 1 子から月額 1 万円）が実施された。

　2009 年に民主党政権が誕生し、マニフェストに沿って新しい「子ども手当」の検討が進められた。2010 年度限りの措置（のちに、2011 年度 9 月まで延長）として、「平成 22 年度子ども手当支給法」により、中学校修了前まで

の子どもについて月額1万3,000円（所得制限なし）が支給されることとなった。なお、財源については、「控除から手当へ」という考えに沿って、2010年度税制改正による年少扶養控除の廃止、特定扶養控除の縮減の増収分が充てられた。2011年度後半の子ども手当制度については、同年8月の民主党・自民党・公明党の3党合意「子どもに対する手当の制度のあり方について」が結ばれ、「平成23年度子ども手当支給特別措置法」により、3歳未満は月額1万5,000円、3歳以上は月額1万円（ただし、第3子以降は1万5,000円）、中学生は月額1万円が支給されることとなった。2012年度以降は、3党合意により手当の名称は「児童手当」に戻したうえで、支給額は上記2011年度の特別措置法による手当額と同額としつつ、所得制限（支給率90%）を課して、所得制限対象者については経過的に5,000円支給することとなった。

　児童手当のような子育て家庭を広く対象とする現金給付については、支給対象の拡大が即、大規模な財源確保を要することから、毎年度のシーリングの範囲では予算確保が難しく、所得控除制度の整理を含む税制改正の議論と歩調をあわせて改正が検討され、政府・与党の合意により財源確保と累次の制度改正を同時に実現してきたのが特徴である。

### (3) 子ども・子育て支援新制度の創設と概要

　子ども・子育て支援の新たな仕組み（以下「新制度」と呼ぶ）である「子ども・子育て支援関連3法」は2012年3月に政府が国会に提出した3法案に当時の政権与党であった民主党と現政権与党である自民党、公明党の3党間の合意に基づく国会修正を経て、同年8月に成立した。

　新制度では、

① 認定こども園、幼稚園、保育所を通じた「施設型給付」を創設して、幼稚園や保育所への助成を一本化すること
② 小規模保育や家庭的保育など、これまで財政支援が脆弱であった小規模な保育サービスについて「地域型保育給付」を創設し、財政支援を強化すること
③ 新しい幼保連携型認定こども園について、認可手続を一本化し、1つ

の施設として「学校」および「児童福祉施設」双方の法的位置づけを付与する。これにより、親の就労状況にかかわらず地域の児童を受け入れることができる新たな施設類型を創設すること
④ 放課後児童クラブや子育て支援拠点事業などを対象とする市町村事業を創設すること
⑤ 市町村は住民のニーズを把握して、5年ごとに事業計画を策定のうえ、上記給付・事業を計画的に実施すること

といった改革が盛り込まれている。

　こうした新制度による仕組みによって、都市部では保育ニーズの増へ迅速に対応して待機児童の解消を図ることが期待でき、一方、児童人口が減少し大規模な保育施設を維持することが困難な地域にあっては、小規模保育や子育て支援拠点などの市町村事業との組み合わせによる多機能型拠点を整備するなど保育や子育て支援の機会を維持確保するための柔軟な対応が可能となる。第6章で記述したとおり、少子化の状況は地域によって大きく異なることから、自治体の人口構造や将来の人口推計、保育等のニーズの増減や既存の社会資源の配置を踏まえて、その実情に応じて計画的な整備あるいは再編を可能とする仕組みとなっており、少子化の地域差に対応できる枠組みを提供する制度といえるだろう。

　なお、「子ども・子育て支援関連3法」は、社会保障・税一体改革関連法の1つとして成立したものであり、これまで主に高齢者向けの経費である「年金、老人医療、介護」の3経費に限られていた消費税の使途を社会保障4経費（年金、医療、介護、少子化対策）として子育て分野にも拡大し、その恒久財源を確保して、新制度の本格施行が予定されている。具体的には、2015年10月に予定する消費税率10%への引き上げによる増収分のうち、0.7兆円程度を子育て支援新制度に充てることとし、さらに税制改革以外の財源も含めて1兆円超程度の措置を検討し、保育・教育・子育て支援の量的・質的拡充を図ることとしている。これまでの多数のプランでも指摘してきた保育や子育て支援等の現物給付への抜本的な拡充とそのための財源確保を、政府として初めて実現する枠組みがようやく完成したものとみることが

## 図7-1 子ども・子育て支援新制度の仕組み

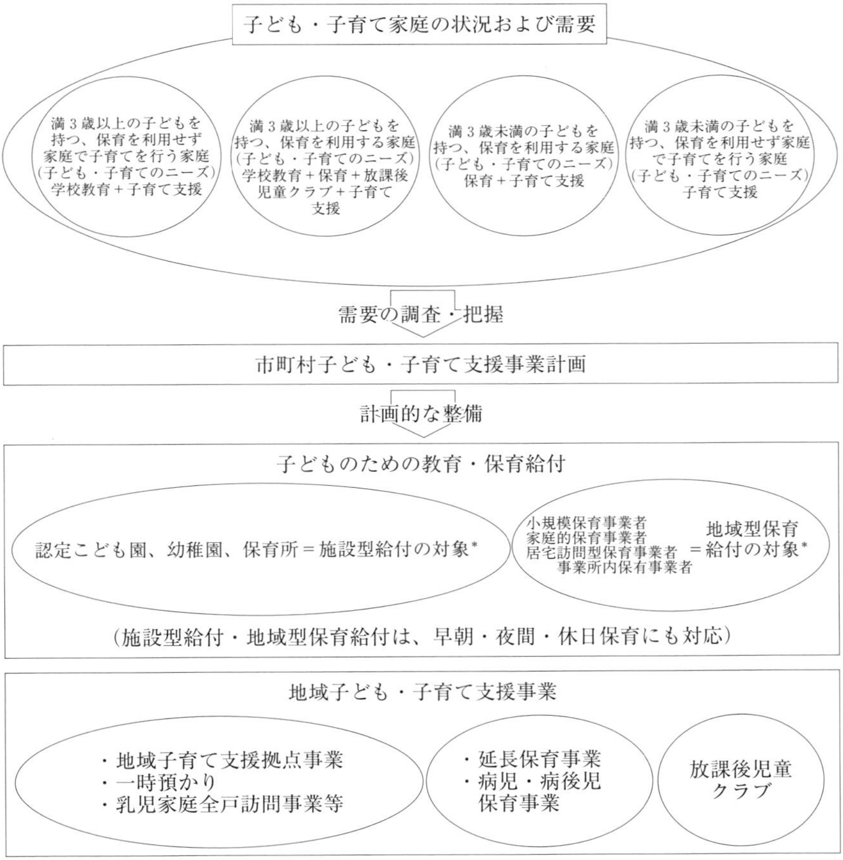

**子ども・子育て家庭の状況および需要**

- 満3歳以上の子どもを持つ、保育を利用せず家庭で子育てを行う家庭（子ども・子育てのニーズ）学校教育＋子育て支援
- 満3歳以上の子どもを持つ、保育を利用する家庭（子ども・子育てのニーズ）学校教育＋保育＋放課後児童クラブ＋子育て支援
- 満3歳未満の子どもを持つ、保育を利用する家庭（子ども・子育てのニーズ）保育＋子育て支援
- 満3歳未満の子どもを持つ、保育を利用せず家庭で子育てを行う家庭（子ども・子育てのニーズ）子育て支援

↓ 需要の調査・把握

**市町村子ども・子育て支援事業計画**

↓ 計画的な整備

**子どものための教育・保育給付**

- 認定こども園、幼稚園、保育所＝施設型給付の対象*
- 小規模保育事業者／家庭的保育事業者／居宅訪問型保育事業者／事業所内保育事業者　地域型保育＝給付の対象*

（施設型給付・地域型保育給付は、早朝・夜間・休日保育にも対応）

**地域子ども・子育て支援事業**

- ・地域子育て支援拠点事業
- ・一時預かり
- ・乳児家庭全戸訪問事業等
- ・延長保育事業
- ・病児・病後児保育事業
- 放課後児童クラブ

注：*対象事業の範囲は法定。
出所：内閣府作成資料。

できる。

　2013年4月に子ども・子育て支援法に基づき「子ども・子育て支援会議」が内閣府に設置され、施行に向けた「子ども・子育て指針」の策定、各種基準の策定等、施行準備が現在鋭意進められている。

## 2 これまでの少子化対策と家族関係社会支出の関係の考察

### (1) 1990年度から2011年度の変化の概観

OECD基準による社会支出では9つの政策分野の1つとして「家族」を位置づけ、①現金給付として、「家族手当」「出産、育児休業」「その他の現金給付」の3種類の費用を計上し、②現物給付として、「デイケア、ホームへ

**表7-2 社会支出比較総括表：1990年度および2011年度**

|  | 1990年度 | 2011年度 |
|---|---|---|
| 社会支出（合計額） | 51,459,699百万円 | 112,043,678百万円<br>（1990年の2.1倍） |
| うち、家族（社会支出全体に占める割合％） | 1,645,417百万円（3.2％） | 6,389,006百万円（5.7％）<br>（1990年の3.9倍） |
| 現金（合計） | 763,569百万円 | 4,167,806百万円<br>（1990年の5.5倍） |
| 　家族手当 | 453,343百万円<br>（現金の59％） | 3,223,439百万円<br>（現金の77％） |
| 　出産手当、育児休業関係 | 300,263百万円 | 912,938百万円 |
| 　その他 | 9,962百万円 | 31,429百万円 |
| 現物（合計） | 881,849百万円 | 2,221,200百万円<br>（1990年の2.5倍） |
| 　デイケア、ホームヘルプサービス | 881,849百万円 | 2,114,020百万円 |
| 　その他 | — | 107,180百万円 |
| 現金：現物の構成割合 | 46：54 | 65：35 |
| （参考）<br>合計特殊出生率 | 1.54（前年が1.57ショック） | 1.39 |
| 総人口（千人） | 123,611 | 127,799 |
| 　0～14歳人口（総人口に占める割合％） | 22,544（18.2％） | 16,705（13.1％） |
| 　65歳以上人口（総人口に占める割合％） | 14,928（12.1％） | 29,752（23.3％） |

注：育児休業給付は1995年制度創設年度には32,681百万円であったが、2011年度には347,818百万円にまで増加。上記現金のうち「出産手当、育児休業関係」の内数。

ルプサービス（保育等）」および「その他の現物給付」の2種類の費用を計上している。社会支出のうち家族関係社会支出について、1990年度と2011年度の2時点を比較したものが表7-2である。

1.57ショック以降、これまで述べてきたようにエンゼルプランをはじめ数々の少子化対策が打ち出されてきた。社会支出全体の伸びは2.1倍であるのに対して、家族関係社会支出は3.9倍の伸びをみせている。また、家族関係社会支出の社会支出全体に占める割合でみても、児童人口減少にもかかわらず、3.2％から5.7％にまで上昇している。政府として少子化対策を重要政策に位置づけ取り組んできたことが、社会支出の費用面においても現れているといえるだろう。

ただし、国際比較では、2009年度のデータによると政策分野別の家族関係社会支出の占める割合は、イギリス15.3％、ドイツ7.3％、フランス9.9％、スウェーデン12.4％と比較して我が国は2009年度4.3％、2011年度には5.7％と向上したものの、アメリカ以外のヨーロッパ諸国と比較すると、低い水準にとどまっている（図7-2）。家族関係社会支出の対GDP比でみて

図7-2　家族関係社会支出の社会支出全体に占める割合および対GDP比の国際比較：2009年

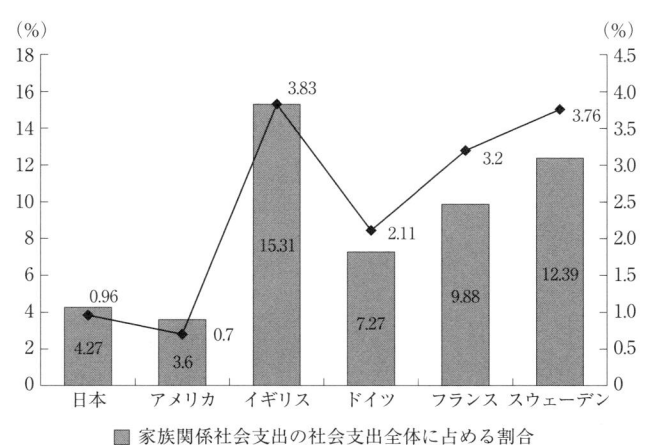

| 国 | 家族関係社会支出の社会支出全体に占める割合（％） | 対GDP比（％） |
|---|---|---|
| 日本 | 4.27 | 0.96 |
| アメリカ | 3.6 | 0.7 |
| イギリス | 15.31 | 3.83 |
| ドイツ | 7.27 | 2.11 |
| フランス | 9.88 | 3.2 |
| スウェーデン | 12.39 | 3.76 |

注：2011年度の日本の家族関係社会支出の社会支出全体に占める割合は5.7％、対GDP比は1.35％である。
出所：OECD SOCX 2011 ed. により筆者作成。

も、イギリス、フランス、スウェーデンで3％を超えており、ドイツでも2％強を占めているのに対して、我が国では2009年度0.96％、2011年度1.35％にとどまっている。

### (2) 家族関係社会支出の構成（現金・現物）の変容
#### ①現金および現物

次に現金（家族手当／出産、育児休業／その他の現金給付）と現物（デイケア、ホームヘルプサービス／その他の現物給付）の構成割合をみる（表7-2および図7-3）。1990年度には現金給付は家族関係社会支出の5割に満たなかったが、2011年度には65％を占めるまで拡充し、5.5倍の伸びをみせている。なかでも家族手当の現金給付に占める割合は1990年度の59％から77％にまで増加している。特に家族手当は1990年度との比較では、2006年度で約3倍、2009年度で3.6倍、子ども手当が創設された2010年度に一気に6.8倍、2011年度で7.1倍にまで増加している（図7-4）。

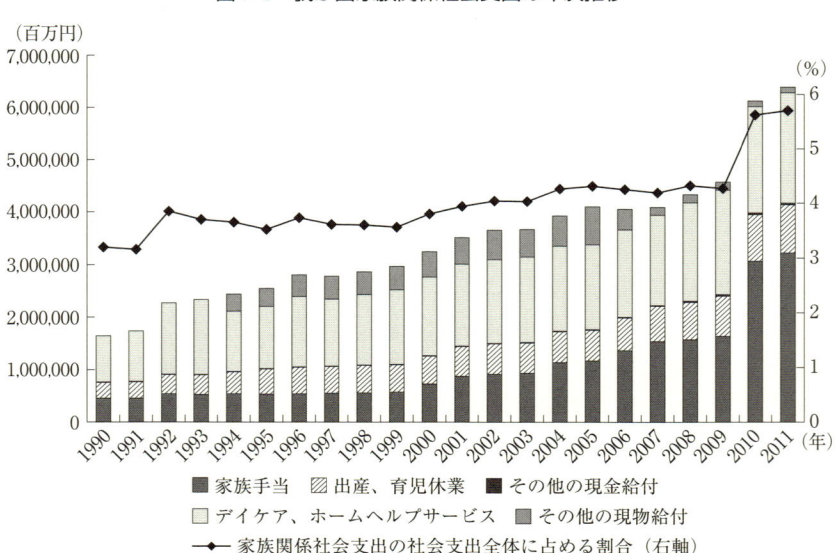

図7-3 我が国家族関係社会支出の年次推移

出所：平成23年度社会保障費用統計により筆者作成。

図 7-4　我が国の家族関係社会支出の伸び

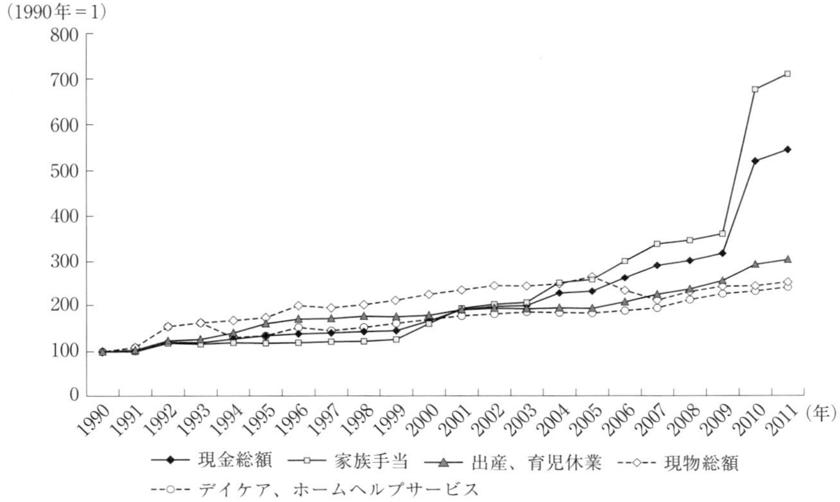

(1990年 = 1)

凡例：◆ 現金総額　□ 家族手当　▲ 出産、育児休業　◇ 現物総額　○ デイケア、ホームヘルプサービス

出所：平成 23 年度社会保障費用統計により筆者作成。

　一方、現物では、金額ベースでは 1990 年度から 2011 年度で 2.5 倍にまで増加している。しかしながら、家族関係社会支出に占める割合は 54％ から 35％ にまで縮小している。現物が 2006 年度で減少しているのは、その他の現物サービスのうち障害児への給付が自立支援法による給付に統合され、「家族」から「障害、業務災害、傷病」に計上されるようになったことによる。このため、現物の大宗を占める保育等のデイケア、ホームヘルプサービスの伸びをみると、年々着実に金額は増加しているものの、伸びは緩やかであり、現金給付の顕著な伸びと対照的である。

　前述した少子化関連のプランでは待機児童ゼロ作戦など、保育や子育て支援などの現物サービスの拡充が具体的な数値目標を掲げながら推進されてきたにもかかわらず、結果的には児童手当を中心とする現金給付のほうが顕著な増加を実現したことがわかる。

**②現金および現物別の国際比較**

　次に家族関係社会支出のうち、現金と現物の対 GDP 比を 1990 年度と 2009

図 7-5　現金（家族）の対 GDP 比

(%)

| 国 | 1990 年度 | 2009 年度 |
|---|---|---|
| 日本 | 0.17 | 0.88 |
| アメリカ | 0.22 | 0.11 |
| イギリス | 1.50 | 2.44 |
| ドイツ | 1.08 | 1.16 |
| フランス | 1.46 | 1.44 |
| スウェーデン | 2.10 | 1.58 |

注：2009 年度の数値、日本のみ直近の 2011 年度の数値である。
出所：外国は OECD SOCX 2011 ed.、日本は平成 23 年度社会保障費用統計、データを使って筆者作成。

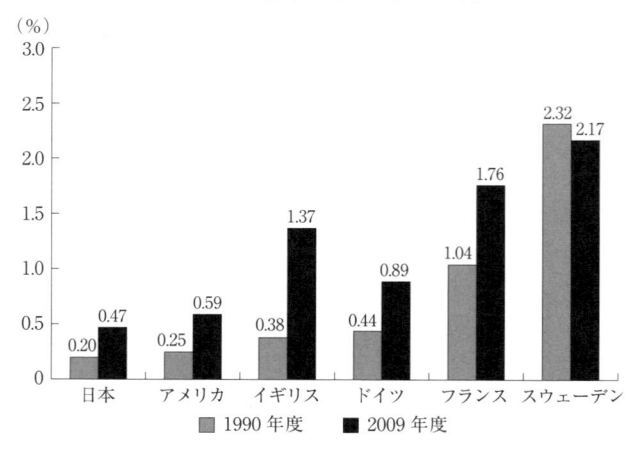

図 7-6　現物（家族）の対 GDP 比

(%)

| 国 | 1990 年度 | 2009 年度 |
|---|---|---|
| 日本 | 0.20 | 0.47 |
| アメリカ | 0.25 | 0.59 |
| イギリス | 0.38 | 1.37 |
| ドイツ | 0.44 | 0.89 |
| フランス | 1.04 | 1.76 |
| スウェーデン | 2.32 | 2.17 |

注：2009 年度の数値、日本のみ直近の 2011 年度の数値である。
出所：図 7-5 と同じ。

年度時点で諸外国と比較する（図 7-5、図 7-6）。なお、日本の数値は新しい児童手当制度を前提とする直近データ（2011 年度）で比較した。

まず、現金の対 GDP 比は、図 7-5 のとおり、1990 年度には 0.17％ であっ

たが 2011 年度には 0.88% にまで大幅に拡充している。

　これは主に先に述べた累次の児童手当制度の支給対象の拡大や月額の改善の影響による。

　現金には家族手当（児童手当および児童扶養手当等）の他に出産手当や育児休業給付も含む。1990 年度には家族手当は現金の約 6 割であったが、2011 年度には現金の 77% を占めるに至る。

　一方、この 20 年の間に、諸外国では、現金・現物ともに大幅に増加したイギリスを除いて現金について顕著な伸びは見出せない。

　しかしながら、現状の現金に係る我が国の対 GDP 比水準としては、図 7-5 のとおり、アメリカを除いて、ヨーロッパ諸国よりむしろ低い水準にとどまっている。少なくとも、現在の手当水準による費用で比較する限りでは、諸外国に比べて決して高い水準とはいえないのである。

　次に、現物については、対 GDP 比で 0.2% から 0.47% に改善したものの、この 20 年間で諸外国ではさらなる現物の拡充が実現しており、アメリカを含め諸外国と比較してむしろ差が広がっている（図 7-6）。

### ③各給付の特色と留意点

　現金・現物の分類に沿って社会支出の推移をみる際、各々の給付の特色に留意することも必要である。

　児童手当は、税制改正での控除の廃止などを財源として制度改正を行うことが多いため、本来政策の効果は子育て家庭等への増税と現金給付を総合してみることが必要である。現金給付の水準だけで子育て家庭への経済支援の程度を評価することは適当ではない。OECD では税制を含めた統計を別途公表しており、これらをあわせての活用が今後重要になることを付言したい。

　児童手当のような現金給付が制度を改正して支給対象年齢や月額を改善すれば即決算総額に反映されるのとは異なり、保育サービス等の現物給付は、基盤整備（土地を確保して保育所等の建物を建築）、人材確保（定員基準をクリアする保育士等の採用確保）および整備を促進するための制度的対応（民間企業や NPO の参入促進等）という段階を踏んで初めて拡充が実現することから、現物に係る社会支出を一気に増加させることは難しい。そもそも自治体が保

育のニーズを正確に把握できるかどうか、できたとしても厳しい財政状況から整備を抑制せざるをえない場合は現物給付はニーズどおりには増加しないこともありうるのである。

また、同じ現金給付であっても、育児休業給付は、制度改正だけでなく、企業における育児休業の普及状況に大きく影響を受ける。

保育や子育て支援サービスとともに、政策の「車の両輪」として、「働き方の見直し」分野が少子化関連のプランでも近年重要性を増しているが、長時間労働の是正、非正規雇用の改善、若者の雇用などは、社会支出の金額ベースでは捉えることができない。

したがって、社会支出からわかることは限定的であることにも留意して、他の指標も駆使して総合的な評価を試みることが重要である。

### (3) 総括的考察

以上、家族関係社会支出の現金・現物の年次推移および国際比較を行ったことを簡潔に総括すると、

- 少子化関連各種プランを政府が決定し、計画的に施策を推進してきたことで、児童人口減少にもかかわらず総額および構成割合ともに着実に伸びてきた
- しかしながら、各種プランで重視した保育等現物給付の伸びよりも、家族手当（現金）の伸びのほうが結果的には顕著であった
- 諸外国との国際比較でみると、家族関係社会支出の規模は総じて低水準であり、現物水準は特に低い傾向にある。この20年間で大幅に拡充した現金給付でみても、水準としては諸外国と比較して決して高くない

ということがわかる。

現在、政府は、消費税増税を実施するに当たり、高齢世代中心の社会保障の仕組みを改め、子育て支援の充実など人生前半の社会保障を手厚くし、「全世代対応型」の社会保障制度の構築を目指している。

人生前半の社会保障の柱として、子ども・子育てについて新制度を構築し

て、保育や子育て支援サービス等の現物サービスを確保する仕組みと消費税による恒久的な財源確保を同時に実現しようとしているのである。

こうした大きな政策の流れは上記総括的な考察と整合的であると評価できるであろう。

今後新しい子育て支援制度が予定どおり施行されれば、決算ベースでその効果を検証することとなる。厚生労働省所管の保育所運営費負担金や各種子育て支援関係の助成金および文部科学省所管の幼稚園に対する私学助成費や就園奨励費等の財源が、こども園給付、地域型保育給付、市町村事業への補助金に再編され、財源は内閣府に一元化される予定である。これに消費税増収分等が追加財源として加わることになる。

2015年を目途とする消費税による財源投入が実現する暁には、量的な拡大と質的な改善が決算額として社会支出にどのように表れたのか、その効果を「社会保障費用統計」として検証するとともに、諸外国との国際比較の結果にどう反映されるかについても検証を行っていくことが一層重要になるだろう。

### (4) 家族関係社会支出の活用

「社会保障費用統計」を用いなくとも、各制度ごとに公表される、受給者数、受給額、取得率、定員数などによっても個別制度の拡充状況を把握することは可能である。しかしながら、各制度をまたがって、横断的に少子化対策への政府の取り組みを年次推移で評価したり、あるいは高齢者への給付と子育て家庭への支援の比重を把握・比較したり、さらにそれを国際比較するには、社会支出が指標としてふさわしいものである。各国の社会保障制度はさまざまに異なるなかで、OECD基準の定義による同じ尺度の分類方法で計上することで、政策の成果を国際比較することが可能になる。

高齢化が進行するなかで、全世代対応型への転換を指摘する際にも、単に感情的に世代間の対立をあおるのではなく、家族関係社会支出の対GDP比や社会支出全体に占める割合などを国際比較することで、財源投入の必要性を国民に広く理解を得るためのエビデンスとして提供することが可能である。

また、現金と現物の伸びの違いをみて、家族関係社会支出の充実の大部分

を家族手当の増に振り向けられてきたことを事実として指摘して、両者のベストバランスを検討することもできる。

　2012年に統計法上の基幹統計に指定された、我が国の「社会保障費用統計」がこうした機能を引き続き担っていくためには、毎年各省庁で行われる各種制度改正や新規助成金の創設や再編などを正確にフォローし、各省庁の各担当部局から迅速に当該データの提供を受けるとともに、OECD担当セクションと連絡を密にして社会支出に該当する費用か否かの判断を丁寧に行い、正確な計上・取りまとめを行っていくことが、国立社会保障・人口問題研究所の責務として一層重要になると考える。


**参考文献**
阿藤誠（2000）「人口問題審議会の最終総会に寄せて」『人口問題研究』第56巻第4号、pp. 88-93。
内閣府（2007a）「子どもと家族を応援する日本」重点戦略（少子化社会対策会議決定）（2007年12月）。
―――（2007b）「子どもと家族を応援する日本」重点戦略検討会議「基本戦略分科会」「基本戦略分科会における議論の整理」（2007年11月）。
―――（2012）「子ども・子育て新システムの基本制度について」（少子化社会対策会議決定）（2012年3月2日）。
児童手当制度研究会監修（2013）『児童手当法の解説』中央法規出版。
「社会保障読本2013年版」『週刊社会保障』No. 2739（2013.8.12-19）、pp. 6～17、pp. 130～135、法研。
社会保障審議会人口構造の変化に関する特別部会（2007）「『出生等に対する希望を反映した人口試算』の公表に当たっての人口構造の変化に関する議論の整理」（2007年1月26日）。
人口問題審議会（1997）「少子化に関する基本的考え方について――人口減少社会、未来への責任と選択」（1997年10月）。
内閣官房（2011）「社会保障・税一体改革成案」（政府・与党社会保障改革検討本部決定、2011年7月1日閣議報告）（2011年6月）。
―――（2012）「社会保障・税一体改革大綱」（閣議決定）（2012年2月17日）。
内閣府（2013）『平成25年版少子化社会対策白書――少子化の状況及び少子化への対処施策の概況』。

第 8 章

# 日本の雇用保険制度と雇用政策

藤井 麻由

## 1 はじめに

　我が国では、1990年代前半のバブル崩壊後、1997年には金融危機に直面するなど、1990年代から2000年代初めにかけて長く経済が停滞した。完全失業率も1990年には2％程度だったものが2002年には5.4％まで上昇した（図8-1）。その後景気が回復し、失業率は2007年には3.9％まで低下したが、2008年のリーマン・ショックで失業率は再び上昇し、依然高い水準を維持している。また、この間、人口の高齢化や女性の労働力率の上昇、グローバル化と技術革新、産業構造の変化などが進み、労働市場を取り巻く環境が大きく変容してきた。そして、こうした労働市場の構造的な変化の影響も受けて（阿部、2005）、非正規雇用者[1]や長期失業者[2]の増加（図8-2、図8-3）など、新たな雇用問題が表面化し[3]、特に若年者の間で深刻となっている。若年者の間では、定職に就いていない者や非労働力化している者の割合も、高い水準で推移している（厚生労働省、2013）。
　こうした新たな雇用問題に対して、我が国の社会保障制度、特に雇用保険制度はどのように対応してきたのであろうか。我が国の雇用保険制度は、主として失業のリスクに対する社会保険と雇用対策という2つの役割を担っている（濱口、2010）。この役割を果たすべく、過去20年間ほどの社会的・経

146　第2部　日本社会の変容と社会保障

図 8-1　完全失業率の推移

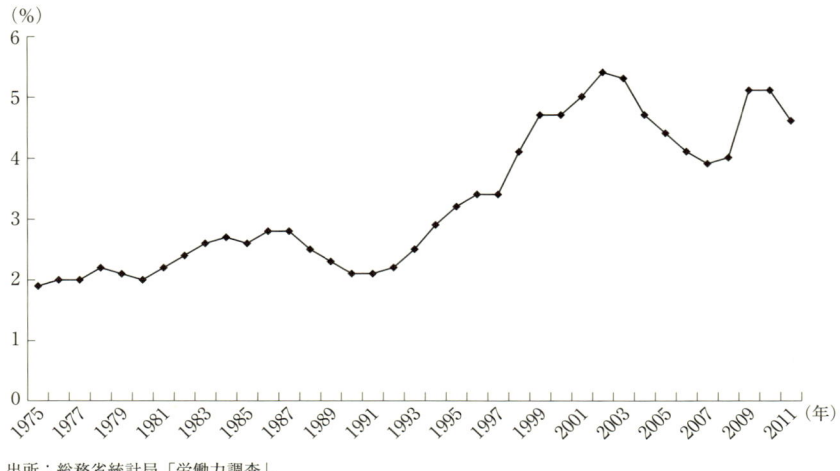

出所：総務省統計局「労働力調査」。

図 8-2　非正規雇用者割合の推移

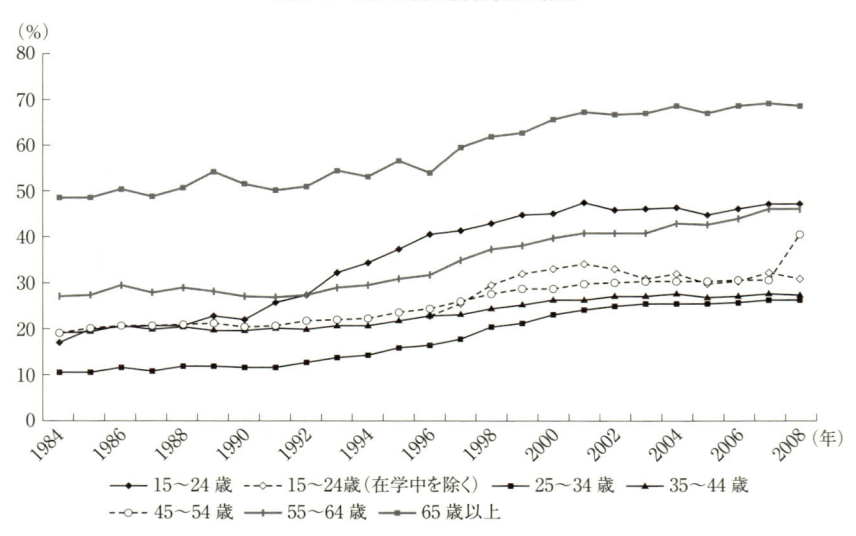

出所：総務省統計局「労働力調査」。

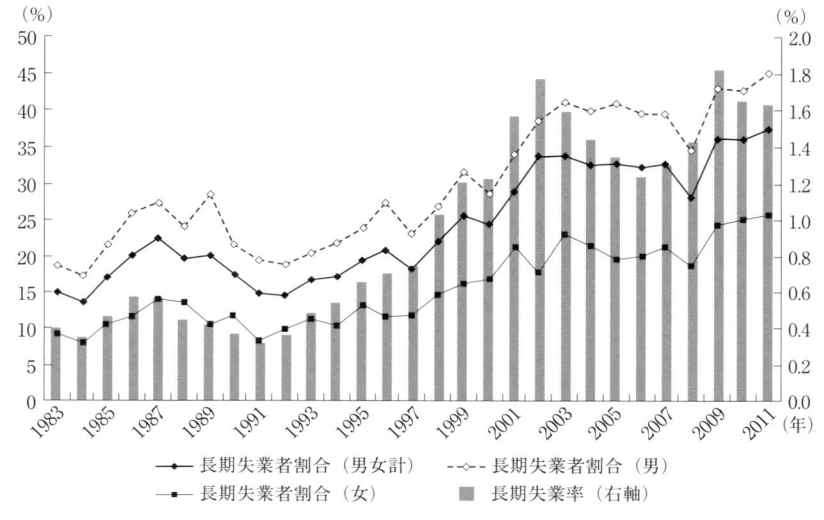

図 8-3 長期失業者割合の推移

出所：総務省統計局「労働力調査」。

済的変化から生じた新たな雇用問題に対して、支出面・財源面でどのように対応してきたのか。本章では、雇用保険制度の現状と動向を「社会保障費用統計」の雇用保険制度の決算個票のデータ等を用いて表すとともに、上記の問いに対して示唆に富む既存の研究成果の一部をまとめていく。

本章の構成は以下のとおりである。まず、第2節では、日本の雇用保険制度の仕組みを概観する。次に、第3節では失業給付について、第4節では就職支援事業について、その変遷や課題を記述する。第5節では、雇用保険二事業、特に雇用調整助成金について説明する。第6節では、雇用保険制度の財源について述べる。最後に、第7節では、本章のまとめと限界を述べて結びとする。

## 2　雇用保険制度の概略

本節では、我が国の雇用保険制度を概観する。

## (1) 給付・事業の種類と歳出

我が国の雇用保険制度は、大きく①失業等給付、②就職支援事業と、③雇用保険二事業の3つに分けることができる。①②は主として失業した際に事後的に所得保障・就職支援を行う制度、③は失業の予防、雇用機会の増大・創出、早期の再就職促進、労働者の能力の開発を図る事業主等に各種の補助金を支給する制度である。

失業等給付と雇用保険二事業は、さらに複数の種類の給付・事業から構成されている。図8-4には、その種類と2011年度の歳出額がまとめられている。

## (2) 資金の流れ

雇用保険制度の支出を賄う資金は、労働保険特別会計の雇用勘定で管理されており、主な財源は被保険者・事業主からの保険料と国庫負担である。保険料は賃金に比例して定められ、2011年度の保険料率は被保険者0.6%、事業主0.95%であった[4]。また、同年度の国庫負担率は13.75%（原則として25%）であった。雇用保険二事業は、事業主に課される保険料率0.95%のうちの0.35%分のみで賄われる[5]。これは、雇用保険事業が、事業主に起因することが多い雇用問題に対処するための補助金としての性格を帯びているためと考えられる。

失業等給付の歳出額は、景気変動などの影響によって大きく変化する。そのため、剰余金（雇用保険二事業に関する収支を除いた差額）を好況期に積立金として積み立て、不況期の財源とする仕組みが設置されている。同様に、雇用保険二事業についても、剰余金を雇用安定資金として積み立てて、財源不足の際にはここから支払いを行っている。

## (3) 適用条件

我が国の雇用保険の対象者は、原則としてすべての雇用者である。例外として、65歳に達した日以後に新たに雇用される者、週所定労働時間が20時間未満の者、継続して31日以上の雇用見込みがない者、公務員等が挙げられる。

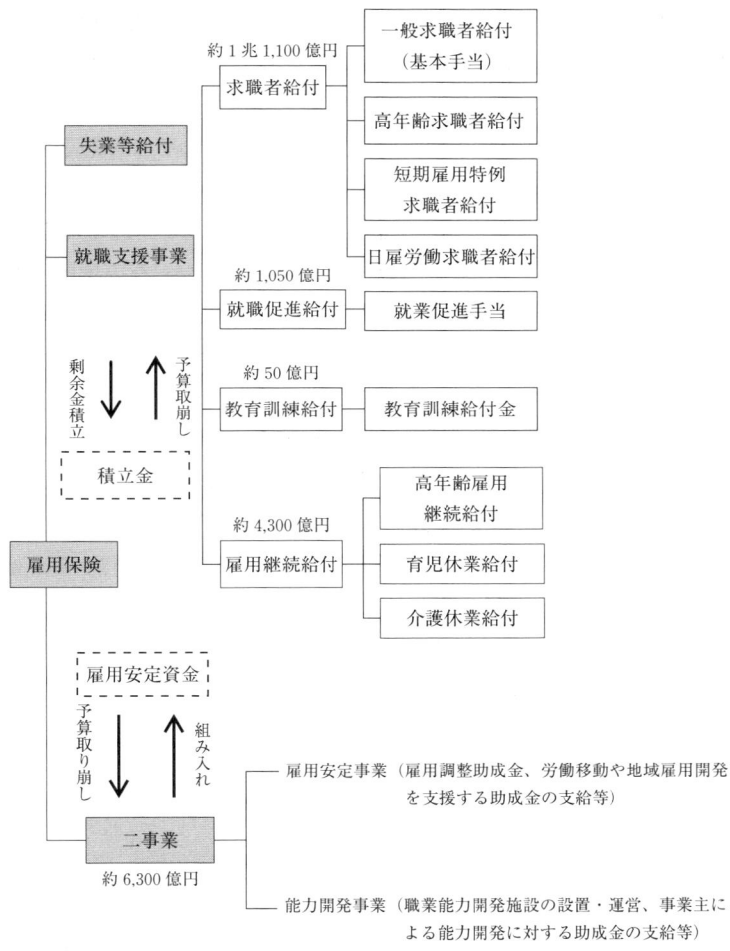

図 8-4　日本の雇用保険制度の概要

```
雇用保険 ─┬─ 失業等給付 ─┬─ 求職者給付 ─┬─ 一般求職者給付（基本手当）
         │              │  約1兆1,100億円 ├─ 高年齢求職者給付
         │              │              ├─ 短期雇用特例求職者給付
         │              │              └─ 日雇労働求職者給付
         │              ├─ 就職促進給付 ── 就業促進手当
         │              │  約1,050億円
         │              ├─ 教育訓練給付 ── 教育訓練給付金
         │              │  約50億円
         │              └─ 雇用継続給付 ─┬─ 高年齢雇用継続給付
         │                 約4,300億円   ├─ 育児休業給付
         │                              └─ 介護休業給付
         │   就職支援事業
         │   （剰余金積立↓ ↑予算取崩し）
         │   ［積立金］
         │
         └─ 二事業 ─┬─ 雇用安定事業（雇用調整助成金、労働移動や地域雇用開発
            約6,300億円│  　　　　　を支援する助成金の支給等）
                     └─ 能力開発事業（職業能力開発施設の設置・運営、事業主に
                                　　よる能力開発に対する助成金の支給等）
         ［雇用安定資金］
         （予算取り崩し↓ ↑組み入れ）
```

出所：厚生労働省『平成25年版厚生労働白書　資料編』。歳出額は社会保障費用統計の雇用保険制度の決算個票のデータから。

## 3　失業等給付

### (1)　失業給付の制度

　求職者給付と就職促進給付を合わせて失業給付と呼ぶ。求職者給付とは、

被保険者が失業した場合に生活のための手当てを一定期間支給するものである。最も一般的な給付である基本手当の総額は、2011年度で約1兆300億円にのぼり、失業等給付費全体の約60%を占めていた。基本手当の受給要件として、ハローワークに登録して就業の意思と能力を有するという認定を受けることのほか、離職前に被保険者期間が一定以上あることが必要となる。必要とされる被保険者期間は離職理由によって差が設けられている。倒産・解雇等により離職を余儀なくされた個人（特定受給資格者）および期間の定めのある労働契約が更新されなかったり、その他やむをえない理由により離職したりした個人の場合は離職前1年間に6カ月以上であり、その他の場合は離職前2年間に12カ月以上となっている。したがって、短期の不安定な雇用に従事する者や学卒未就職者はこの要件を満たさない。

　基本手当の給付日数は、①離職理由、②年齢、③被保険者期間に依存して決まる（表8-1）。非自発的な失業による離職で、年齢が高く、被保険者期間が長いほど、給付日数も長くなる。1日当たりの基本手当の額は、離職前6カ月間の平均賃金の50%から80%（60歳未満、ただし年齢別に上限が設定されている）で、賃金水準が低いほどこの率が高くなるように設定されている。なお、自己都合による離職の場合には支給開始まで3カ月間待たなければならず、また、公共職業安定所等の職業紹介を理由なしに断った場合にも給付の制限が行われる。

　求職者給付の基本手当の給付日数を3分の1以上残して「安定的な」職業（1年を超えて引き続いて雇用されることが確実であると認められる職業）に再就職した者には、就業促進給付である再就職手当が支給される[6]。2011年度時点では、支給額は、基本手当の給付日数を3分の1以上残して再就職した場合は基本手当日額（上限あり）×基本手当の支給残日数の50%、3分の2以上残して再就職した場合は同60%とされていた。同年度の再就職手当の支給人員は約36万人で、支給総額は約1,000億円であった（厚生労働省、2011）。

(2)　失業給付に内在する問題と制度改正

　上述のような適用条件・失業給付の仕組みはなぜ必要なのだろうか。本章の冒頭で述べたように、雇用保険の重要な役割の1つとして、失業に伴う所

表 8-1　失業給付日数

| 離職理由 | 年齢 | 被保険者期間 | | | | |
|---|---|---|---|---|---|---|
| | | 1年未満 | 1年以上5年未満 | 5年以上10年未満 | 10年以上20年未満 | 20年以上 |
| | | 一般被保険者 | 一般被保険者 | 一般被保険者 | 一般被保険者 | 一般被保険者 |
| 倒産・解雇による離職 | 30歳未満 | 90日 | 90日 | 120日 | 180日 | — |
| | 30歳以上35歳未満 | 90日 | 90日 | 180日 | 210日 | 240日 |
| | 35歳以上45歳未満 | 90日 | 90日 | 180日 | 240日 | 270日 |
| | 45歳以上60歳未満 | 90日 | 180日 | 240日 | 270日 | 330日 |
| | 60歳以上65歳未満 | 90日 | 150日 | 180日 | 210日 | 240日 |
| 倒産・解雇外の離職者 | 30歳未満 | | 90日 | 90日 | 120日 | 150日 |
| | 30歳以上35歳未満 | | 90日 | 90日 | 120日 | 150日 |
| | 35歳以上45歳未満 | | 90日 | 90日 | 120日 | 150日 |
| | 45歳以上60歳未満 | | 90日 | 90日 | 120日 | 150日 |
| | 60歳以上65歳未満 | | 90日 | 90日 | 120日 | 150日 |

出所：厚生労働省資料。

得喪失というリスクを加入者間で分散することがある。個人がリスク回避的であれば、このような保険の存在は社会厚生を高めるが、雇用保険を民間の保険会社が市場で供給することは困難である。保険会社が失業のリスクが高い個人と低い個人を見分けることができない場合、リスクの高い個人ばかりが保険に加入してしまうからである。このような「逆選択」による市場の失敗が、政府による雇用保険の運営に根拠を与える。

　しかしながら、雇用保険による失業給付は、失業状態にあることに対する

補助金として機能してしまうことで、比較的短期間で安易に離職したり、失業期間を長引かせるといった、モラル・ハザードを引き起こす可能性がある。こうしたモラル・ハザードを抑制するためには、リスク分散の観点からは望ましくないような適用条件・給付の仕組みを設定する必要がある[7]。

我が国で失業給付が始まって以来、経済情勢・雇用失業情勢の変化に応じて制度改正が繰り返されてきたが、これらの制度改正では、多くの場合にこのモラル・ハザードの抑制とリスク分散の間のトレード・オフがあったといえる（濱口、2010）。以下、1974 年の雇用保険法制定以降の主要な改正をいくつか取り上げ、簡単に記述する[8]。

雇用保険法の制定時（1974 年）には[9]、適用条件として週所定労働時間が通常の労働者のおおむね 4 分の 3 以上かつ 22 時間以上、年収 52 万円以上で反復継続して就労する者とすることが定められていた。こうした条件の背景には、短時間労働者や短期間労働者が離職を繰り返すというモラル・ハザードを防ぐ意図と、この条件を満たさない労働者は家計補助的な役割しか果たしていないので失業によるショックが小さいだろうという憶測があったと思われる。給付日数については、高齢者ほど再就職が困難であるという理由から、被保険者期間が 1 年以上の者については、年齢が高いほど長くなるように設定された。

雇用保険法制定後の主要な制度改正としては、たとえば 1984 年のモラル・ハザードを抑制して早期の再就職を促進するための一連の改正が挙げられる。この改正の背景には、1979 年の第 2 次オイルショックの影響で失業率が上昇し、1982 年と 1983 年に雇用保険財政が赤字になったことがある。このときの具体的な改正内容は、被保険者期間が短いほど給付日数も短くなる仕組みを設けたこと、自己都合で退職した場合に基本手当の支給開始までに待機する期間が 1 カ月から 3 カ月に延長されたこと、早期に再就職をする誘因を高めるために上述の再就職手当が創設されたことなどがある。この 1984 年の改正については、目的どおり基本手当の受給者割合（＝基本手当の受給者数÷失業者数）を低下させた可能性があることが、実証分析により示されている（酒井、2012）。

1989 年には、適用条件が一部緩和され、短時間労働被保険者というカテ

ゴリーが設けられた。しかし、同時に、モラル・ハザードを防ぐため、受給要件や給付日数は一般被保険者よりも厳しく設定された。

　金融危機が起こった1997年ごろから失業率が上昇し、雇用財政が悪化したことを背景に、2000年には、被保険者期間だけでなく、離職理由も給付日数とリンクすることになり、自己都合による離職よりも倒産・解雇等による離職のほうが給付日数が長くなるように制度改正が行われた。一方、2003年には、一般被保険者と短時間労働被保険者の給付期間が一本化され、2007年には2種類の被保険者の区別がなくなり、受給要件も一本化された。しかし、ここでもモラル・ハザードを防ぐために、自己都合による離職の場合よりも倒産・解雇等による離職の場合のほうが、必要な被保険者期間が短くなるように設定された。2009年と2010年には、さらに適用条件が緩和され、週所定労働時間が20時間以上の者、継続して31日以上の雇用見込みがある者に適用となった。

### (3)　セーフティネットとしての機能の低下

　それでは、多様な非正規労働者（短時間労働者や非常用労働者等）に対する、こうした適用面・給付面での拡大によって、失業給付はすべての労働者に十分なセーフティネットを提供するものになったのであろうか。このことについて示唆を得るために、簡単な記述統計を行う。図8-5は、横軸に失業率、縦軸に一般求職者給付総額をとり、各年の失業率と一般求職者給付総額の組み合わせを散布図にしたものである。この図から、1990年代終わりから2000年初めにかけての不況と2000年後半以降とでは、たとえ失業率が同じレベルであっても、後者のほうが一般求職者給付総額が低かったことがわかる。安易な解釈は危険であるが、この図の1つの見方として、失業率に対する失業給付の感応度が弱くなっているといえる。つまり、近年ほど、失業者に対して十分な給付がなされていない可能性があることが考えられる。

　雇用保険が担うセーフティネットとしての機能が低下したことに関する詳細な先行研究としては、酒井（2013）がある。酒井は、被用者に占める被保険者数の割合が1990年代以降緩やかに上昇しているのに対して、失業者に占める受給者の割合が一貫して低下していることを指摘している。そして、

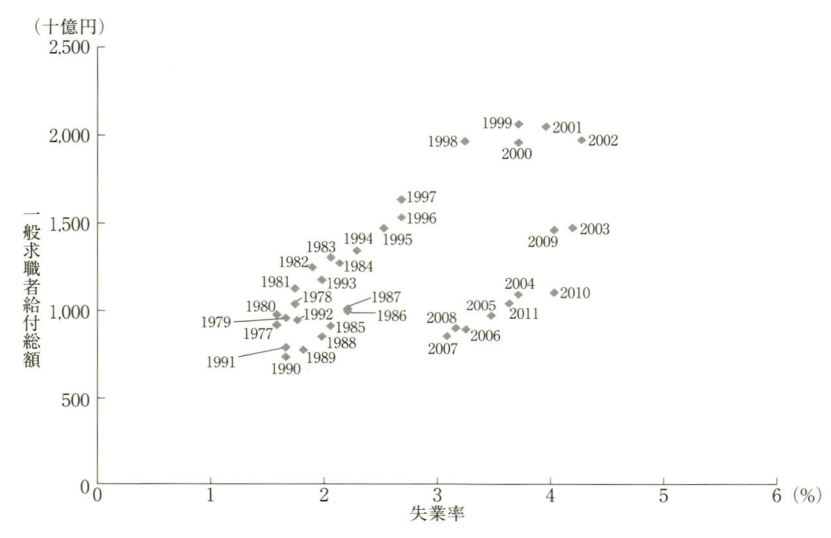

図 8-5 一般求職者給付総額と失業率

（縦軸：一般求職者給付総額（十億円）、0〜2,500。横軸：失業率（％）、0〜6）

出所：国立社会保障・人口問題研究所「社会保障費用統計」データベース。

都道府県レベルのデータを用いた実証分析により、近年の受給者割合の低下は、不安定な雇用によって、被保険者期間の受給要件を満たさない者の割合が増えていることに起因することを示している。また、酒井（2012）は、長期時系列データを用いて、やはり被保険者期間の受給要件を満たさない者の割合が増えていることと、長期失業者の割合が増えていることが、受給者割合の低下をもたらした可能性があることを示した。

### (4) その他の給付

失業等給付には、失業給付以外に、被保険者が在職しながら能力開発のための教育訓練を自費で受けたときにその費用を補助する「教育訓練給付」（1998年から）、育児・介護休業中の者あるいは定年後の 60〜64 歳の者が賃金の大幅な減少に直面した場合に賃金の一定率の補助金を与える「雇用継続給付」（高年齢雇用継続給付と育児休業給付は 1994 年から、介護休業給付は 1998 年から）がある。

教育訓練給付は個人の能力開発を目的として導入された。高齢者雇用継続給付金、育児・介護休業給付の制度は、少子高齢化を背景に、それぞれ高齢者、女性の就業を促進するために設立された。

## 4　就職支援事業[10]

前節で述べたように、従来の失業給付という枠組みでは、それを受給することのできない非正規労働者や学卒未就職者、給付日数を過ぎても就職できない長期失業者等に対して、十分なセーフティネットが提供されてこなかった。我が国の制度では、雇用保険のセーフティネットからもれた失業者が生活保護を受けることも容易ではない。申請者の資産調査が厳しく、捕捉率も低いことで知られているためである（橘木・浦川、2006）。

社会的・経済的環境の変化に伴い、既存の雇用保険制度によるセーフティネットからもれてしまう個人が増えたことを背景に、リーマン・ショック後の 2009 年に緊急人材育成支援事業（2011 年度末までの時限事業）が立ち上げられた。この事業は、雇用保険を受給する資格のない個人に対して、民間の訓練実施機関が行う職業訓練をハローワークを通じて紹介し、さらに所得制限等の条件を満たす場合に、職業訓練中の生活を保障するための訓練・生活支援給付を支給するものであった。

その後、雇用保険制度の付帯事業である就業支援事業として、2011 年度に恒久的な制度である求職者支援制度が創設された。この制度は、雇用保険を受給できない個人を対象に職業訓練を拡充し、さらに、一定の条件が満たされている場合には、訓練期間中の生活保障のための資金である職業訓練受講交付金を支給する制度である。ここでいう一定の条件とは、①収入が 8 万円以下であること、②世帯の収入が 25 万円以下であること、③世帯の金融資産が 300 万円以下であること、④現に居住する土地・建物以外に土地・建物を有していないこと、⑤訓練のすべての実施日に受講していること、⑥世帯に他に当該給付金を受給し、訓練を受講している者がいないこと、⑦過去 3 年以内に失業等給付等を不正受給していないことである。⑤は、受講者が職業訓練受講交付金だけを受け取り、実際には職業訓練を行わないというモ

ラル・ハザードを防ぐための仕組みである。また、サービスの供給者側に対しては、訓練の質の向上を図るために、就職実績が一定水準以下の場合には認定しないとしている。

「平成23年度社会保障費用統計」によると、2011年度の就業支援事業の費用は約70億円であった。厚生労働省「求職者支援制度の実績（2013）」によると、2011年に開講した求職者支援訓練の修了者等においては、訓練終了後3カ月以内の就職率が基礎コース（受講開始者数1万3,883人、修了者数1万2,411人）で73.4％、実践コース（受講開始者数3万6,875人、修了者数3万3,762人）で75.1％であった。2012年については、それぞれ80.6％（受講開始者数2万5,980人、修了者数2万3,460人）、79.2％（受講開始者数6万7,873人、修了者数6万2,423人）と報告されている。上述のようにモラル・ハザードを防ぐための仕組みが設けられているが、それがどの程度有効なのかを検証する必要がある。また、職業訓練の内容に興味がなくても生活費のために受講し、結果として有用な技術が身につかないということがないようにするためには、制度をどのように設計するべきか、今後、さらなる議論が必要になると考えられる。

## 5　雇用保険二事業

### （1）雇用保険二事業の制度

雇用保険二事業は、失業の予防、雇用機会の増大・創出、早期の再就職促進を目的とした「雇用安定事業」と、労働者の能力の開発・向上を目的とした「能力開発事業」から構成されている。双方とも、事業主に対するさまざまな助成金や奨励金の形をとる。これらの事業の多くは、失業した個人に事後的に所得保障を行う失業給付と異なり、積極的な雇用対策である。2011年度の雇用保険二事業の総額は約6,300億円であった（財務省、2011）。

雇用保険二事業の内容は、そのときどきの雇用政策を反映する。我が国では、1974年のオイルショックからバブル崩壊前までは、失業の予防による雇用の維持・安定を重視した雇用政策が取られる。その後は、雇用創出や円滑な労働移動に政策の重点がシフトし、さらに近年では若年者、女性、高齢

者、障害者などの個別グループへの対応が図られている（松淵、2005）。雇用保険二事業の種類は、これに対応して多様化してきた。ここでは、雇用保険二事業のうち、雇用安定事業に含まれる雇用調整助成金に焦点を当てる。

### (2) 雇用調整助成金

雇用調整助成金とは、雇用維持によって失業を予防するための助成金で、景気変動や産業構造の変化によって活動の縮小を余儀なくされた事業主が、雇用者を解雇せずに休業、教育訓練、出向させる場合に、休業手当等の一部を助成する制度である。設立の背景として、1974年当時、オイルショックによる大規模な雇用調整で多くの失業が発生したことを受け、失業を予防するような諸政策が求められていたことがある（大竹、2003）。

近年では、リーマン・ショック後の2008年度から2009年度にかけて、雇用調整助成金が約70億円から約6,500億円まで著しく増加した（厚生労働省、2012）。この背景には、同じ期間に休業手当の助成率、教育訓練費の支給額、支給限度日数の引き上げと、これを中小企業向けにさらに拡充した中小企業緊急雇用安定助成金の創設、生産量要件の緩和や、対象被保険者の被保険者期間要件の緩和など、相次いで支給を寛大にしていったことがある。

高い経済成長期の短期的な不況時には、雇用調整を行って景気回復時に新たな労働者を雇い入れるよりも過剰な人員を抱えるほうが合理的とされる。一方で、雇用調整が必要な構造不況期には、雇用調整助成金は構造不況業種に過剰雇用を維持する誘因を与える可能性があると批判されていた（八代、2001）。しかし、雇用調整助成金には構造不況業種の産業や同助成金を受給申請した事業所を中長期的に維持するほどの効果はなかったこと等も示されている（中馬他、2002）。2008年以降の雇用調整助成金の増加については、一定の雇用維持効果があったとされている（厚生労働省、2012）。

## 6 雇用保険制度の財源

ここまでは、雇用保険制度の動向について支出面から述べてきた。しかし、支出面での動きは、その支出を賄う財源についても新たな議論を引き起こし

ている。本節では、まず雇用保険制度の財源の推移と財源を巡る従来からの議論を概観し、近年新たに指摘されている問題点を簡単にまとめる。

### (1) 財源の推移

図8-6は、雇用保険制度の財源の推移を表したものである。保険料収入は歳入全体の約7割から8割の水準で推移している。その額は保険料率に大きく左右される。失業率の上昇による雇用保険財政の悪化に伴って、保険料率が次々と引き上げられた2001年度から2003年度には急増し、不況時にもかかわらず、「国民の負担軽減のため」として、特例的に1年だけ保険料率を引き下げた2009年度には激減している（濱口、2010）。国庫負担に関しては、歳入全体の約1割から2割の水準で推移しており、その額は国庫負担率に大きく依存する。特に2001年度には、失業率が高い水準を維持していたため、それまで低い水準に抑えられていた負担率が25%に戻され、その後数年間は国庫負担が増えている。

図8-7は積立金・雇用安定資金の推移を表している。特に2000年初めごろは雇用情勢が悪化したために、積立金、雇用安定資金双方とも取り崩しが行われていることがわかる。リーマン・ショック後は、雇用保険二事業の歳出が増えたために、雇用安定資金からの取り崩しが行われている。

### (2) 財源を巡る議論
#### 従来からの議論

雇用保険制度は本来、社会保険の原理に基づく制度である。また、雇用保険が全面適用ではなく、非正規雇用者や自営業者等への失業等給付に制限がある以上、一般会計から失業等給付に対して多大な補助を行うことには、異なる就業形態の間の公平性の点から問題がある（八代、2001）。実際、国庫負担については、そのあり方を巡って廃止を含めた議論がなされてきた（濱口、2010）。しかし、2006年3月からの労働政策審議会職業安定分科会雇用保険部会では、国にも雇用の問題に関する責任があり、雇用保険制度が安定的に運営されるために国庫負担が必要との考えから、廃止には至らなかった。代わりに2007年の雇用保険法の改正で、「当分の間」国庫負担率が本来の25%

第8章 日本の雇用保険制度と雇用政策　159

図8-6　雇用保険制度の財源の推移

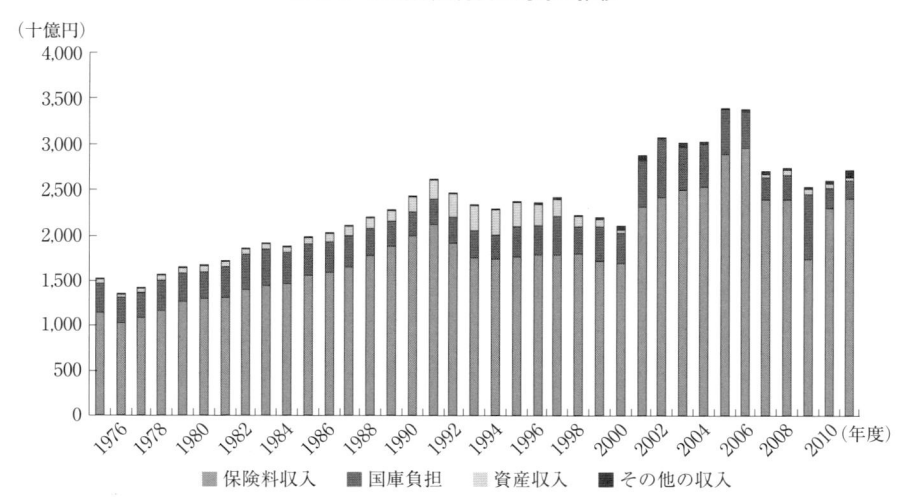

（十億円）

■ 保険料収入　■ 国庫負担　■ 資産収入　■ その他の収入

出所：国立社会保障・人口問題研究所「社会保障費用統計」データベース。

図8-7　積立金・雇用安定資金の推移

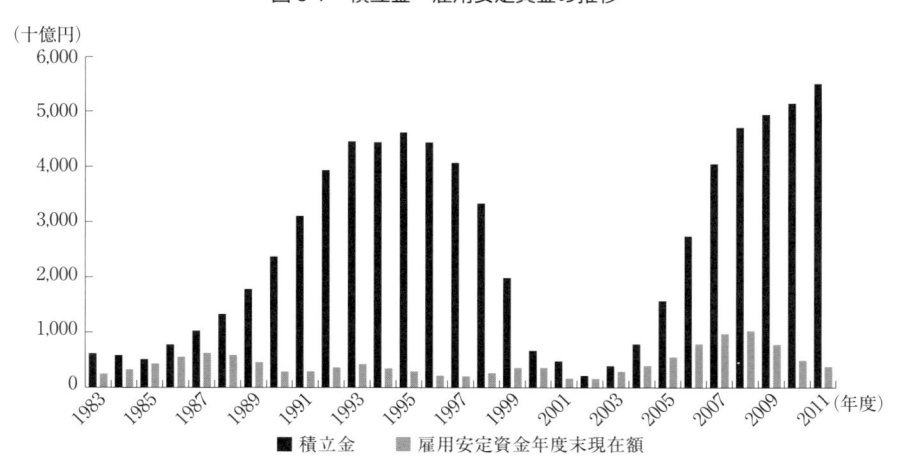

（十億円）

■ 積立金　■ 雇用安定資金年度末現在額

出所：財務省「特別会計決算書」。

からその 55% に相当する 13.75% に引き下げられることとなった（濱口、2010）。

### 求職者支援制度の財源

2011 年度から開始した求職者支援制度は、就職支援事業という雇用保険法の付帯事業として行うこととしたため、その費用は労使の保険料と国庫負担で賄うこととなった[11]。労使の保険料も財源とすることになったのは、国の財政状況が厳しいためとされている。しかし、そもそも求職者支援制度は、雇用保険のセーフティネットからもれてしまう個人も無拠出で給付を受けられる制度であることから、そこでは給付と負担の対応関係を重視する保険原理は機能せず、労使からの保険料を財源とする根拠はないと考えられる。実際、労働政策審議会職業安定分科会雇用保険部会では全額国庫負担とすることを検討すべきとの意見が出されており（厚生労働省、2013）、求職者支援制度の財源のあり方については、引き続き議論が必要とされる。

### 雇用保険二事業の財源

2008 年以降、雇用調整助成金のために支出が急増した雇用保険二事業の費用は、雇用安定資金の枯渇を防ぐために、2010 年度と 2011 年度に限り、失業等給付の積立金から借り入れてその財源とすることが定められた[12]。雇用保険二事業が事業主に課される保険料のみを財源とし、失業等給付は保険料に加えて国庫負担も財源としているにもかかわらず、前者の資金を賄うために積立金から借り入れることは、雇用保険二事業にも一般会計からの資金が使われていることを意味する。また、同一勘定内での資金の貸し借りであることから利子は付されず、返済期日も曖昧なままである。さらに、その残高は貸借対照表上には現れない。したがって、こうした財源調達法は、国民の視点からは透明性を欠いているといえる。

## 7　結びにかえて

我が国では、特にバブル崩壊以降、1990 年代から 2000 年初頭にかけて失

業率の上昇が続き、非正規雇用者や長期失業者が増加するなど、労働市場に大きな変化が起こった。しかし、雇用保険制度は、必ずしもこの変化に対応したものではなく、制度のセーフティネットとしての機能は低下していった。

2008年のリーマン・ショック以降、政府は制度の適用を受けることができずにいる失業者に対する生活保障と就職支援を行うとともに、雇用保険事業による雇用維持政策を推し進めてきた。こうして、雇用保険制度の生活保障の機能と雇用の安定の機能を同時に拡充した結果、その費用を賄うための国民の負担も増加した。しかも、その負担の財源は、必ずしも制度の目的や内容と整合的でなく、国民にとって不透明な部分もある。

国民の負担増を伴う以上、新たに実施した雇用政策の効果の評価とその公表は欠かせない。そのためには、必要なデータを収集するとともに、膨大な蓄積のある政策評価の手法に関する研究に基づいた分析を行うことが重要である（e.g., Heckman et al., 1999; 黒澤、2005；Kluve et al., 2010）。社会保障費用統計は、各種制度の歳出・歳入の決算値を集計して公表しているため、日本でどのような政策に実際にどの程度の費用をかけているのか、その財源はどのようになっているのかということの経年的な把握を可能にし、政策評価のための基礎的かつ非常に重要な情報を与えてくれる。

最後に、本章の不足点の一部を述べておく。当然のことながら、雇用の問題は多岐に及ぶため、雇用保険制度のみに注目した本章は、雇用政策のほんの一側面に焦点を当てたにすぎない。実際、社会保障費用統計のデータベースは、当初は雇用保険制度の項目（労働保険特別会計の雇用勘定で管理される）に関するデータを中心に集めていたが、次第に一般会計で賄われる雇用政策のデータも含むようになった。つまり、雇用保険制度の枠組みにとどまらない、雇用にかかわるリスクをカバーする一国全体の社会保障の姿を把握するための整備が行われている。また、今回は、日本国内の雇用保険制度の支出と財源の時系列に焦点を当てたが、基幹統計指定後の「平成22年度社会保障費用統計」からは、OECD基準集計を拡充することによって、国際比較の可能性も向上している。OECD基準では、雇用関連の社会支出は「積極的労働市場政策」と「失業」に分類されており、前者はさらに7つのカテゴリーへの支出に分けられている。2008年からは、「積極的労働市場政策」につい

ても完全に決算ベースで集計されており、たとえば若年者の失業率等、労働市場のパフォーマンスの OECD 諸国間の差異に、積極的労働市場政策を含む社会支出の差異がどのように影響をしているか等についてより精緻に分析を行うことができる。今後は、こうした社会保障費用統計の性質を生かすような分析を行っていきたい。

**注**

1) 非正規雇用とは「労働力調査」で勤め先での呼称が「パート」「アルバイト」「労働者派遣事業所の派遣社員」「契約社員」「嘱託」「その他」などの「正規の職員・従業員」以外の雇われている人を指す。
2) 本章では、(2001 年までは「労働力調査特別調査」の 2 月調査をもととして、2002 年以降は「労働力調査」をもととして) 1 年以上の完全失業者を長期失業者と呼んでいる。
3) 長期失業者の属性などの詳細は篠崎 (2004) を参照。
4) ただし、この値は一般の事業の場合であり、農林水産・清酒製造業は被保険者 0.7%、事業主 0.95%、建設業はそれぞれ 0.7%、1.15% となっている。
5) ただし、建設業は 0.45%。
6) その他就業促進給付としては、障害者や 45 歳以上の中高年齢者等の就職困難な受給資格者等が「安定的な」職業に就職した場合に、たとえ基本手当の支給残日数が足りなくても、基本手当日額×基本手当の支給残日数の一定割合を支払う常用就職支度手当、再就職先が「安定的な」職業でなくても、基本手当の支給日数を一定以上残して再就職した場合に支払われる就業手当、移転費、広域求職活動費などがある。
7) モラル・ハザードに関する近年の実証分析としては、大日 (2002)、小原 (2002、2004) などがある。
8) 以下の失業給付の制度改正に関する記述は濱口 (2010) によっている。
9) 1974 年までは、雇用保険法の前身である失業保険法が 1947 年から施行されていた。
10) この節の記述は塩田 (2011) によっている。
11) 国庫負担は原則として職業訓練受講給付金の費用の 50% を負担することとされたが、現在はこの 55% の水準に設定されており、2011 年度の就職支援事業の国庫負担は約 110 億円であった。
12) この段落の記述は松井 (2010)、藤井 (2011) によっている。

## 参考文献

Heckman, J. J., R. J. Lalonde and J. A. Smith（1999）"The Economics and Econometrics of Active Labor Market Programs," in O. Ashenfelter and D. Card eds., *Handbook of Labor Economics*, Vol. 3.

Kluve, J., D. Card, M. Fertig, M. Góra, L. Jacobi, P. Jensen, R. Leetmaa, L. Nima, E. Patacchini, S. Schaffner, C. M. Schmidt, B. Klaauw and A. Weber（2010）"Active Labor Market Policies in Europe-Performance and Perspectives." *Springer*.

阿部正浩（2005）「1990年代の日本経済と労働市場」『日本経済の環境変化と労働市場』東洋経済新報社，pp. 3-26。

小原美紀（2002）「失業者の再就職行動――失業給付制度との関係」玄田有史・中田喜文編『リストラと転職のメカニズム――労働移動の経済学』東洋経済新報社，pp. 195-210。

――――（2004）「雇用保険制度が長期失業の誘引となっている可能性」『日本労働研究雑誌』No. 528, pp. 33-48。

大竹文雄（2003）「日本の構造的失業対策」『日本労働研究雑誌』No. 516。

大日康史（2002）「失業者の再就職行動――失業給付制度との関係」玄田有史・中田喜文編『リストラと転職のメカニズム――労働移動の経済学』東洋経済新報社，pp. 175-194。

黒澤晶子（2005）「積極労働政策の評価――レビュー」『フィナンシャル・レビュー』No.77, pp. 197-220。

厚生労働省（2011）「平成23年雇用保険事業年報」。

――――（2012）「リーマン・ショック後の雇用対策の効果の検証」。

――――（2013）「平成25年版厚生労働白書」。

――――（2013）「求職者支援制度関係資料」。

財務省（2011）「平成23年度特別会計決算参照書」。

酒井正（2012）「失業手当の受給者はなぜ減ったのか」井堀利宏・金子能宏・野口晴子編『新たなリスクと社会保障――生涯を通じた支援策の構築』東京大学出版会，pp. 131-148。

――――（2013）「学卒後不安定就業の社会的コストとセーフティ・ネット」樋口美雄・財務省財務総合政策研究所編著『若年者の雇用問題を考える――就職支援・政策対応はどうあるべきか』日本経済評論社，pp. 133-157。

塩田晃司（2011）「求職者支援制度の創設に向けて――職業訓練の実施等による特定求職者の就職の支援に関する法律案」。

篠崎武久（2004）「日本の長期失業者について――時系列変化・特性・地域」『日本労働研究雑誌』No. 528, pp. 4-18。

週刊社会保障編集部編（2012）『平成24年版社会保障便利事典』法研。

橘木俊詔・浦川邦夫（2006）『日本の貧困研究』東京大学出版会。

中馬宏之・大橋勇雄・中村二朗・阿部正浩・神林龍（2002）「雇用調整助成金の政策効果

について」『日本労働研究雑誌』No. 510, pp. 55-70。
濱口桂一郎（2010）『労働政策レポート　No. 7　労働市場のセーフティネット』労働政策研究・研修機構。
藤井亮二（2011）「労働保険特別会計雇用勘定の積立金の取り崩しの課題」専修大学社会科学研究所月報、No. 580、pp. 19-36。
松井祐次郎（2010）「労働保険特別会計の改革と雇用保険制度」国立国会図書館、ISSUE BRIEF、No. 674。
松淵厚樹（2005）「戦後雇用政策の概観と 1990 年代以降の政策の転換」労働政策研究・研修機構、資料シリーズ、No. 5。
八代尚宏（2001）「雇用保険制度の再検討」猪木武徳・大竹文雄編『雇用政策の経済分析』東京大学出版会、pp. 225-257。

# 第3部　日本の社会保障制度の課題と展望

# 第9章

# 国際比較の意義と実際

勝又 幸子

## 1 はじめに

　国立社会保障・人口問題研究所が毎年集計している「社会保障費用統計」には社会支出の国際比較としてアメリカ・イギリス・ドイツ・フランス・スウェーデンの5カ国を日本と比較する資料を掲載している。

　ここで使われている社会支出とは、OECDが定めたSOCX（Social Expenditure Database）範囲とルールに基づき加盟国よりデータを収集して集計している費用統計の値を表している。比較単位を共通にするために、各国のGDP（国内総生産）額との比較で支出の規模を表している（図9-1）。また、政策分野別社会支出の構成割合を国際比較として示し、各国がどのような政策分野により多くの財政投入を行っているかがわかるようになっている（図9-2）。加えて、各政策分野別の投入額も各国間で比較できるように対GDP比率で示している。

　ここから何がわかるかというと、一義的には社会的な給付や政策に対する各国政府の財政投入の実績の違いである。歴史的に北欧諸国の社会支出は他の地域よりも多く、アメリカは最も少ない。そして、日本は長い間アメリカに次いで社会支出の少ない国だったが、2009年の集計結果ではかつて「ゆりかごから墓場まで」の社会保障制度を持っていたといわれたイギリスに迫

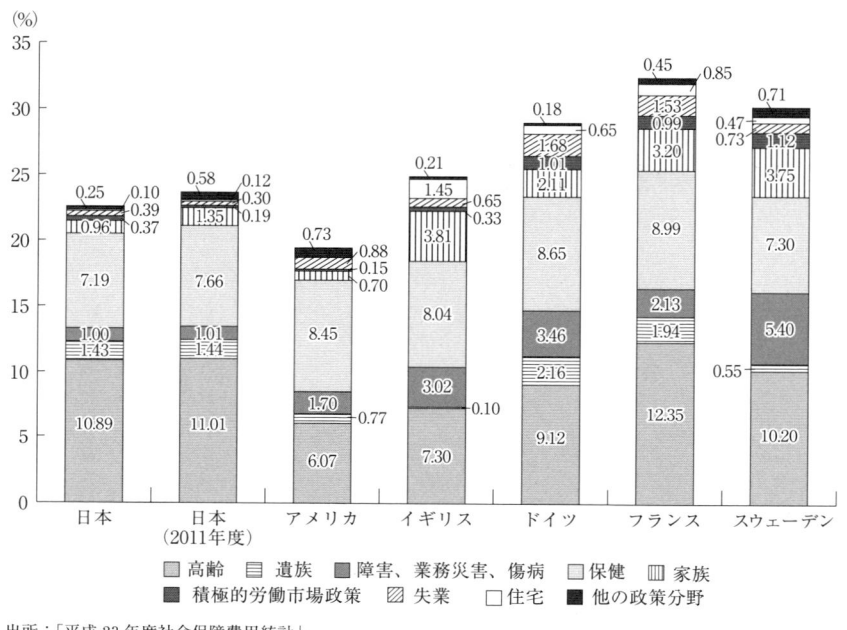

図 9-1　政策分野別社会支出の国際比較（対 GDP 比率）：2009 年度

凡例：□高齢　≡遺族　■障害、業務災害、傷病　□保健　▥家族
　　　■積極的労働市場政策　▨失業　□住宅　■他の政策分野

出所：「平成 23 年度社会保障費用統計」。

る勢いで支出が増加しているということである。2009 年のデータでは、それまでずっと OECD 諸国でトップを走ってきたスウェーデンをフランスが追い抜いたことも目新しい事実だ（図 9-1）。

　しかし、社会保障の制度や政策に詳しい読者は、このような国際比較に疑問を持つかもしれない。それは、世界共通の「社会保障」の定義がないこと、各国の社会保障政策は、個別の国の個別の事情を反映して策定され発展してきていることを知っているからだ。「いったい何を比較しているのか」という素朴な疑問が出てくるのが自然であろう。第 3 部の本章に続く第 10 章、第 11 章では OECD の社会支出統計データを使った国際比較から分析を行っていることを踏まえて、本章では社会保障費用統計を利用することの妥当性について解説をする。

　国立社会保障・人口問題研究所は OECD に対して日本の社会支出集計結

図 9-2　政策分野別社会支出の構成割合の国際比較：2009 年度

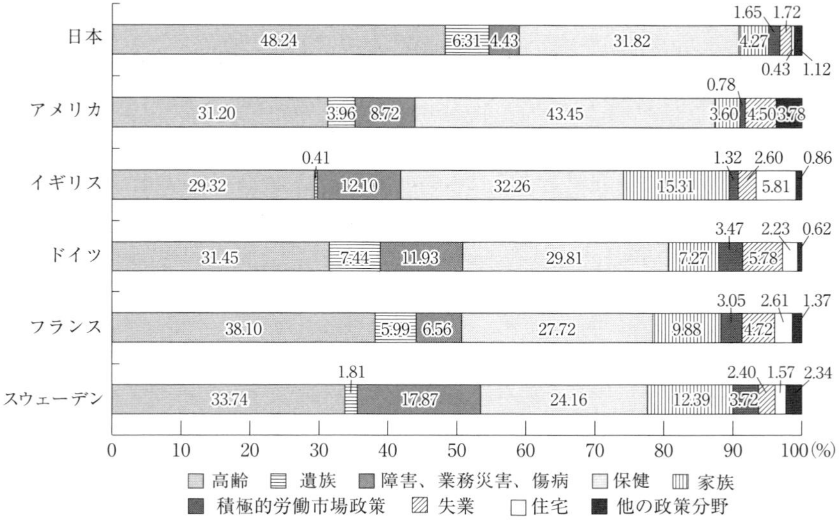
日本
48.24
6.31
4.43
31.82
4.27
1.65
1.72
0.43
1.12
アメリカ
31.20
3.96
8.72
43.45
3.60
0.78
4.50
3.78
イギリス
29.32
0.41
12.10
32.26
15.31
1.32
2.60
5.81
0.86
ドイツ
31.45
7.44
11.93
29.81
7.27
3.47
5.78
2.23
0.62
フランス
38.10
5.99
6.56
27.72
9.88
3.05
4.72
2.61
1.37
スウェーデン
33.74
1.81
17.87
24.16
12.39
3.72
2.40
1.57
2.34
0
10
20
30
40
50
60
70
80
90
100(%)
高齢
遺族
障害、業務災害、傷病
保健
家族
積極的労働市場政策
失業
住宅
他の政策分野

出所：「平成 23 年度社会保障費用統計」。

果を提供しているが、その作業を通じて現在の国際比較費用統計は国際比較に耐えられる水準に達していると考えられる。国際機関が整備した統計をうまく利用しそこからどのようなインプリケーションを導き出すことができるのかは、各研究者の総意工夫にかかっている。

## 2　社会保障費用統計の国際的展開

### (1)　初期の展開

社会保障費用統計は戦後まもなく経済学の専門家によって提案されて国際機関に採用され集計が始まっている。社会会計の研究分野で貢献してきた能勢信子氏はその著書『社会会計の構造と発展』(能勢、1999) のはしがきで次のように述べている。「社会会計論は、現実の経済構造についての『診断の理論』ないしは経済解剖学といえる。同時にまた、問題解決のための『治癒の学』ないし処方経済学のために科学的資料を提供する重要な情報科学であ

る。さらに近年には、具体的な政策目標の設定や、経済組織の生理学的研究、あるいは非市場活動領域の拡大などを背景に、『価値の理論』(ヒックス)にまで発展する状況にある」。社会保障費用統計の系譜をたぐり寄せると、第2次世界大戦で疲弊した世界にあって、社会の安定や繁栄を客観的に観察して真に平和で豊かな社会の実現を希求する社会科学者たちの意思を感じることができる。次に紹介するようにSNA(国民経済計算)も社会保障費用統計も、きわめて実践的なツールとして開発された。

経済会計の発展を体系的にまとめた能勢編著(1990)によると、国民所得の計量的研究が組織的に行われるようになったのは1930年代以降で、戦前から欧米での研究業績はあったが、SNAのもととなる経済会計の国際的標準体系が公表されたのは、第2次世界大戦が終わって5年ほど経過したころだった。SNAは欧州経済協力機構(OEEC: Organization for European Economic Co-operation)が1952年に「簡易体系」を修正および拡張して「国民勘定の標準体系」を公開したことに始まるという(能勢編著、1990：p. 17)。

一方、ILOが社会保障の費用を取りまとめることになった経緯は1949年第7回国際労働統計家会議の決議が発端となっている(社会保障研究所、1985：p. 385)[1]。SNAの整備とほぼ同時期に検討が開始されたことになる。ILOは国際労働機関として、加盟国の労働条件の整備をさまざまな勧告を出すことで進めていたが、その進捗状況を各国の財政投入の規模として観察していくことが目的の1つだった。そしてもう1つの目的が国際比較であった。

OECDのSOCXが提案された当時の文献を読むと、マクロ経済統計としてのSNAに期待して、そこから社会支出や医療支出の国際比較を行う試みもあったようだ。しかし、SNAではすでに合算された数値しか出ていないこと、またその集計は必ずしも決算の積算ではないことなどが分析に限界を与えていた。また、93SNAでは一般政府の目的別最終消費支出は社会保護として1本で集計されていたため、国際比較には不向きであった。SNAが万能マクロ経済統計でないことは周知のことだったかもしれないが、社会保障に特化した社会勘定を開発する動きにすぐにつながったわけではなかった。それは、社会保障が制度政策として各国独自の進化を遂げていたからであり、社会保障統計のパイオニアであるILO統計の当時を振り返るとよくわかる

のである。

　ILO の収支表は表側に社会保障制度を表頭に収支区分を配したマトリックスで、制度としては大きく「社会保険（Social Insurance）」と「社会扶助（Social Assistance）」とし、表頭で収入を「拠出（被保険者／事業主）」「社会保障特別税」「国庫負担」「他の公費負担」「資産収入」「他制度からの移転」「他の収入」に分類している。また、支出では、まず「給付」と「それ以外」を区別し、給付の中を「医療」「現金」に分割し、給付外を「管理費」「他制度への移転」「その他支出」に分けている。社会保障費用統計の集計表2[2)]と比べると、給付部分の区分が簡素になっている。給付を医療と現金の二分しかしていないので、医療サービス以外の介護などの対人サービスは現金に含まれている。入手可能な最も古い ILO の報告書（ILO, 1972）[3)]では国際比較を行っていて、以下のように7つの比較表を掲載している。

表1：収支が赤字か黒字かの比較
表2：対 GNP 比率の比較
表3：総消費支出に占める給付額の割合の比較
表4：社会保障財源を区分別に総人口と生産年齢人口（15歳以上64歳以下）それぞれで除した結果の比較
表5：社会保障収入総額と支出総額を総人口で除して1964年を100として指標化し1949年から1966年までの時系列の変化を各国で比較
表6：給付総額を総人口で除して1964年を100として指標化し1949年から1966年までの時系列の変化を各国で比較
表7：給付総額を制度別（社会保険、児童手当、公務員並びに軍隊、公衆衛生サービス、公的扶助、戦争犠牲者、管理費）に比較

　ILO の初期の報告書の国際比較分析は社会保障制度の整備状況を一義的にみており、受給者が総人口に占める割合などを各国間で比較していた。各国については1955年時点と、その時点から10年経過した時点との改善状況について観察するもので、ILO の勧告によって社会保障制度が普及していく状況を監視することが目的とされていた。

## (2) 新たなニーズに対応した展開

ILO では加盟国に Cost of Social Security の名のもとに、収支表への決算数値の記入を依頼することで長年社会保障費用の統計を整備してきた。ILO の調査は初めから明確な収集すべき費用の定義を示すことができたわけではなく、試行錯誤の末、独自の定義を見出したといえる。第 7 回調査の報告書には以下のように記述されている。

「社会保障の考え方は国によって異なる。ゆえに、調査の範囲を限定するために、なんらかの方法で社会保障を定義し、それによって比較可能性を確保し、同時にデータの収集の実務的な困難に対応する方法を見つけることが肝要である。前の調査では、含めるデータの収集のために社会保障の先験的な定義をつくる努力がされなかったために、論理的定義に沿ったデータを収集することはほとんど不可能であった。『一国の社会保障制度』の一部と認識される以前に、それが含まれるかどうか疑わしい制度またはサービスについては、ある判断基準を満たすかどうかを見極めることのほうが実際的だと判明した。つまりその判断基準とは、比較するために以下にしめした現行の条件を満たすものだ」(ILO, 1972)[4]。

第 18 次調査までの集計範囲は、第 2 章に詳しく説明があるが、3 つの条件（目的、位置づけ、給付主体）を満たすものを範囲とした。

ILO では、1949 年にデータ収集を始めて第 18 次国際調査の名のもとに各国からデータの収集を行った 1993 年以降、しばらくデータの収集が行われなかったが 1994 年より再び公表が再開された。再開されたといってもそれまでの収支表による収集ではなく、機能別分類というまったく異なる方法での再開だった。そこには、国際比較の新たなニーズがあったと考えられる。それは、1990 年代各国は人口構造を含む社会の変化と経済成長の変化へ対応を迫られており、そのためにはお互いの経験に学ぶ必要があったからである。さらに、欧州では EC が EU 通貨統合を目指したことが契機となり、より具体的で実用性にすぐれた統計の開発が必要になったのである。

そもそも 1970 年代から同分野の開発に力を注いだ国際機関が EU 統計局

である。EU 加盟国の代表と共同で欧州統合社会保護統計（ESSPROS）を創設し、1981 年には『統計作成方法』を刊行している。特に 1996 年に刊行された『改訂版作成方法』では、OECD や ILO との協力が言及されており、この改訂版がのちの OECD の社会支出統計、ならびに ILO の機能別分類の採用に大きな影響を与えた（国立社会保障・人口問題研究所、1998）。特に 1990 年代後半に、東欧諸国の EU 加盟により EU の拡大がもたらされたが、それは社会政策において遅れた国々が、共通市場に統合されることを意味した。佐藤（2008：p. 7）によると、1995〜1997 年のヨーロッパ委員会の中期行動計画では「社会的保護」を重視する考え方を打ち出していた。現在でも EU は EUROSTAT が毎年継続して社会保護支出の統計を取りまとめて EC（欧州委員会）に報告している。加盟国間に政策拘束力が働かない OECD とは違い EU の場合は社会保護の整備が進まない加盟国への勧告や指導が EC（欧州委員会）から行われるため、特に ESSPROS で集計される費用の定義は重要である。その後 2001 年に EC は EU15 カ国について高齢化が社会保障支出に及ぼす影響に関する研究を実施したが、その研究の基礎統計として ESS-PORS が利用されているのである（金子、2008：p. 26）。

(3) 国際統計に共通する集計枠組み

現在 3 つの国際機関がそれぞれ社会保障費用統計を作成している。共通しているのは、国によって多様な制度を規定するのではなく、リスクやニーズを分類に採用していることである。ILO の社会保障統計がそうであったように、社会保障の制度は国によってそれぞれ異なるため、制度で区分することは困難である。そこで、社会政策として取り組むべき共通のリスクやニーズを基礎とした区分（表 9-1）が採用されたのである。それは、この統計の目的と用途が社会政策の評価であることから自然なことだといえる。

(4) 給付と租税支出の統合——純社会支出

1998 年 OECD は SOCX の集計を始めたが、当初より加盟国からは公的移転支出だけを合計したのでは各国の政策の違いを反映した国際比較はできないという意見が強く出されていた。特に欧州諸国とは社会保障制度が大きく

表9-1 国際機関の費用統計の枠組み比較

| | EU | OECD | ILO |
|---|---|---|---|
| 1 | 疾病／保健医療 | 高齢 | 高齢 |
| 2 | 障害 | 遺族 | 遺族 |
| 3 | 老齢 | 障害、業務災害、傷病 | 障害 |
| 4 | 遺族 | 保健 | 労働災害 |
| 5 | 家族／育児 | 家族 | 保健医療 |
| 6 | 失業 | 積極的労働市場政策 | 家族 |
| 7 | 住宅 | 失業 | 失業 |
| 8 | 他の分類に入らない社会的排除 | 住宅 | 住宅 |
| 9 | | 他の政策分野 | 生活保護その他 |

注：それぞれ2009年時点で使われている区分を示した。OECDとILOの定義と日本における費用については、「社会保障費用統計」の巻末参考資料[5]ならびに、統計委員会に提出される「作成方法の通知」[6]を参照。

異なり、財政支出政策を重視していたアメリカからは、必ずしも直接公的な制度が支出していなくとも、租税優遇措置をもって民間支出を奨励している場合も含めるべきではないかという意見が強く出されていた。その考え方は、当時OECDの財政金融企業局が行った「租税支出」（World Bank, 2004: p. 182）の調査からも影響を受けたものといえる。すなわち、人的控除によって納税額が少なくなったり、税金の還付があったりする場合に、それは社会的な支出と同等の価値があるという主張である。

OECDはこれまで4編のペーパーで純社会支出（net social expenditure）の議論を重ねてきている（Ademe et al., 1996; Adema, 1999, 2001; Adema and Ladaique, 2005）。租税支出の議論はアメリカやオーストラリアなどが関心を寄せ、間接税の徴収税還流[7]については欧州諸国とりわけ間接税率の高い北欧諸国の関心が強い。

さて、OECD統計では他の2つの費用にはない費用の範囲を三層構造で表している。社会保障費用統計の集計表1で表示している範囲は公的社会支出と義務的私的社会支出の合計である。しかし、これに加えて任意私的社会支出がある。定義についての詳細は「翻訳版；純社会支出 第2版」（国立社会保障・人口問題研究所、2003）にまとめられているが、簡便な表現で説明する

と、公的支出は主体が国や地方自治体、社会保険などの公的機関であり、義務的私的社会支出は必ずしも支出主体が公的な機関でなくとも、その支出が法律によって強制されていたり、その給付を受ける者が同様の公的制度への加入を免除されていたりする場合、きわめて公的な制度の代替的な役割を担っている制度の支出を表している。社会的支出は「所得再分配」機能を果たす政策における支出と位置づけられているので、公的支出が中核をなすが、公的支出を補完する「義務的私的支出」があり、租税政策による民間支出奨励などによる「任意私的社会支出」があると位置づけている。前者と後者はともに公的支出を補う役割を担っているが、強制力の違いで区別している。たとえば、前者は法的な位置づけがはっきりしており、イギリスにおける企業年金のコントラクトアウト（適用除外）などのような、公的年金への強制加入が免除となるような制度の支出を、後者は税制上の優遇措置はあるがその加入そのものは任意であるような企業年金などの支出である。アメリカにおける被用者の医療保険については、後者に計上されている。また、純支出の考え方としては、消費税など間接税による税の環流も考慮されている。現金給付は、それを消費に充てるときに、その一部が間接税として国家に戻っていくという考え方で、その環流部分は純支出の合計から控除される（図9-3）。

　OECD Family Databaseでは、家族社会支出の加盟国比較を掲載している。図9-4に税制優遇措置を加えた総額をOECD諸国で比較している。

　「家族／税制優遇措置」部分が上乗せ部分であり、フランスにおいて大きくなっている。フランスでは課税ベースを世帯員数で按分するため、多子世帯の課税ベースが小さくなり、免税になる仕組みを採用している。日本も扶養控除があるため家族対象の租税支出がある。一方スウェーデンやデンマークなど、税率が高い国々では税制優遇措置がない国もある。日本は、医療や福祉サービスは非課税であり、年金にしても老齢や退職年金に低率で課税されているだけで社会保障給付は原則非課税である。一方総合課税の考え方が徹底している国々では、たとえ手当であっても、現金で給付される場合はそれを課税所得に積算して課税するところもある。

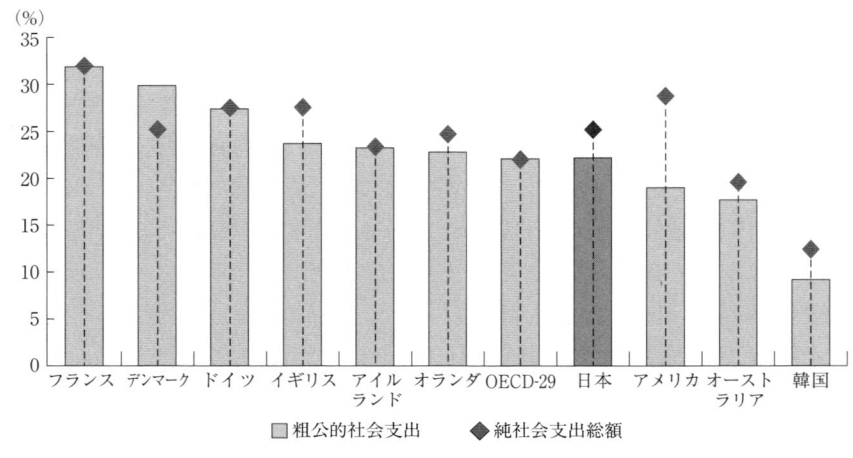

図9-3 総支出と純支出の比較（対GDP比率）：2009年

凡例：□ 粗公的社会支出　◆ 純社会支出総額

出所：Adema (2012).

## 3 OECD SOCX の利用実例

　SOCX は、さまざまな OECD の報告書に利用されているが、SOCX のデータだけを使って書かれているのは、OECD の担当者が寄稿しているワーキングペーパーである。以下では、OECD 刊行物を中心に利用実例を紹介する。

　2005 年 OECD が刊行した社会政策の効果についてまとめた刊行物（OECD, 2005）において、長期社会支出の動向と 1990 年代以降の所得格差の拡大など、あらたな社会政策への示唆をまとめている[8]。そのなかで、SOCX の 1980 年から 2001 年までの動向をグラフで示し、加盟国の社会支出の動向を次のように解説している。

　「OECD Social Expenditure Database の統計によれば、社会的目的のための公共支出は増加している。OECD 加盟国 21 カ国の（税引前の）公的社会支出の総額は、1960 年から 1980 年までの 20 年間にほぼ倍増した。その後も増加の割合は下がったものの増加を続け、1993 年には GDP に占める割合として最高値の平均 23% に達した。それ以後は、平均で 1.5 ポイン

第9章 国際比較の意義と実際 177

図9-4 公的家族支出（現金と現物）税制優遇措置（対GDP比率）：2009年

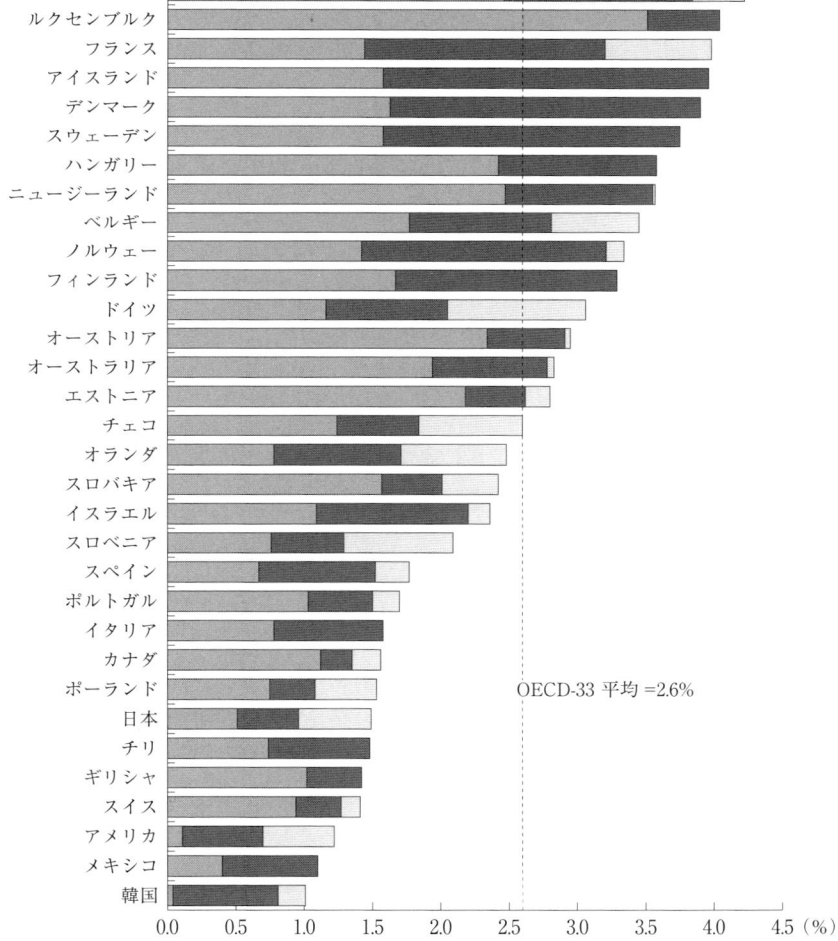

| 国 | 値 |
|---|---|
| アイルランド | |
| イギリス | |
| ルクセンブルク | |
| フランス | |
| アイスランド | |
| デンマーク | |
| スウェーデン | |
| ハンガリー | |
| ニュージーランド | |
| ベルギー | |
| ノルウェー | |
| フィンランド | |
| ドイツ | |
| オーストリア | |
| オーストラリア | |
| エストニア | |
| チェコ | |
| オランダ | |
| スロバキア | |
| イスラエル | |
| スロベニア | |
| スペイン | |
| ポルトガル | |
| イタリア | |
| カナダ | |
| ポーランド | |
| 日本 | |
| チリ | |
| ギリシャ | |
| スイス | |
| アメリカ | |
| メキシコ | |
| 韓国 | |

OECD-33 平均=2.6%

凡例：■現金　■現物　□家族／税制優遇措置

出所：Social Expenditure Database（www.oecd.org/els/social/expenditure），Novermber 2012（PF1.1.A）．
OECD Family database（http://www.oecd.org/social/soc/oecdfamilydatabase.htm）．

ト減少しており、この減少はすべて、保健関連以外の支出の削減によるものである」(OECD, 2005：p. 61, Figure 4-3)。

2008 年 OECD が刊行した仕事と家庭の両立政策に関する刊行物 (OECD, 2008) において、以下のように解説している。

「1980 年から 2003 年まで家族給付が多くの OECD 加盟国で増加している。家族社会支出 (税引前の) は 1980 年に対 GDP 比率 2.2% だったものが 2003 年には 2.2% になった。2003 年で 3% を超えている国は、オーストラリア、オーストリア、デンマーク、フランス、ノルウェー、スウェーデンで、加盟国で 4% を超えて最高はルクセンブルクだった」(OECD, 2008: p. 18)。

2009 年 OECD が刊行した、『子どもの福祉を改善する』(OECD, 2009) によれば、一般に、年少の子どもより年長の子どもへの支出額が多い。2003 年の OECD 諸国平均では、18 歳になるまでの子どもに約 12 万 6,000 ドルが支出されている。支出額は子ども期の前期 (0〜5 歳) には 3 万ドル (24%) であるが、中期 (6〜11 歳) には 4 万 5,000 ドル (36%) へと増加し、後期 (12〜17 歳) には 5 万 1,000 ドル (41%) へとさらに増加する。国による支出額の差の大半は子ども期の初期に生じている。この差は、育児休業や初期の子ども教育に対して各国がさまざまな異なるアプローチを採用していることを反映したものである。この分析に SOCX が主なデータ源として明示されている (OECD, 2009: p. 70)[9]。

2011 年 OECD 雇用・移民ワーキングペーパー No.124 として刊行された "Is the European Welfare State Really More Expensive?" (Adema et al. 2011) では、1980 年から 2112 年の社会支出の動向をまとめている。このペーパーの基礎となっている SOCX データは 2009 年が最新年度であるため、ここでは各国が公表している 2012 年までの将来推計値も使っているが、日本のようにそのような推計値を公表していない国は 2009 年までの動向となっている。2008 年の世界金融危機 (リーマン・ショック) をはさんで、2009 年に各国で

社会支出が大きく増加したことが紹介されている。また、1990年から2007年の間を観察すると、OECD平均では公的社会支出が実質GDPの伸びを上回って増加してきた事実に加えて、日本の場合この間に実質GDPがなかなか伸びなかったのとは対象的に公的社会支出は1990年11.3%だったのに対して2007年には18.7%となり大きく増加したことが紹介されている[10]。

## 4　社会保障統計の利用上の留意点

　現在の社会保障統計は、前出の表9-1でわかるように、それぞれ共通点の多い区分で表すようになっている。しかし、それぞれが含む費用の範囲は必ずしも共通ではないことに留意する必要がある。加えて、同一の国際基準、たとえばOECDのSOCXであっても、政策分野別支出を加盟国の間の、たとえば高齢社会支出の現金給付のうちの年金というような細かなレベルで比較するときには注意が必要である。それは各国の制度の違いにより必ずしも同じ範囲の給付が計上されているとは限らないからである。

　日本では障害認定を受けて障害年金の受給者となると、年齢にかかわらず障害年金を受給することになるが、諸外国たとえばフランスなどでは老齢年金の受給開始年齢になると障害年金受給者は老齢年金に切り替えられるので、集計上は高齢社会支出の年金支出に含まれるようになる。つまり障害年金を各国で比べる場合にはそこに年齢的な制約があることを踏まえる必要がある。同様に介護サービスは、日本の場合は介護保険で基本65歳以上の高齢者に介護サービスを提供するため、高齢社会支出の現物の介護、ホームヘルプサービスに計上されている。しかし、ドイツの介護保険は年齢の制限がないため、障害社会支出の現物の介護、ホームヘルプサービスに計上されるのである。また、アメリカではかつてAFDCという母子家庭などに給付された現金給付があったが、TANIFという就労を条件にする制度に変更になったのちには家族社会支出の現金給付から、積極的労働市場政策社会支出の現物給付に計上場所が変更になった。

　このように、各国の社会支出を細かなレベルで、それも時系列で比較しようとするときには、制度の変更や費用の計上のしかたの違いに留意すること

が必要である。したがって、特に社会支出統計の国際比較は、総計など大きなレベルでは問題はあまりないが、費用の詳細なレベルについては各国のデータの性格や各国の制度の特徴を知っておく必要がある。

　各国の制度改革の動向を踏まえて、政策分野別に支出の増減を観察すること自体に問題であるわけではない。ただ、政策分野はそれぞれが独立しているわけではなく、相互に補完する関係にあることが多いことを覚えておくべきであろう。

## 5　結語

　失業率が高い国で失業給付が大きいわけでは必ずしもない。それは、給付設計やその給付にあずかれる受給者の範囲の違いが支出の規模に影響を与えるからである。求職者に対する給付が従前所得のどのくらいを補完するかは各国の制度によって異なるうえ、受給期間の長短もさまざまである。また、日本のように非正規就労者の一部しか雇用保険に加入していないところでは失業しても給付は受けられない。だから、給付の多寡はニーズの多寡をストレートに表すものではないのである。

　社会保障費用統計では現金給付と現物給付を分けて表している。現金給付は所得保障の性格の強い給付である。一方、現物給付はサービスを直接人々に給付するようになっている。典型が保健社会支出だが、他にも保育所デイケアや、高齢者や障害者の在宅ケアもサービスである。社会保障の分野のサービスはなかなか市場経済の自由競争では収益が上がらず活動が継続できないものも多い。採算が合わないもの、ニーズはあっても需要が市場で調達するほど大きくないものなどがあるからである。現金を給付して自由にサービスを買えばいいというアメリカのような考え方もあるが、もし買うことのできるサービスが不足していたり、あっても質が悪かったりすれば、人々は必要を満たすことができないのである。そこで、サービスそのものの調達が人々の厚生水準に直接影響を与える、医療や福祉サービスについては「現物給付」が望ましいとされている。少子高齢社会になり、そのようなサービスのニーズは各国で確実に増加している。また、現金と現物は、制度設計にお

いて前者は中央政府が、後者は地方政府が担うことが多い。特に福祉サービスは供給地である自治体にその監督責任がある場合が一般的である。日本については特に課題となっている地方自治体によるサービス供給の実態を把握する必要はここにある。欧州諸国ではあまり問題にならないようだが、連邦国家であるアメリカや、中央集権が強い韓国などでは日本と同じように地方政府の支出を把握する困難さがあると言われる。「社会保障費用統計」をより正確なものとしていく努力は、利用者というよりデータ作成者に責任がある。安心してデータが利用できるように日々更新していくことが望まれる。

## 注

1) 同会議ではILOに対して継続して統計の収集を行うことを奨励していくことが決議され、1950年3月のILO理事会(第111回)で正式に承認された。その結果1949年から加盟国に対して3年ごとにデータの提供を求めることとなった。
2) 国立社会保障・人口問題研究所「社会保障費用統計」集計表2社会保障給付費収支表、参照。
3) OECD Fiscal Affairs Committeeが1996年に加盟14カ国について租税支出の量的国際比較を実施したのが初めての国際比較調査である。
4) ILO(1972)資料から抜粋して拙訳。
5) OECDは政策分野別社会支出の項目説明の表を、ILOは機能別社会保障給付費の項目説明を参照。
6) 国立社会保障・人口問題研究所ホームページ「社会保障費用統計」から最新情報にリンクがある。
7) 消費税などの間接税率が高い国では、給付された現金が消費を通じて再び徴税され戻っていくという現象を表す。
8) Scherer(1994)では、1960年代から1990年までの長期動向を分析している。
9) "The main data source for the age-spending profiles is the OECD Social Expenditure database (SOCX), which lists family programmes and information on active labour market policies for youth."
10) Adema et al.(2011) p. 12, Chart1.2参照。

## 参考文献

Adema, W. (1999) "Net Social Expenditure," *Labour Market and Social Policy Occasional Papers*, No. 39, OECD.

──── (2001) "NET SOCIAL EXPENDITURE, 2ND EDITION," *LABOUR MARKET AND SOCIAL POLICY-OCCASIONAL PAPERS*, No. 52, OECD.

──── (2012) "OECD Social Expenditure database (2012 edition)," presented at *IPSS Foreign Scholar Lecture Series*, November 19, 2012.

Adema, W., M. Einerhand, B. Eklind, J. Lotz and M. Pearson (1996) "NET PUBLIC SOCIAL EXPENDITURE," *LABOUR MARKET AND SOCIAL POLICY OCCASIONAL PAPERS*, No. 19, OECD.

Adema, W. and M. Ladaique (2005) "Net Social Expenditure, 2005 Edition More comprehensive measures of social support," OECD Social, *Employment and Migration Working Papers*, No. 29

──── (2009) "How Expensive is the Welfare State?: Gross and Net Indicators in the OECD Social Expenditure Database (SOCX)," OECD Social, *Employment and Migration Working Papers*, No. 92.

Adema, W., P. Fron and M. Ladaique (2011) "Is the European Welfare State Really More Expensive?: Indicators on Social Spending, 1980–2012; and a Manual to the OECD Social Expenditure Database (SOCX)," OECD Social, *Employment and Migration Working Papers*, No. 124.

ILO (1972) *The Cost of Social Security, Seventh International inquiry, 1964–66 with a supplement on the scope of social security schemes*.

OECD (2005) *Extending Opportunities: How Active Social Policy Can Benefit Us All*.（邦題「機会拡大：積極的な社会政策は、いかに我々の役に立つか」）

──── (2008) *Babies and Bosses: Balancing Work and Family Life*.

──── (2009) *Doing Better for Children*.（日本語版『子どもの福祉を改善する』明石書店（2011））

Scherer, P. (1994) "Trends in Social Protection Programs and Expenditures in the 1980s," M BER book, *Social Protection versus Economic Flexibility*: Is There a Trade-Off?, pp. 43–58.

World Bank (2004) *Tax Expenditures Shedding Light on Government Spending Through the Tax System*, Hana Polackova Brixi, Christian M. A. Valenduc, Zhicheng Li Swift, editors.

金子能宏（2008）「拡大 EU の社会保障支出の将来推計──EU における高齢化の社会保障支出に及ぼす影響に関する研究の展開」『海外社会保障研究』No. 165。

佐藤進（2008）「EU 拡大下の EU 社会政策の意義と課題」『海外社会保障研究』No. 165。

国立社会保障・人口問題研究所（1998）『ESSPROS マニュアル 1996 年版』(*EUROSTAT ESSPROS MANUAL 1996* の翻訳版）研究所のホームページに PDF 版公開。http://www.ipss.go.jp/s-info/j/shiryou/ESSPROS.pdf

──── (2003)「翻訳版；純社会支出 第 2 版」厚生労働省科学研究費補助金政策科学推進研究事業『実質社会保障支出に関する研究──国際比較の視点から』平成 13

　　　　年度総括研究報告書。
社会保障研究所（1985）「社会保障費の推計と動向」『季刊社会保障研究』第20巻第4号。
能勢信子編著（1900）『経済会計の発展——会計思考の新展開』同文舘。
能勢信子（1999）『社会会計の構造と発展』六甲出版。

第 10 章

# 先進国における高齢化と社会支出の動向
――収斂と多様化

伊藤　善典

## 1　はじめに

　先進国における年金や介護などの高齢関係社会支出（OECD SOCX の分類による Old Age）は、すべての国で一様に増加しているわけではない。公的社会支出の GDP 比の動きをみると、1990 年代以降、日本の増加が著しいが、南欧グループの増加も目立つ（図 10-1）。2009 年には各グループとも GDP 比が急増したが、社会支出が増加したというより、経済財政危機によって各国が軒並みマイナス成長を記録したためである。しかし、今回の欧州での一連の危機は、各国の制度改革を加速することになった。2007 年以降、ほとんどの OECD 加盟国で実質社会支出が増加したが、危機に直面したギリシャ、アイルランドなどの国々では減少した（Adema et al., 2011: p. 12）。

　高齢関係社会支出の増加要因の 1 つは、高齢化である。1980 年代以降の各グループの高齢化率（人口全体に占める 65 歳以上人口の割合）をみると、日本に次いで南欧の増加が大きく、高齢関係社会支出の伸びにも反映されている。高齢化が緩やかに進行している北・西・中欧やアメリカでは、支出は横ばいである。ただし、東欧では、高齢化が急速に進んでいるにもかかわらず、経済体制移行期を除けば、ほとんど増加していない。

　SOCX では、高齢関係社会支出は現金給付と現物給付に区分される[1]。前

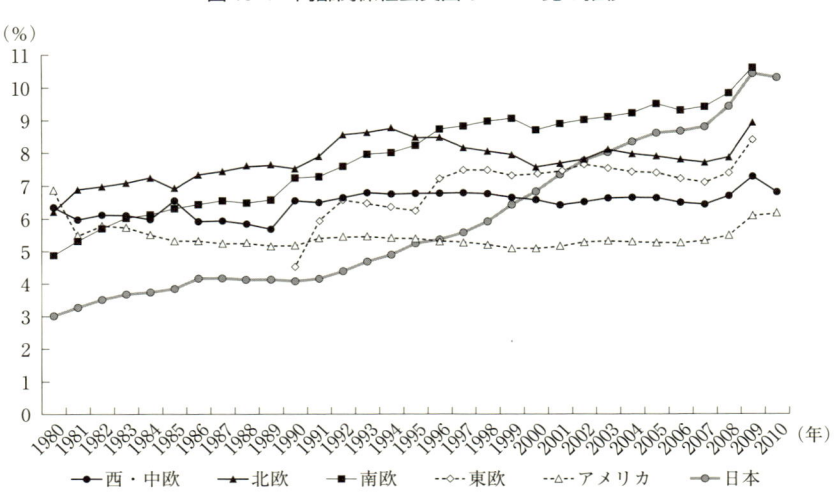

図10-1 高齢関係社会支出の GDP 比の推移

注：「西・中欧」はアイルランド、イギリス、オーストリア、オランダ、ドイツ、フランス、ベルギー、ルクセンブルク、「北欧」はスウェーデン、デンマーク、ノルウェー、フィンランド、「南欧」はイタリア、ギリシャ、スペイン、ポルトガル、「東欧」はエストニア、スロバキア、スロベニア、チェコ、ハンガリー、ポーランド。
出所：OECD SOCX により筆者作成。

者は老齢年金、早期退職年金、その他の現金給付に分かれ、後者は高齢者介護サービスとその他の福祉サービスに分かれる。老齢年金は、標準的な支給開始年齢に達するか、必要な保険料拠出期間を満たしたときに支給されるものであり、早期退職年金は、標準的な支給開始年齢に到達する前に支払われるものである。また、高齢者介護サービスには、施設介護、居宅介護等の現物給付が含まれ、高齢者介護のための現金給付は、その他の現金給付に含まれる。

　別の切り口からみれば、高齢関係社会支出は、公的支出、義務的私的支出と任意私的支出に分けられる。私的支出のほとんどは、年金である。一般政府から提供されるもの以外はすべて私的となるが、加入が義務的・強制的である場合や所得再分配の要素がある場合、その支出は社会的となる。税制上の優遇がある確定拠出年金の場合、加入は任意であるが、加入が望ましいとの政策判断があるため、社会的とされる。保険数理的に公平な年金保険を生

表 10-1　高齢関係社会支出の GDP 比と高齢化率との関係

|  | 1980 年 | 1985 年 | 1990 年 | 1995 年 | 2000 年 | 2007 年 |
| --- | --- | --- | --- | --- | --- | --- |
| 公的老齢年金 | 5.13 | 5.61 | 5.60 | 5.99 | 5.87 | 6.16 |
| （％） | (0.304) | (0.103) | (0.164) | (0.399) | (0.551) | (0.569) |
| 任意私的年金 | — | — | — | 1.24 | 1.42 | 1.45 |
| （％） |  |  |  | (0.001) | (0.012) | (0.040) |
| 介護サービス | — | — | — | 0.76 | 0.82 | 0.84 |
| （％） |  |  |  | (0.085) | (0.007) | (0.003) |

注 1：数値は各社会支出の GDP 比。（　）内は、それらを高齢化率に回帰した場合の決定係数。
　2：高齢化率と公的老齢年金支出との間の相関係数は、1980 年および 1995～2007 年において 1％ 水準で有意であるが、その他の支出の場合には、5％ 水準でも有意でない。
　3：公的老齢年金の支出は 21 カ国、任意私的年金は 23 カ国、介護サービスは 18 カ国について算出。
　4：介護サービスは、「高齢」と「障害関係給付」の施設・居宅サービスの計。
出所：OECD SOCX により筆者作成。

命保険会社と市場価格で契約する場合、社会的とはみなされない。

　このような分類を踏まえ、高齢関係社会支出と高齢化との関係をみてみよう。表 10-1 は、OECD 加盟国の公的老齢年金、任意私的年金と介護サービス（高齢・障害関係の施設・居宅サービス）について高齢化率との関係を示したものである。それぞれ GDP 比は増加してきたが、高齢化率との関係は異なる。まず、高齢関係社会支出の大きな部分を占める老齢年金をみると、高齢化率に単純回帰した場合における決定係数は、1980 年代にかなり小さくなったが、1990 年代から増加に転じ、2007 年には 0.57 になった。これは、各国の支出の差の 6 割を高齢化率の違いで説明できるようになった（高齢化以外の要因で説明される支出差は 4 割に減った）ことを意味する。他方、任意私的年金支出や介護サービスの決定係数は非常に小さく、各国の支出差は高齢化率では説明できない。高齢化が進んでいる国のほうが年金や介護の支出が大きいというのがわれわれの通常の理解であるが、これと異なる状況がみられる。公的年金の制度は収斂しつつある一方、任意私的年金や介護サービスの制度は拡散しているということなのだろうか。

　本章は、年金と高齢者介護を中心に、OECD 諸国の社会支出の動向とその要因・背景を分析し、今後の政策の方向について示唆を得ることを目的とする。

分析に当たっては、各国の高齢関係社会支出全体の方向性を確認するとともに、年金については義務的年金（公的年金、義務的私的年金）と任意私的年金に、介護についても現物給付（サービス）と現金給付に分け、それぞれの動向を把握する。公的年金や現物給付を手厚く提供する国は政府の責任を重視し、任意私的年金や現金給付が中心の国は個人の責任を重視しているとみなすことができるが、政府の役割に対する考え方の違いは社会支出の水準や内容に影響を与えている。

　また、分析の際には、本書のテーマを踏まえ、可能な限り SOCX のデータを使用する。ただし、介護については、高齢者と障害者を区別せず同じ制度・サービスの対象とする国が多いため（たとえば、ドイツの介護保険）、高齢者分も含めて障害、業務災害、傷病関係社会支出（Incapacity Related Benefits）に計上している国が多いと考えられる[2]。また、介護には、家事援助や身体介助のほか、医療的なサービスが含まれるが、これに該当するものは保健関係社会支出（Health）に含まれる場合もあると推測される。日本では、高齢化に対する関心が高く、介護保険も基本的には高齢者が対象であるが、諸外国では、障害者の介護を含む長期介護（Long-term Care）として把握されるのが通常である。日本の介護保険の支出は、すべて高齢関係社会支出に計上されているが、国際的には高齢者に特化したデータは少ない。このため、ここでは、SOCX 以外の長期介護のデータも使用するが、長期介護支出の大半は高齢者分であるので、高齢関係社会支出を分析するという本章の目的から外れることはないであろう。以下において、「長期介護」は単に「介護」という。

　なお、保健関係社会支出については、どこの国でも高齢化に伴い増加する傾向がみられるが、年金ほど高齢化率との相関は大きくない。むしろ技術進歩や所得増といった要因が大きい。また、日本のように高齢者だけを区別して医療制度を構築している国は稀であり、比較可能なデータもないため、本章では取り上げていない。

## 2 年金制度

### (1) 年金制度の体系

老齢年金のGDP比は、日本のほか、南・中・東欧で高く、欧州以外の国では低い。この違いは、高齢化の程度にもよるが、そもそも制度体系が大きく異なるためである。公的年金制度は、一般的には、ビスマルク型とベヴァリッジ型に分類される。ビスマルク型は、エスピン－アンデルセンのいう保守主義的福祉国家（中・南欧等）や東欧諸国で採用されているが、これらの国では、社会保険が社会支出の中心であり、コーポラティズムが特徴である。理念型としてのビスマルク型の年金制度は、報酬比例年金である。他方、ベヴァリッジ型の典型は、現役時の報酬とは無関係な定額の基礎年金であり、拠出制の場合と非拠出制の場合がある。自由主義的福祉国家（英語圏諸国等）で多く採用されている。しかし、今日では、各国ともさまざまな要素を組み合わせて全体の制度を構築しており、制度体系のみで分類を行うことは難しくなった[3]。

両者の違いは、年金制度を通じた世代内の所得再分配の程度にみることができ（Disney, 2004: p. 285; Conde-Ruiz and Profeta, 2007: p. 688）、具体的には、現役時代に高収入であった者と低収入であった者のネット所得代替率（税や社会保険料が賦課された後の年金額の従前所得に対する割合）の違いから比較することが可能である。平均的な所得代替率は、南・中・東欧で高く、英語圏や日本などで低いが、低所得者の所得代替率については、貧困防止の観点から平均所得者よりも高く設定している国が多い。表10-2は、所得再分配の程度により、便宜的に30のOECD加盟国を10カ国ずつに分け、その特徴を示したものである。具体的には、公的年金のネット所得代替率について、低所得（平均の0.5倍）であった者の高所得（平均の1.5倍）であった者に対する比率を計算し、左から低い順、すなわち所得再分配の程度が低い順に並べている。したがって、表の左側のグループ（比率が1倍前後）をビスマルク的、右側のグループ（比率が2～11倍）をベヴァリッジ的と位置づけることができる。日本は、ほぼ真ん中に位置する[4]。

OECDによれば、年金制度の体系は、3つの階（tier）に区分される。1階

表10-2 OECD加盟国の年金制度

| | ←ビスマルク的 | | | | | | | | | | | 中間 | | | | | | | ベヴァリッジ的→ | | | | | | | |
|---|---|---|---|---|---|---|---|---|---|---|---|---|---|---|---|---|---|---|---|---|---|---|---|---|---|---|
| | スロバキア | ハンガリー | スペイン | ドイツ | イタリア | ポーランド | ギリシャ | オーストリア | フィンランド | ルクセンブルク | アメリカ | 日本 | ベルギー | スウェーデン | エストニア | 韓国 | チェコ | カナダ | イギリス | スイス | アイルランド | ニュージーランド | デンマーク | オランダ | オーストラリア | アイスランド |
| 公的年金のネット所得代替率(平均所得者)(%) | | | | | 70 | | | | | | | | | 52 | | | | | | | | | | 36 | | |
| 低所得者/高所得者 | | | | | 0.9〜1.1 | | | | | | | | | 1.1〜2 | | | | | | | | | | 2〜11 | | |
| 3階部分 任意私的年金 | ◎ | ○ | ◎ | | | | | ○ | | | ○ | | | | na | | | | na | | | ◎ | ◎ | ◎ | ◎ | ◎ |
| 2階部分 義務的私的年金 | D | | D | D | | N D | D | D | D | D | | | D | D | D | D | D | D | D | | | | D | D | D | D |
| 公的年金 | C | | B | B | | D B | B | B | B | B | | | B | C | C | B | B | B | B | | | | B | B | C | B |
| 2階部分 公的年金 | P | D | | P | | | | B | | | D + P | N B | N B | P | | D B | D B | D B | D | | | | | | | |
| 1階部分 最低保障年金 | ○ | | | | | | ○ | | | | | | | ○ | | | | | | | | ○ | | | | |
| 基礎年金 | | | | | | | | | | | | ○ | | | | | | | ○ | | ○ | ○ | ○ | | ○ | ○ |
| 生産年齢人口カバー率(%) | | | | | 60 | | | | | | | | | 70 | | | | | | | | | | 73 | | |
| 義務的年金 | | | | | 26 | | | | | | | | | 28 | | | | | | | | | | 39 | | |
| 任意私的年金 | | | | | 8.1 | | | | | | | | | 6.8 | | | | | | | | | | 5.4 | | |
| 社会支出のGDP比(%) 義務的年金 | | | | | 0.4 | | | | | | | | | 1.3 | | | | | | | | | | 2.6 | | |
| 任意私的年金 | | | | | 1.3 | | | | | | | | | 0.6 | | | | | | | | | | 0.2 | | |
| 早期退職年金 | | | | | | | | | | | | | | | | | | | | | | | | | | |

注1：3階部分の◎は任意私的年金の生産年齢人口カバー率が40％以上、○は20〜39％であることを示す。
注2：2階部分の「DC」は確定拠出、「DB」は確定給付、「P」はポイント制、「NDC」は概念上の拠出建てを表す。
注3：義務的年金は、公的年金と義務的私的年金を合わせたもの。

出所：OECD (2011b), OECD (2012), OECD SOCX, World Bank Pensions Data により、イスラエル、チリ、トルコ、メキシコを除くOECD加盟国について筆者作成。

部分は所得再分配機能を持つ最低保障部分、2階部分は保険・貯蓄機能を持つ報酬比例部分である。いずれも加入は義務的・強制加入であり、基本的には公的年金である。2階部分を義務的な私的年金としている国もあるが、その多くは確定拠出である。3階部分は、任意の私的な確定拠出年金である。1階部分のうち、ベヴァリッジ的な国の多くで採用されている基礎年金（basic pension）は、他の収入の有無にかかわらず、すべての者に同額が支給されるか、居住や就業の期間に応じた額が支給され、日本でも採用されている。最低年金（minimum pension）は、年金収入が少ない者に上乗せすることが目的であり、2階部分の報酬比例年金に組み込まれた制度である。年金額は他の年金収入の多寡によって決まり、その他の収入や資産の有無は影響しない。なお、リソーステスト年金（resource-tested pension）は、低所得の年金受給者の最低収入を保障する仕組みであり、ミーンズテストに基づく定額年金の支給や年金額の上乗せ、高齢者を対象とした、または一般の社会扶助制度による給付である。このような制度はほとんどの国にあることから、表には入れていない。2階部分は、従前所得の保障を目的としており、ほとんどの国で何らかの制度がある。公的年金の仕組みとしては、確定給付のほか、ポイント制、概念上の拠出建て（notional defined contribution, NDC）がある。ポイント制は、エストニア、スロバキア、ドイツ、フランスで採用されており、毎年の拠出によって得られたポイントが退職後に一定の算式により転換されて年金額が決まる。NDCは、イタリア、スウェーデン、ノルウェー、ポーランドで採用されている。賦課方式ではあるが、各加入者は個人口座を持ち、保険料が経済変数にリンクした概念上の金利によって積み立てられ、退職の際、その時点の平均余命等に基づいて年金額が決定される。

　所得再分配以外の特徴を比較すると、ビスマルク的な国では、報酬比例年金が充実しているため、平均所得者のネット所得代替率が高く、高齢化が進んでいることもあり、義務的年金支出のGDP比が大きい。また、早期退職年金制度の支出も大きい。ベヴァリッジ的な国で最低水準を保障している定額年金は、普遍的な性格を持つため、生産年齢人口のカバー率が高い。また、これを補足する必要から、義務的私的年金が導入されるとともに、自発的私的年金が普及しており、そのGDP比が大きい。したがって、一般的には、

ビスマルク的な国では大きな公的年金と小さな私的年金、ベヴァリッジ的な国では小さな公的年金と大きな私的年金を組み合わせて老後所得を保障している。表10-2のとおり、どちらの場合も、義務的年金と任意私的年金の支出のGDP比を合わせると、8％程度となり、両者は補完関係にある。

### (2) 年金改革の動向

年金制度改革には、既存制度の枠内で調整を行うパラメトリック改革と制度全体を再編するパラダイムシフト改革とがある。パラメトリック改革では、制度体系を維持しつつ、制度運営のための係数を見直す。たとえば、年金の所得代替率の引き下げ、受給期間の短縮、保険料の引き上げなどである。日本では、国民皆年金達成後、給付の拡充を進めたが、1985年以降はパラメータの見直しにより給付を抑制してきた。特に2004年の制度改革では、最終保険料水準の固定、マクロ経済スライドの導入など大きな見直しを行った。パラダイムシフト改革は、制度体系自体を見直すものであり、たとえば、公的年金の積立方式への移行、民営化などである。

近年の制度改革は、財政の持続可能性を高めることを主たる目的としている。世界銀行は、1994年、公的な基礎的年金（第1の柱）、義務的な私的積立年金（第2の柱）、任意の私的積立年金（第3の柱）からなる3本柱制（Three Pillar System）を提唱し、各国の年金改革に大きな影響を与えることになった。そのようなパラダイムシフト改革の代表例はチリやメキシコであり、公的年金を私的な確定拠出年金に置き換えた。また、1990年代半ば以降、4カ国でNDCが導入されたが、スウェーデンでは、これにあわせ、公的年金の一部を確定拠出の個人勘定に転換した。オーストラリアでは、2階部分に私的であるが強制的な確定拠出の個人勘定を導入し、義務的私的年金の成功例とされている（有森、2011：p. 40）。

東欧の移行経済国では、1990年代後半から2000年代初めにかけて、賦課方式の国家管理年金を市場経済に適合的な制度につくり直すための改革が行われた。ハンガリーでは、1998年、報酬比例の確定給付年金に加え、義務的な私的確定拠出年金（第2の柱）と任意の私的確定拠出年金（第3の柱）が導入された。新制度は、財政と国際収支の赤字に悩む財務省が世銀の働き

かけを受容しつつ、改革を主導した結果である（西村、2006：p. 19；堀林、2003：p. 12）。ポーランド（1999年）、エストニア（2002年）、スロバキア（2005年）でも、第2の柱として義務的な私的確定拠出年金を導入したが、第1の柱は賦課方式の報酬比例年金とした。これらの国では、共産主義体制になる前、ビスマルク改革の影響を受けた年金制度があった。他方、チェコでは、定額部分と報酬比例部分からなる賦課方式の確定給付年金と任意の私的確定拠出年金を導入したが（1995年）、第2の柱である義務的私的年金はない。年金財政が健全で対外債務を抱えておらず、大蔵省や世銀の関与が小さかったためである（西村、2006：p. 8）。

　各国の制度改革は、2007年以降、経済財政危機により加速された。OECD（2012）によれば、34加盟国の2007年9月～2012年2月の間の主な制度改革は、支給開始年齢の引き上げと早期引退制度の見直し（18カ国）、確定拠出年金制度の見直し（18カ国）、支給スライド方式等の見直し（17カ国）などであった。特に政府債務危機に直面した国々では、年金給付の削減・凍結が行われた。

### 年金支給開始年齢の引き上げと早期引退制度の見直し

　近年のパラメトリック改革の中心は、支給開始年齢の引き上げである。各国で確定済みの2050年時点での標準的な支給開始年齢は、17カ国（女性は15カ国）で65歳であり、13カ国（女性は12カ国）で67歳以上になる（OECD, 2012：p. 26）。たとえば、現在、65歳であるデンマークでは、2050年には68.8歳にまで引き上げられ、65歳未満の国は、イタリア、フランス、ルクセンブルクなど少数になる。ギリシャは57歳と最も低かったが、政府債務危機への対応として67歳に引き上げることとされた。

　図10-2の棒グラフは、早期引退関係の社会支出（早期退職年金と労働市場理由による早期引退[5]の計）のGDP比を示したものである。ギリシャを筆頭に南・中・東欧のビスマルク的な国で大きく、最近までハンガリーなど南・東欧諸国で増加を続けてきた。他方、英語圏諸国や日本などでは、労働市場からの平均退出年齢は、標準的な支給開始年齢よりも高く、この種の支出はほとんどみられない。

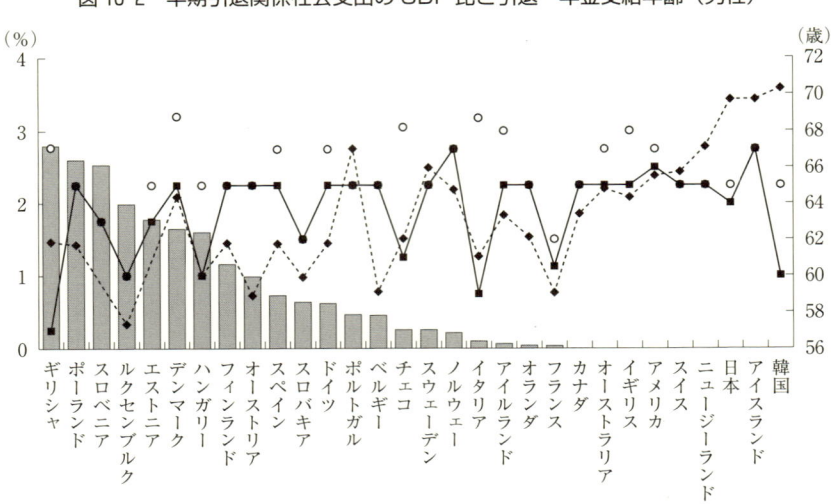

194　第 3 部　日本の社会保障制度の課題と展望

図 10-2　早期引退関係社会支出の GDP 比と引退・年金支給年齢（男性）

■　早期引退関係社会支出のGDP比（2009年）
･･◆･･　労働市場からの平均退出年齢（2004～2009年平均）
─■─　標準的な年金支給開始年齢（2010年）
○　標準的な年金支給開始年齢（2050年）

出所：OECD SOCX、OECD（2011b）、OECD（2012）により筆者作成。

　早期引退制度は、雇用情勢が悪化した1970年代から拡大し、長期勤続者、過酷な労働への従事者、長期失業者や障害者に対し、通常の、または減額した年金を支給することにより、標準的な支給開始年齢に達する前での引退を容認してきた。フランスでは、雇用政策の一環として、若年失業率を引き下げることを目的に早期引退が奨励され、東欧では、経済体制転換後の失業増への対応として早期引退制度が活用された（池本、2003：p. 37；小森田、2003：p. 18；西村、2006：p. 10；堀林、2003：p. 8）。しかし、必ずしも若年層の雇用改善につながらず、高齢者の就業率が低下するとともに、財政支出増や年金財政の悪化につながったため、各国とも、1990年代以降、早期引退の要件を厳しくする方向に転換した。現在、ほとんどの国で、引退年齢の引き上げ、保険料拠出期間の延長、減額率の適用、対象者の限定など、より長く働くことを奨励する方向での改革が行われている（OECD, 2012: p. 29）。

### 任意の確定拠出年金の拡大

SOCX では、支出規模は異なるものの、ほとんどの国で任意私的年金が計上されている。ベヴァリッジ的な国では、任意加入の確定拠出年金が普及し、老後の所得保障において重要な役割を果たしているが、ビスマルク的な国では、義務的年金の所得代替率が高く、任意私的年金の普及率は低い。東欧では、新たな制度体系を構築するに当たり、任意私的年金に大きな役割を担わせたが、現時点では未成熟であり、支出水準は低い。

任意私的年金が生産年齢人口をカバーする割合が高い国は、アメリカ、イギリス、スロバキア、チェコ、ドイツ、ニュージーランドなどである。公的年金を老後の最低所得保障と位置づけるイギリスでは、確定拠出年金であるステークホルダー年金が導入され（2001年）、ドイツでも公的年金の給付抑制にあわせて確定拠出年金であるリースター年金が導入された（2002年）。また、公的年金としては基礎年金しかないニュージーランドでは、キウイセーバーという任意だが自動加入の個人年金制度が導入され（2007年）、普及が進んだ。

アメリカやイギリスでは義務的年金のネット所得代替率が低いが、任意私的年金の所得代替率がそれぞれ46％、42％と高く、所得代替率全体では94％と81％となり、義務的年金の所得代替率のOECD平均（68％）を超える（OECD, 2012: p. 207）。しかし、任意私的年金の生産年齢人口カバー率は、半分以下である（OECD, 2012: p. 105）。イギリスでは、私的年金への加入を促すため、2008年、従業員を年金プランに自動加入させる措置が講じられた（非加入の選択可）。日本でも、義務的年金のネット所得代替率はかなり低い水準であるにもかかわらず（40％）、任意私的年金（確定拠出年金を含む企業年金等）への加入は、厚生年金・国民年金加入者の4分の1程度にすぎない。

### 欧州政府債務危機への対応

2007年以降の欧州では、まず金融危機が生じ、年金財政に打撃を与えた。次いで、欧州のほとんどの国でマイナス成長となり、失業率が増加した。さらに、各国で財政危機が生じ、財政赤字のGDP比は、ギリシャ、アイルラ

ンド、ポルトガルなどで 10% を超えた。このようななかで、公的年金財政は、保険料の減少、福祉的給付や早期引退の増加により悪化したため、ビスマルク的な国を中心に年金給付の削減・凍結などの措置が講じられた。これらの国では、社会支出全般の見直しが行われたが、年金も例外ではなかった。特に南・東欧では、公的年金の給付水準が高いため、標的になりやすい。他方、年金関係支出の大きいルクセンブルクでは改革は行われず、スロベニアでは国民投票で改革が拒否された（OECD, 2012: p. 26）。

　深刻な債務危機に陥ったギリシャでは、2010 年の EU、IMF と ECB（欧州中央銀行）による支援合意の条件として、年金改革が取り上げられた[6]。年金額の凍結・上限の導入、一定額以上の年金の削減・課税、年金額算定方式の見直し、保険料拠出期間の延長のほか、早期退職年金について、減額率適用や保険料賦課、新規退職者への支給停止、支給対象となる職業の削減など、ありとあらゆる方策が講じられた。また、制度体系について、2015 年に、確定給付年金から非拠出の基礎年金と拠出制年金というベヴァリッジ的な性格を持つ多層制度へのパラダイム転換が行われることになった。基礎年金は、15 年以上の保険料拠出者に加え、高齢の非加入者や拠出期間が短い者にもミーンズテストにより支給される。また、拠出制年金として、NDC と最低保障年金が導入される予定である。

### (3) 理念・制度・支出の収斂と多様化

　以上みてきたとおり、各国では、財政問題に直面するなかでさまざまな仕組みを採り入れ、多様な制度を構築してきた。従来、賦課方式の確定給付年金を擁護する者と積立方式の確定拠出年金への転換を主張する者との間で対立があったが、1990 年代以降、双方の特徴を引き出しながら両者を組み合わせることが望ましいという理念の変化がみられるようになった（有森、2011：p. 39）。また、制度体系については、1990 年代以降の改革により、報酬比例年金と最低保障部分に私的年金が乗るという形に収斂しつつある（駒村、2011：p. 164）。今日では、すべての国で、1 階部分に老後所得の最低保障を行うための制度が存在し、2 階部分についても、ほとんどの国で報酬比例年金が導入されている。3 階部分の任意私的年金は、ベヴァリッジ的な国

で発展したが、ビスマルク的な国でも導入・拡充されつつある。

　現在、最低所得の保障と従前所得の維持という2つの観点から、公私の多様な仕組みを多段階で組み合わせることによってリスクを分散し、総合的に老後所得を確保するというのが世界的な流れである。どのような組み合わせとするかは、各国の経済財政状況、既存制度を変更する際の政治的困難やコスト等を反映しつつ、さまざまな形を採っているといえよう。なお、ビスマルク的な国では、社会保険料の拠出とリンクした年金受給権は財産権とみなされ、また、コーポラティズムが強く、事業主や労働組合との調整が難しいことから、変化のスピードは遅い（Schmitt and Starke, 2011: p. 130）。しかし、ビスマルク型の年金制度でさえ、従来考えられていたよりも柔軟に対応し、多柱制へとゆっくり移行しつつある（Palier and Martin, 2007: p. 539）。

　ここで最初の疑問に戻ると、表10-1のとおり、1990年代以降、各国の公的老齢年金支出の差のうち、高齢化以外の要因で説明される部分は小さくなってきた。先進国の社会支出の規模が収斂するのかどうかは興味深いテーマであり、多数の先行研究が存在するが、年金を区分して行われた分析もある。一般的には、収斂の有無は2つの方法で確認される。1つは、各国の毎年の支出の標準偏差や変動係数を確認し、これが小さくなると、収斂が生じたとみなすものである（σ収斂）。もう1つは、社会支出水準の低い後発国は先発国をキャッチアップするため、支出の増加率が大きくなり、収斂に至るとする考え方である（β収斂）。EU諸国に関する最近の研究では、1980～2003年の間、老齢年金の多様化が進み、収斂はみられなかったとするもの（Caminada et al., 2010）、1980～2005年の間、高齢関係社会支出のβ収斂がみられるとするもの（Schmitt and Starke, 2011）、1980～2002年の間、公的年金のネット所得代替率について、若干ではあるが、σ収斂がみられるとするもの（Paetzold, 2013）などがあるが、使用された指標が異なっており、また、前二者については高齢化の影響が排除されておらず、判断が難しい。

　しかし、各国では、1980年代まで給付を拡充した後、1990年代以降、高齢化の進行、財政の悪化、EU統合、グローバリゼーション等の環境変化を踏まえ、一斉に支出抑制のための見直しを行うようになった。特に支出水準の高いイタリア、オーストリア、スウェーデン、ドイツ、フィンランド、フ

ランスなどでは、大きな改革が行われた（OECD, 2007: p. 74）。年金額算定の際に使用されるパラメータ等の統一も進んだ。1990年代以降、各国とも同一方向に向けた改革に取り組んできたことを考慮すると、制度や給付水準の差が縮小し、より高齢化率の違いを反映するようになってきたといってよいであろう。

　他方、任意私的年金については、制度等の違いによる支出差が拡大しつつある。近年、高齢化率が低いベヴァリッジ的な国では、積極的に制度を拡充してきた。高齢化が進んだビスマルク的な国でも、ドイツや東欧など任意私的年金を整備する国が現れてはいるが、まだ支出水準が低いため、高齢化率との相関がみられないと考えられる。

## 3　高齢者介護

### (1)　介護支出の動向

　各国の高齢者介護に関する政策は、年金と同じく多様であり、社会支出の水準や内容にも反映されている。介護については、OECDやEUの定義の異なるデータがあるが[7]、公的介護サービスとしてGDP比で概ね1％以上支出していると考えられる国は、北・西・中欧諸国、ニュージーランド、カナダ、日本などである。北欧やイギリスでは、SOCXのデータが公表されている1980年以前から介護サービスが整備されていた。SOCXに計上されている介護サービスの支出は、表10-1でみたとおり、全体として増加しているものの、各国間の差は、高齢化の程度では説明できない。SOCXのデータでは、障害者を高齢者と若年者に分離できないなどの制約もあるが、各国の介護制度が大きく異なっていることが要因として考えられる。

　各国の介護制度の特徴は、支出面に着目すれば、①公的介護支出の水準、②現物給付と現金給付の割合により示すことができる。公的支出の水準は、裏を返せば、家族介護への依存度を示す。図10-3は、EU加盟国の公的支出（現物・現金）の対GDP比とそれに占める現物給付の割合を散布図にしたものである。公的支出の規模が大きい北欧、オランダなどでは、家族が親の扶養や介護をしなければならない法的義務はなく（Mestheneos and Triantafillou,

図 10-3 公的介護支出の GDP 比と現物給付の割合

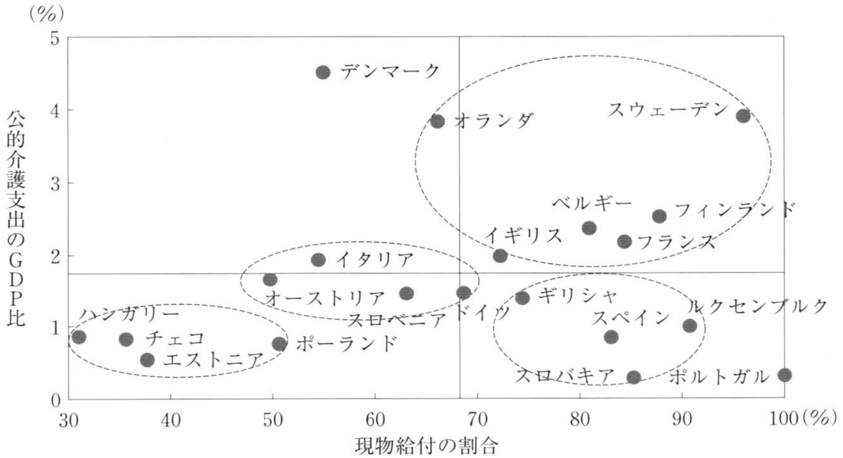

出所：Lipszyc et al. (2012) により筆者作成。

2005：p. 78)、介護は国の責任と認識されている。他方、公的支出の規模が小さい南・東欧諸国では、家族主義が強く、親の介護は子どもの責任と考えられている。

　公的支出に占める現物給付の割合は、要介護者のために政府が介護サービスを自ら提供または手配しようとしているのかどうか（介護サービスの調達は要介護者や家族に任されているのかどうか）を表す指標である。現物給付の割合が大きい国の中には、ポルトガルのようにジェンダー平等の観点から現金給付を行わないこととした国もある（Bettio and Verashchagina, 2010: p. 133)。ただし、公的支出が低い国では、その支出の範囲内で現物給付の割合が大きいというにすぎず、必ずしも介護サービスが足りているわけではない。他方、現物給付の割合が小さい国は、東欧、イタリア、オーストリアなどである。概して介護サービスが未整備で、急速に進む高齢化に整備が追いつかず、家族に現金を支給することで解決している。

　EU 諸国は、現時点では、①公的支出が大きく、介護サービスもよく整備されている北・西欧、②公的支出は中間であるが、現金給付への偏りがみられる中欧やイタリア、③公的支出が小さく、現金給付に過度に依存する東欧、

④同じく公的支出は小さいが、現物指向のポルトガルやスペイン等のグループに分けることができる（図10-3）。

### (2) 高齢者介護政策の動向

　1990年代以降のOECD諸国の高齢者介護政策の動向は、次の4点に集約されよう。第1に、施設介護から居宅介護への誘導である。ほとんどの国で、財政支出の抑制や生活の質の向上の観点から、居宅介護を奨励している。居宅介護のほうが費用は少なく、また、住み慣れた自宅で介護を受けることを望む高齢者が多いためである。ただし、要介護者が自宅で暮らす場合、介護を行う家族（以下「家族介護者」という）の負担が重くなり、また、24時間介護を受けることも難しくなる。

　第2に、居宅サービスの効率化である。イギリスや北欧などサービスの整備水準が高い国では、家事援助の縮小、重度者への給付の重点化、介護時間の短縮などが行われている。これも支出抑制の観点からの施策である。

　第3に、現金給付の導入である。ほとんどの国では、家族介護の奨励、不足するサービスの代替、要介護者の選択と自律、介護労働市場の整備、財政支出の抑制といった観点から、現金給付制度を導入しており、制度を持たない日本は稀な存在である（表10-3）。

　現金給付は、要介護者または家族介護者に支給されるが、要介護者への給付としては、単純な手当として支給する形態が南・中・東欧でみられる。1990年代以降、導入が進んだ。これらの国では介護サービスが不足しており、フォーマルなサービスを整備するには費用も時間もかかるため、手当を通じて家族介護を支援している。手当はひも付きではなく、所得の補助であり、要介護者は自由に使用できる。特に南・中欧では、不法滞在者を含め、住み込みの移民家事労働者を雇うケースが多い。

　他方、1990年代後半から2000年代初めにかけて、イギリスの個別予算やフランスの個別化自律手当[8]のように、要介護者の状況に応じた個人予算枠を設定し、その中で登録事業者からのサービス購入や現金の受給を選択できる仕組みを導入する国が現れた。家族介護者と雇用契約を結ぶことも可能である。イギリスやオランダなどでの導入の背景には、選択と自律の強化を求

表 10-3 OECD 加盟国の現金給付

| 対象 | 形態 | 所得・資産調査 | 国 |
|---|---|---|---|
| 要介護者 | 手当支給 | あり | スペイン、トルコ、ニュージーランド、フランス、ベルギー |
| | | なし | イギリス、イタリア、エストニア、オーストリア、スウェーデン、スロバキア、スロベニア、ドイツ（☆）、ノルウェー、ルクセンブルク（☆）、ポーランド、ギリシャ、ポルトガル、韓国 |
| | 個人予算枠の設定 | あり | イギリス（※）、フランス（※） |
| | | なし | オランダ（☆※）、チェコ |
| 家族介護者 | 手当支給 | あり | アイルランド、イギリス、イタリア、オーストラリア、スロバキア、トルコ、ニュージーランド |
| | | なし | オランダ、スイス、ハンガリー、フィンランド、ポーランド |
| | 自治体による給与 | なし | スウェーデン、デンマーク、ノルウェー |

注：☆は現金と現物の選択可。※は家族の雇用可。韓国では現物給付が原則であり、現金給付は例外。
出所：OECD（2011a）、Riedel and Kraus（2011）、Bettio and Verashchagina（2010）等により筆者作成。

める障害者団体の要望があった（Da Roit and Le Bihan, 2010: p. 287; Timonen et al., 2006: p. 460）。フランスでは、不法移民労働者の増加に対応し、家事労働市場を整備するため、ひも付きのサービスパッケージの財源として個人予算枠を導入した（Bettio and Verashchagina, 2010: p. 138）。

なお、現金給付には、所得または資産調査がある場合とない場合があるが、介護保険の導入国（ドイツ、ルクセンブルク、オランダ）では普遍的な給付が行われている。また、これらの国では現金と現物の選択が可能であり、ドイツでは要介護者の半分程度が現金を選択している。また、給付額が介護サービスの市場価格以下に設定されている国（ドイツ、オランダ等）、総介護費用の一部のみをカバーしている国（イタリア、オーストリア等）もあり、現金給付は効果的な費用抑制メカニズムとして機能している（SFI, 2011: p. 29）。

家族介護者への給付については、手当を支給する場合と自治体が家族介護者を雇用する場合とがある。後者は北欧諸国でみられ、自治体に申請すれば、

自治体と家族介護者が雇用契約を結び、標準的な水準の賃金が支払われる仕組みである。

　第4の動向として、介護サービスが整備された国では、利用する事業者の選択が認められ、民間参入が促進されている。具体的には、北欧などでのバウチャーの導入である。新公共経営（NPM）の影響を受けたスウェーデンでは、1990年代以降、導入が進んだ。デンマークでは2003年、フィンランドでは2004年に導入されたが、後者の場合、自治体の財政難による公的ホームヘルプサービスの削減が背景にあった（Timonen et al., 2006: p. 462）。2004年に導入したベルギーでは、不法移民家事労働者を正規化するという目的があった（Bettio and Verashchagina, 2010: p. 138）。スペインでも、2006年に現金給付への偏りを是正する目的で導入されたが、介護サービスが整備されていないことから、利用は進んでいない（Bettio and Verashchagina, 2010: p. 132）。

　なお、各国とも政府債務危機の影響は小さかったが、ギリシャの場合、さまざまな現金給付が削減された結果、各家庭では家事労働者を雇えなくなり、家族介護者の負担が増すことになった（Petmesidou, 2012: p. 25）。

### （3）　制度・支出の拡散

　このように、近年の高齢者介護政策は、高齢化と厳しい財政状況が続くなかで、要介護者の選択と自律を強調しつつ、財政負担を抑制し、家族介護者に物理的・経済的な負担を求める方向にある。とすると、再度、最初の疑問に戻るが、各国の介護サービスの支出の違いが高齢化で説明できないのはなぜであろうか。表10-1により高齢化率との関係を示した国の1995～2007年の間の支出をみると、例外はあるものの、北欧など以前からGDP比が大きかった国での増加が大きく、南・中・東欧諸国ではほとんど増加していない。家族主義が弱い北欧では、すでに存在する介護サービスの提供体制を効率化しつつも、高齢化に対応して公的支出を増加させてきた。家族主義が強い南・中・東欧では、老親を自宅で介護するのは当然との意識が強い。また、介護サービスの整備には、制度や仕組みの構築など多大な努力が必要となる。このため、厳しい財政状況のもとで、家族主義にあえて寄りかかろうとする傾向がみられ、安価で実施が容易な現金給付が優先されてきたといえる。

なお、福祉政策の分野では、労働インセンティブに負の影響を与える現金給付よりも、労働供給を増加させる効果を持つサービスが伸張していくという見方があるが（埋橋、2011：p. 8）、現時点では、すべての国でそうなっているわけではない。特に南欧では、介護サービスが増加しないまま、現金給付と移民を活用しつつ、女性就業率が急激に上昇してきた。女性就業率への影響は、給付の仕組みにもよる。

## 4　今後の展望

以上みてきたとおり、年金については、1990年代以降、各国とも主として財政負担を抑制する観点から制度体系や給付水準を見直しており、高齢化以外の要因による支出の差は縮まる傾向にある。任意私的年金は、各国に普及しつつあるが、現時点では支出水準に開きがある。介護の場合、現金給付が導入される一方、政府が確保に責任を負わねばならないサービスの支出差は拡大しつつある。

図10-4は、主要国の1980年以降の任意私的年金と介護サービスの動向を示したものである。アメリカやイギリスでは任意私的年金を大きく増加させてきたが、介護サービスの伸びは小さい。逆に、スウェーデンなどでは、介護サービスを大きく増加させたが、任意私的年金の伸びはそれほどでもない。換言すれば、自由主義的な国では、個人の責任を重視し、老後の生活資金も介護サービスも自ら調達することが求められ、社会民主主義的な国では、政府の責任を重視してきたということである。体制転換により自由主義的要素が取り込まれた東欧でも、介護サービスの支出は低いままだが、今後、任意私的年金の支出増が見込まれる。他方、ドイツを含め、ビスマルク的・家族主義的な南・中欧では、この30年間、任意私的年金、介護サービスとも支出水準は低いままであり、凍結状態にある。日本の場合、急速な高齢化に対応し、介護サービスの整備を急ピッチで進めてきたが、任意私的年金は増加していない。現時点では、自由主義的な国と社会民主主義的な国の中間あたりにいるが、これは「自助・共助・公助のバランス」を図りつつ、「中福祉・中負担」を目指してきた結果であろう。

図 10-4　任意私的年金と介護サービスの発展：1980〜2009 年

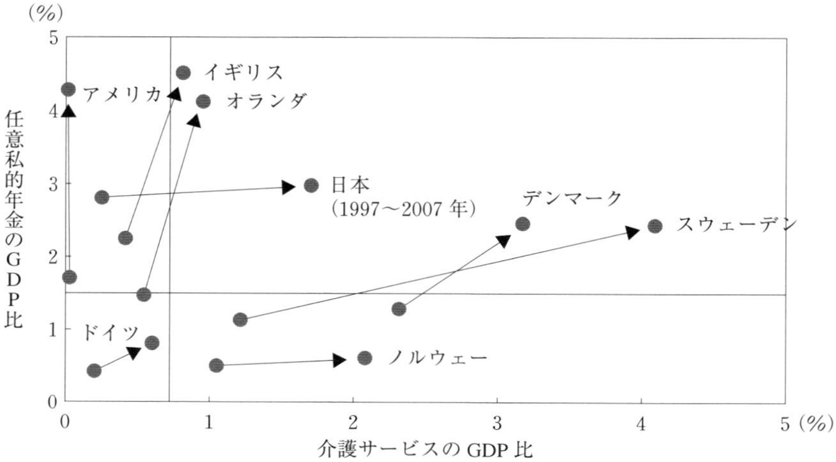

注：OECD 加盟国の介護サービスの GDP 比の平均（2009 年）は 0.71％、任意私的年金は 1.47％。
出所：OECD SOCX により筆者作成。

　それでは、今後、高齢関係社会支出はどのように変化していくのであろうか。OECD 全体の統一的な将来推計はないため、EU による推計（European Commission, 2012）をみてみよう。

　これによれば、EU の OECD 加盟国にノルウェーを加えた 22 カ国の公的年金支出（老齢年金と早期退職年金）の GDP 比（平均）は、2010 年の 8.3％ から 2060 年の 11.1％ へと 2.8 ポイント増加する（図 10-5）。国別にみると、これまでの制度改革の影響により、イタリア、エストニア、デンマーク、ポーランドでは支出が減少する。しかし、改革がなされていないルクセンブルクでは 8.8％ 増加し、スロベニアでも 7.3％ 増加する。この結果、2060 年には再び、各国間の公的年金支出の差は高齢化では説明できなくなる。推計は現行制度を前提としており、制度再編、NDC やポイント制の導入、給付と寿命との連動などの改革の効果が今後現れてくることから、改革実施国とその他の国との差が広がるためと考えられる。

　22 カ国の公的介護支出（現物と現金）の GDP 比は、標準的なシナリオでは、1.8％ から 3.4％ へと 1.6 ポイント増加する（図 10-6）。国ごとにみると、

第10章　先進国における高齢化と社会支出の動向　205

図10-5　EU諸国の公的年金支出（GDP比）の将来推計：2010〜2060年

注：EEはエストニア、ITはイタリア、LUはルクセンブルク、SIはスロベニア、PLはポーランド。
出所：European Commission（2012）により筆者作成。

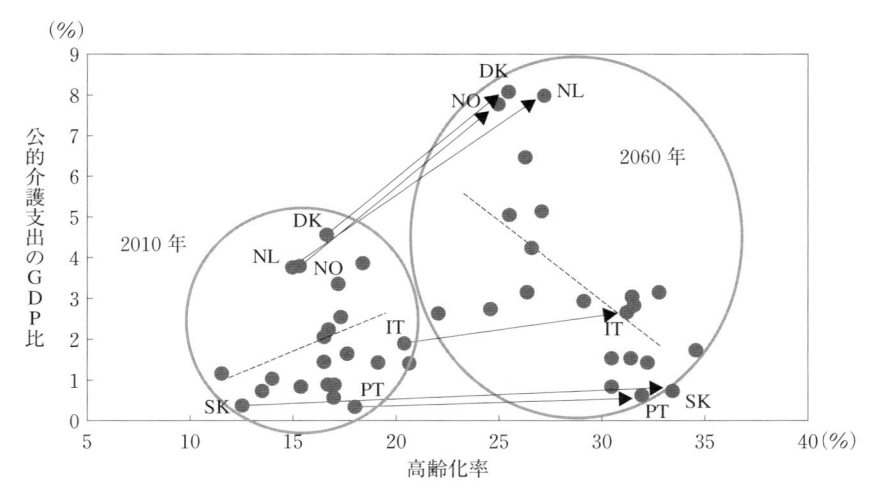

図10-6　EU諸国の公的介護支出（GDP比）の将来推計：2010〜2060年

注：DKはデンマーク、ITはイタリア、NLはオランダ、NOはノルウェー、PTはポルトガル、SKはスロバキア。
出所：European Commission（2012）により筆者作成。

これまでと同様、高齢化が急速に進む南・東欧ではなく、すでに支出が大きい北欧などで増加し（オランダ 4.1％、デンマーク 3.5％、ノルウェー 3.9％）、介護支出の拡散が一層進む。この推計では、人口構造の変化を反映しつつ、寿命が伸びた期間の半分は介護なしで生活できること、労働集約的で労働力不足がみられる介護サービスの費用は各国の時間当たり GDP（労働生産性）の伸びで、また、現金給付は 1 人当たり GDP の伸びで増加していくこと、介護サービス利用率が一定であること等の仮定が置かれている。南・東欧で支出が増加しないのはこれらの仮定のためであるが、今後、政策変更により介護サービス利用率が増えたり、労働生産性向上に向けた構造改革がなされれば、支出は増加する。

　結局、年金も介護も、各国の政策の同一方向への収斂があれば、支出の差が縮まる可能性があるが、そうでなければ、各国の支出は拡散していくことになる。

　最後に、まとめとして、今後の政策の方向性をみておこう。介護サービスを拡大してきた北欧では、今後も大きな支出増が見込まれるが、GDP 比で 8％ もの負担に耐えられるかどうか。介護は国の責任とする国民意識は簡単には変わらないであろうが、見直しは必要となるかもしれない。南欧では、寛大な年金制度を持っていたため、債務危機に際し、削減を与儀なくされた。今後も、急速な高齢化と厳しい財政状況が続くため、引き続き支出抑制が求められよう。他方、女性就業率が上昇するなかで、各自で安価な移民を雇って介護を行っている現状は、国際労働移動の流れが変われば持続困難であるため、フォーマルな介護サービスの整備が必要となろう。

　日本については、高齢化が進行している割には社会支出の水準が低いが、これは現役世代向け支出が少ないためであり、高齢関係社会支出は平均的な水準にある。今後は、制度改革の効果により公的年金支出の GDP 比は増加せず、介護や医療のほうが大きく伸びていく（2012 年 3 月の厚生労働省推計）。国際的にみて「中福祉・中負担」の国家を目指すとされるが、年金支給開始年齢、老後の最低所得保障制度、私的年金の普及、介護の現金給付などの面では、国際的な流れから遠いところにいる。

　各国の支出の水準や内容は、伝統や社会規範、政治状況等を反映してさま

ざまであり、高齢化が進むなかで問題が顕在化してきた。財政危機は、過度な給付を削減する機会ではあるが、不足する給付も一律に削減しがちである。その場合、社会支出は、社会の状況に応じた望ましい水準というより、財政状況に応じた水準とならざるをえない。また、各国の状況をみてもわかるように、高齢関係社会支出は、高齢化に伴って必然的に増加するわけではなく、政策選択の結果、どのような水準にも変わりうる。したがって、国際比較を通じて自らの位置を客観的に確認しながら、ここでは触れられなかった負担面も含め、社会の実情に応じた適切な水準や内容を議論し、目指すべき方向についてのコンセンサスを早期に得ることが必要である。

注

1) 以下の社会支出の説明は、Adema et al.(2011) pp. 88-102 を参照。
2) 個々の給付が社会支出のどの項目に含まれるのかは、公表されている SOCX のデータや解説からは明らかでない。
3) たとえば、スウェーデンやオランダでは、基礎年金の創設後、それを補うために報酬比例部分が整備された。
4) Disney (2004) や Conde-Ruiz and Profeta (2007) は、基礎年金と報酬比例年金を組み合わせた制度もベヴァリッジ型とし、日本をこれに分類しているが、日本ではビスマルク型と分類する文献が多い(駒村、2011 等)。
5) SOCX では、労働市場政策の都合による早期引退者への現金支給は、失業給付に分類される。
6) ギリシャの年金改革は、Petmesidou (2012) による。
7) OECD Health Data による介護のデータは、医療関連を含め、施設・居宅介護サービスを対象とするが、現金給付を含んでいない。EU (Lipszyc et al., 2012) のデータには、現金給付が含まれる。
8) 現物給付と解する文献もあるが(原田、2008)、OECD (2011a) 等は現金給付と整理している。

参考文献

Adema, W., P. Fron and M. Ladaique (2011) *Is the European Welfare State Really More Expensive?: Indicators on Social Spending, 1980-2012; and a Manual to the OECD Social Expenditure Database (SOCX)*, OECD Social, Employment and Migration Working

Papers, No. 124, OECD Publishing.
Bettio, F. and A. Verashchagina (2010) *Long-term Care for the Elderly: Provisions and Providers in 33 European Countries*, European Commission.
Caminada, K., K. Goudswaard and O. Vliet (2010) "Patterns of Welfare State Indicator in the EU: Is There Convergence?," *Journal of Common Market Studies*, Vol. 48, No. 3, pp. 529-556.
Conde-Ruiz, J. and P. Profeta (2007) "The Redistributive Design of Social Security Systems," *The Economic Journal*, Vol. 117, No. 520, pp. 686-712.
Da Roit, B. and B. Le Bihan (2010) "Similar and Yet So Different: Cash-for-Care in Six European Countries' Long-Term Care Policies," *The Milbank Quarterly*, Vol. 88, No. 3, pp. 286-309.
Disney, R. (2004) "Are Contributions to Public Pension Programmes a Tax on Employment?," *Economic Policy*, Vol. 19, No. 39, pp. 267-311.
European Commission (2009) *The 2009 Ageing Report; Economic and Budgetary Projections for the 27 EU Member States (2008-2060)*.
─────── (2012) *The 2012 Ageing Report; Economic and Budgetary Projections for the 27 EU Member States (2010-2060)*.
Lipszyc, B., E. Sail and A. Xavier (2012) *Long-Term Care: Need, Use and Expenditure in the EU-27*, European Commission.
Mestheneos, E. and J. Triantafillou (2005) *Supporting Family Carers of Older People in Europe -the Pan-European Background*, EUROFAMCARE.
OECD (2007) *OECD Pensions at a Glance 2007 ; Public Policies across OECD Countries*.
─────── (2011a) *Help Wanted? Providing and Paying for Long-Term Care*.
─────── (2011b) *Pensions at a Glance 2011 ; Retirement-income System in OECD and G 20 Countries*.
─────── (2012) *OECD Pensions Outlook 2012*.
Paetzold, J. (2013) "The Convergence of Welfare State Indicators in Europe: Evidence from Panel Data," *European Journal of Social Securities*, Vol. 15, No. 1, pp. 28-54.
Palier, B. and C. Martin (2007) "Editorial Introduction; From 'a Frozen Landscape' to Structural Reforms: The Sequential Transformation of Bismarckian Welfare States," *Social Policy & Administration*, Vol. 41, No. 6, pp. 535-554.
Petmesidou, M. (2012) *Annual National Report 2012 ; Pension, Health and Long-term Care ; Greece*, asisp.
Riedel, M. and M. Kraus (2011) *Informal Care Provision in Europe: Regulation and Profile of Providers, ENEPRI Research Report*, No. 96.
Schmitt, C. and P. Starke (2011) "Explaining Convergence of OECD Welfare States: A Conditional Approach," *Journal of European Social Policy*, Vol. 21, No. 2, pp. 120-135.
SFI-The Danish National Centre for Social Research (2011) *LIVINDHOME Living Independently*

*at Home Reforms in Home Care in 9 European Countries*.

Timonen, V., J. Convery and S. Cahill (2006) "Care Revolution in the Making? A Comparison of Cash-for-Care Programmes in Four European Countries," *Ageing & Society*, Vol. 26, pp. 455-474.

有森美木 (2011) 『世界の年金改革』第一法規。

池本修一 (2003) 「チェコの老齢年金制度」『海外社会保障研究』No. 144, pp. 29-41。

埋橋孝文 (2011) 『福祉政策の国際動向と日本の選択――ポスト「三つの世界」論』法律文化社。

駒村康平 (2011) 「年金制度改革――先進国の経験と民主党案の評価」齋藤純一・宮本太郎・近藤康史編『社会保障と福祉国家のゆくえ』ナカニシヤ出版。

小森田秋夫 (2003) 「ポーランドの社会保障」『海外社会保障研究』No. 144, pp. 14-28。

西村可明 (2006) 「移行国における年金改革の概観」西村可明編著『移行経済国の年金改革』ミネルヴァ書房。

原田啓一郎 (2008) 「フランスの介護保障」増田雅暢編著『世界の介護保障』法律文化社。

堀林巧 (2003) 「ハンガリーの社会動向と福祉レジーム」『海外社会保障研究』No. 144, pp. 4-13。

第 11 章

# 女性の就業率、家族支援策と出生率
—— OECD 加盟国における国際比較

小塩 隆士

## 1　はじめに

　日本ではここ数年、合計特殊出生率（total fertility rate；以下、「出生率」と略記する）が回復しつつある。1960 年に 2.00 となっていた出生率はその後、明確な低下傾向を示し、2005 年には 1.26 に達した。しかし、出生率はその水準で下げ止まり、2011 年には 1.41 まで回復している。このような出生率の回復傾向は、ほかの OECD 加盟国でも一般的にみられている。ただし、日本に比べると、出生率の底入れは 1990 年代半ばから 2000 年代半ばというようにやや早い時期に起こっている。そして、現時点では、ニュージーランドやフランス、アイルランド、アイスランドなど出生率が 2 を超えている国があるほか、イギリス、スウェーデン、アメリカ、オーストラリア、ベルギー、フィンランドなど、1.8 を上回っている国もいくつかある。日本や韓国、南欧諸国はまだ低めであるが、それでも出生率の低下傾向には歯止めがかかっていると考えてよい。

　このような出生率の回復傾向は、どのような要因によってもたらされたのだろうか。もちろん、国によってさまざまな要因が働いているはずだが、本章では、OECD 諸国の中でデータが比較的長期にわたって揃っている 20 カ国を対象にして、女性の就業率および家族支援策と出生率との関連性を検討

することにする。具体的には、各国特有の要因を制御した固定効果モデルを推計し、女性の就業率や、OECDの社会支出のうち「家族」（FAMILY）に分類される支出のGDP比や女性の就業率が、1980〜2009年における出生率の動きとどのように相関しているかを調べる。

　本章で得られた主要な結果は、①女性の就業率の上昇は出生率を引き下げる方向に働いてきたが、その効果は近年になると弱まっている、②家族社会支出の増加は出生率を引き上げる方向に働くが、その効果は近年になるほど弱まっている、③家族社会支出のうち、一貫して効果があるのは、出産、育児休業（maternity and parental leave）に伴う支出である——の3点である。このうち、特に第1の点については、これまでさまざまな議論がみられたが、本章では直近までのデータを用いて先行研究の知見の妥当性を検討する。

　本章の構成は以下のとおりである。まず、第2節で出生率の決定要因に関する先行研究とその結果をいくつか紹介する。第3節では分析に用いるデータと分析手法を説明する。第4節と第5節ではそれぞれ記述統計分析、回帰分析の結果をまとめる。第6節では、分析結果に関する議論を行い、政策的含意を得る。最後に、第7節で全体の議論をまとめる。

## 2　出生率の決定要因に関する先行研究

### (1)　女性の就業率との関係

　出生率の決定要因については、すでに数多くの実証分析が内外で蓄積されている。その中で最も注目されてきた論点の1つは、女性の就業率と出生率との関係であろう。経済学的に考えると、女性が社会進出し、就業率が高まるほど、出産・子育ての機会費用が高まるので、出生率は低下することが予想される。ところが、OECD諸国のクロスセクション・データに基づいて、各国の出生率と女性の就業率との関係を調べると、プラスの相関関係がみられる。これを受けて、出生率を引き上げるためには、男女共同参画を進め、女性の就業率を高めるべきだといった主張も一時期盛んに聞かれた。出生率の回復のために男女共同参画を進めるべきだという議論の立て方には、かなり無理があると思われる。しかし、出生率と女性の就業率との間にマイナス

ではなくプラスの相関がみられるという事実そのものはきわめて重要であり、研究者の関心を集めてきた。

もっとも、このプラスの相関関係は安定的ではなく、1980年代に入ってからマイナスからプラスに転じたことがよく知られている（Ahn and Mira, 2002; Brewster and Rindfuss, 2000）。さらに、Kögel（2004）は、それぞれの国で出生率に影響を与える観察されない固定的な要因があると想定し、その要因の影響を制御する固定効果モデルで出生率を説明すると、女性の就業率との間でマイナスの相関が持続することを確認している。このKögel（2004）の研究に代表されるように、女性の社会参加が進むと出生率が低下するという常識的な理解のほうが、データに忠実なものとなっているというのが、研究者の間で有力な見方になっている。

しかし、それと同時に、Kögel（2004）やEngelhardt et al.(2004)は、そのマイナスの相関が最近になると弱まることも指摘している。児童手当や育児サービスなど、女性の社会参加と出産・育児の両立を容易にする政策が充実してきたことが、そうした変化の背景に働いているものと思われる。しかし、上に紹介した実証分析は、いずれも2000年ごろまでのデータを用いたものなので、その後の状況変化をチェックすることも興味深いところである。

### (2) 家族政策の効果

出生率については、女性の出生率と並んで、家族政策（family policy）がどのような効果を持っているかという点が注目されてきた。その初期の代表的な研究例であるGauthier and Hatzius（1997）は、先進国22カ国の1970〜1990年のパネル・データを用いて、家族手当が出生率を引き上げる効果があることを確認している。ただし、その効果は限定的であり、家族手当を25％引き上げても、出生率は短期的には0.6％、長期的にも4％しか上昇しないという試算結果も示されている。さらに、出産休業の期間の長さや休業中に支給される給付は、出生率に影響しないことも確認されている。

また、OECD内部でもこの問題は重視されている。特に、d'Addio and d'Ercole（2005）は、OECD加盟国における出生率と各種の家族政策の関係を分析した、最も包括的な研究成果の1つとなっている。Gauthier and Hatzius

(1997) と同様の分析も含まれているが、出産休業の期間の長さがむしろ出生率を引き下げるなど、Gauthier and Hatzius (1997) とは異なる結果もみられる。

最近では、Kalwij (2010) が、先進16カ国に関するOECDの社会支出データ (SOCX 2007) と各国の出生率に関するマイクロ・データ (European Social Survey; ESS 2004) を組み合わせることにより、家族政策が出生率に及ぼす影響を個人レベルで分析している。ここでは、家族政策に対する経済的な支援が女性による出産・子育てと就業との両立を容易にして、出生率の引き上げにつながることが示されている。

一方、Rovny (2011) は、OECDに加盟する17カ国の1990～1999年のパネル・データを用いることにより、労働市場政策や家族支援策が出生率に及ぼす影響を分析している。同氏の分析によると、出産、育児休業の充実やデイケアなどは出生率の引き上げに効果がある一方、雇用・解雇に関する労働保護法制の度合いが厳しいと出生率は低下する傾向があることも指摘している。

このように、総じてみると、先行研究は家族支援策などの家族政策の充実化が出生率の引き上げにプラスの効果をもたらすことを確認しているが、その程度や各種政策の有効性については議論が分かれるところがある。Neyer (2006) が指摘するように、家族支援策が出生率に及ぼす影響は、夫婦間の関係やその他の福祉政策、労働市場の構造と密接に絡んでおり、同じ政策でも各国で効果が異なることに注意する必要がある。

## 3 データと分析手法

### (1) データ

本章では、前節で紹介した先行研究を念頭に置いて、OECD諸国のうち、1980年から社会支出データがほぼ連続して入手できる20カ国を対象にして、出生率と女性の就業率や家族支援策との関係を大まかに分析する。分析の対象期間は基本的に1980年から2009年であり、先行研究がカバーしていない2000年前後以降のデータも含まれる。

分析に用いるデータの出所は、以下のとおりである。まず、最も重要な出生率（合計特殊出生率）は国際連合のデータベース（UNdata）からダウンロードする。次に、労働関連のデータとしては、OECDのデータベース（OECD.StatExtracts）からダウンロードした、15歳以上の女性の就業率および男女計の失業率という2種類のデータを用いる。

　そして、OECDの社会支出データベース（SOCX 2012）から、「家族」（FAMILY）のデータを入手する。「家族」とは、家族を支援するために支給される、現金給付（Cash benefits）と現物給付（Benefits in kind）に二分される。前者の現金給付は、家族手当（Family allowances）、出産・育児休業（Maternity and parental leave）、その他の現金給付（Other cash benefits）に分けられる。一方、後者の現物給付は、デイケア・ホームヘルプサービス（Day care/Home-help services）、その他の現物給付（Other benefits in kind）に分けられる。日本では、家族手当には児童手当などが、出産・育児休業には、雇用保険の育児休業給付や健康保険の出産育児一時金などが含まれる。デイケア・ホームヘルプサービスには、就学前教育費や就学援助制度などが含まれる。出産・育児休業については、ここでは、同休業に伴って支給される現金のみを扱っており、休業期間の長さや取得率は分析の対象外であることに注意されたい。なお、「家族」のデータは、すべて各国の名目GDPに対する比率（%）で把握する。

　分析対象とする国は、OECD加盟国のうち、オーストラリア、ベルギー、カナダ、デンマーク、フィンランド、フランス、ドイツ、ギリシャ、アイルランド、イタリア、日本、韓国、ルクセンブルク、オランダ、ノルウェー、ポルトガル、スペイン、スウェーデン、イギリス、アメリカの20カ国である。

　これらの国を選んだのは、社会支出のデータが1980年以降ほぼ連続して入手できるためであるが、変数によってはすべての国で揃わない時点がある。女性の就業率については、1980～1982年はベルギー、デンマーク、ギリシャ、ルクセンブルク、イギリスが、1983年はイギリスのデータが欠落している。失業率は、1980年はベルギー、デンマーク、ギリシャ、ルクセンブルク、オランダ、イギリスが、1980～1981年はベルギー、デンマーク、ルクセンブルク、イギリスが、1982年はイギリスが欠落している。家族の各

データについては、韓国が1989年以前の値がすべて欠落している。そのため、以下で紹介する分析結果についても、慎重な解釈が必要である。

### （2） 分析手法

まず、記述統計レベルの分析として、出生率と女性の就業率との相関係数が経時的にどのように変化しているかを確認する。第2節でも紹介したように、1980年代に入ってからこの相関係数はマイナスからプラスに転じたことが知られている。それを、ここでも検証する。同様に、出生率と家族支援策についてもその相関係数の推移を確認しておく。しかし、すでに多くの研究者によって指摘されているように、こうしたクロスセクション・データによる分析では、出生率とその他の変数との真の関係を把握することができない。そこで、次の作業として、いくつかの国を取り出して、出生率と女性の就業率および家族社会支出の時系列的な変化を比較してみる。

次に、各国のデータを用いてパネル分析を行う。具体的には、各国の固定効果を制御した固定効果モデルを想定し、以下の4つの回帰モデルを推計する。いずれの回帰式においても、変数間の同時決定性——たとえば、家族支援が充実すると出生率が高くなるが、出生率が高くなると家族支援額も増加する——を考慮して、出生率を説明する説明変数はすべてそれぞれの1年前の値を用いる。

モデル1は、出生率を女性の就業率だけで説明する、最も単純な回帰モデルである。これは、前述したクロスセクション・データの相関係数の結果と比較するために行う。女性の就業率が高いということは、出産・子育ての機会費用が高くなっている女性が多いことを意味するので、ほかの条件が等しい限り、出生率の低下につながることが予想される。しかし、クロスセクション・データではむしろプラスの関係が観測されるので、それと同じような結果がパネル分析においても得られるかどうかが注目点となる。

モデル2では、モデル1の説明変数に失業率（男女計）を加える。失業率が足元の所得環境の悪化、あるいは将来の所得環境の見通し悪化を示唆するものと捉えられれば、失業率の高まりは出生率を引き下げる方向に働くことになる。実際、先行研究をみてもそのような結果が示される傾向にある。

モデル3は、モデル2の説明変数に、家族社会支出を加える。同支出は出産・子育ての機会費用の引き下げを意味するので、出生率にはプラスの影響を及ぼすと考えられる。

　そして、モデル4は、モデル2の説明変数に、全体としての家族社会支出ではなく、家族手当、出産・育児休業という2つの現金給付、それに、デイケア・ホームヘルプサービスという現物給付を加え、それぞれと出生率の関係をみる。これらいずれの説明変数も、出生率にはプラスの影響を及ぼすことが期待される。

　以上のモデルを改めて整理すると、

モデル1：出生率$_{+1}$＝$F_1$（女性の就業率，固定効果）
モデル2：出生率$_{+1}$＝$F_2$（女性の就業率，失業率，固定効果）
モデル3：出生率$_{+1}$＝$F_3$（女性の就業率，家族社会支出，失業率，固定効果）
モデル4：出生率$_{+1}$＝$F_4$（女性の就業率，家族手当，出産・育児休業，デイケア・ホームヘルプサービス，失業率，固定効果）

となる（ここで、出生率の下添え字"＋1"は1年先の値であることを意味する）。なお、先行研究の中には、賃金変数を説明変数に加えているものも少なくなく、ここでもいくつかの種類の賃金変数を説明変数として加えることも試みたが、有意な結果が得られなかった。そのため、以下では、賃金変数を含めない回帰式の推計結果のみを紹介する。

　なお、分析対象期間は、先行研究では2000年ごろまでになっているが、本研究はそれを2009年までとしている（出生率は2010年まで）。先行研究の結果と比較しやすくすることもあり、パネル回帰の推計期間については、1980年（出生率は1981年）を出発点としたうえで、期間の終わりを①1999年、②2004年、③2009年と5年ずつ延伸して結果がどのように違ってくるかをチェックする。さらに、推計期間を20年間とし、①のほかに、④1985～2004年、⑤1990～2009年というように5年ずつスライドして、結果がどのように違ってくるかも調べることにする。

## 4 分析結果──記述統計分析

### (1) 底入れする出生率

分析に入る前に、直近の 2009 年時点における各国の家族支援策の規模を比較しておこう。表 11-1 がそれをまとめたものであるが、本章の分析に用いた 20 カ国の平均（単純平均）をみると、家族社会支出の GDP 比は 2.42%となっている。そのうち、家族手当、出産・育児休業、デイケア・ホームヘルプサービスはそれぞれ同 0.87%、0.31%、0.82%となっている。国によっ

表 11-1 各国の家族支出・出生率・女性の就業率・失業率：2009 年

|  | 家族社会支出（GDP比、%） | 家族手当 | 出産・育児休業 | デイケア・ホームヘルプサービス | 出生率 | 出生率（2010年） | 女性の就業率（%） | 失業率（男女計、%） |
|---|---|---|---|---|---|---|---|---|
| オーストラリア | 2.58 | 1.62 | 0.12 | 0.56 | 1.86 | 1.87 | 66.3 | 5.6 |
| ベルギー | 2.81 | 1.58 | 0.19 | 0.85 | 1.84 | 1.84 | 56.0 | 7.9 |
| カナダ | 1.34 | 0.81 | 0.30 | 0.23 | 1.67 | 1.63 | 69.0 | 8.3 |
| デンマーク | 3.90 | 1.02 | 0.61 | 2.03 | 1.84 | 1.87 | 72.7 | 6.0 |
| フィンランド | 3.29 | 0.84 | 0.75 | 1.10 | 1.86 | 1.87 | 67.9 | 8.2 |
| フランス | 3.20 | 1.12 | 0.32 | 1.31 | 2.00 | 2.03 | 59.8 | 9.1 |
| ドイツ | 2.05 | 0.82 | 0.25 | 0.49 | 1.36 | 1.39 | 65.2 | 7.7 |
| ギリシャ | 1.43 | 0.53 | 0.16 | 0.12 | 1.52 | 1.51 | 48.9 | 9.5 |
| アイルランド | 4.07 | 1.77 | 0.21 | 0.80 | 2.07 | 2.07 | 57.6 | 12.0 |
| イタリア | 1.58 | 0.41 | 0.20 | 0.66 | 1.41 | 1.41 | 47.0 | 7.8 |
| 日本 | 0.96 | 0.35 | 0.16 | 0.42 | 1.37 | 1.39 | 59.8 | 5.1 |
| 韓国 | 0.81 | 0.01 | 0.03 | 0.73 | 1.15 | 1.23 | 52.2 | 3.7 |
| ルクセンブルク | 4.20 | 2.63 | 0.48 | 0.44 | 1.59 | 1.63 | 57.0 | 5.1 |
| オランダ | 1.71 | 0.76 | 0.00 | 0.93 | 1.79 | 1.79 | 69.6 | 3.4 |
| ノルウェー | 3.18 | 0.62 | 0.65 | 1.22 | 1.98 | 1.95 | 74.4 | 3.1 |
| ポルトガル | 1.51 | 0.65 | 0.32 | 0.39 | 1.32 | 1.36 | 61.6 | 9.5 |
| スペイン | 1.52 | 0.20 | 0.34 | 0.63 | 1.39 | 1.38 | 53.5 | 18.0 |
| スウェーデン | 3.75 | 0.75 | 0.76 | 2.02 | 1.94 | 1.98 | 70.2 | 8.3 |
| イギリス | 3.81 | 0.84 | 0.36 | 1.12 | 1.94 | 1.98 | 65.6 | 7.6 |
| アメリカ | 0.70 | 0.11 | 0.00 | 0.32 | 2.00 | 1.93 | 63.4 | 9.3 |
| 平均（単純平均） | 2.42 | 0.87 | 0.31 | 0.82 | 1.69 | 1.71 | 61.9 | 7.8 |

出所：OECD, SOCX 2012; OECD.StatExtracts; UNdata.

図 11-1　女性の就業率と出生率
（20 カ国平均）

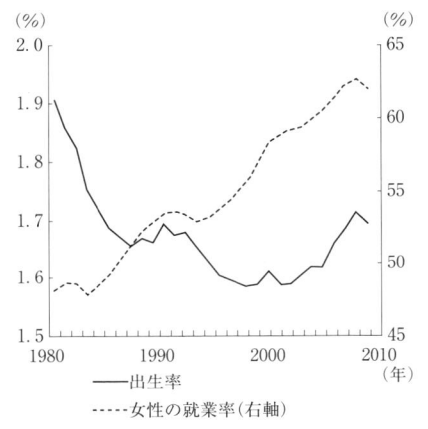

図 11-2　家族社会支出と出生率
（20 カ国平均）

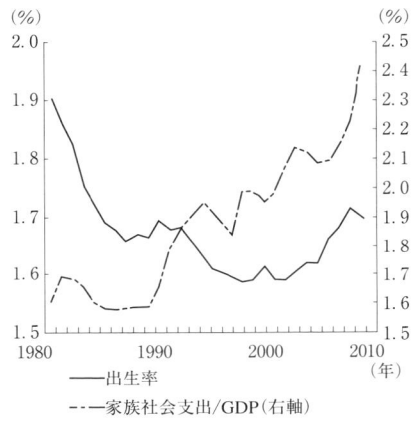

注：OECD, SOCX 2012; UNdata.

注：OECD, SOCX 2012; UNdata.

て大きな差があり、家族手当の GDP 比をみても、ルクセンブルクの 4.20% からアメリカの 0.70% までかなりの違いがある。総じてみると、北欧諸国の値が高めとなっている。

　日本の家族社会支出は GDP の 0.96% にとどまっており、本章の分析対象国の中では、アメリカ、韓国に次いで低い。当然ながら、その構成項目をそれぞれみても、諸外国より低めの数字が並んでいる。表 11-1 には、参考のために、女性の就業率も掲載しているが、それによると日本の値は 59.8% となっており、20 カ国の平均 61.9% は下回るものの、ほぼ中程度の水準になっている。したがって、大まかにいえば、日本の家族支援の規模は女性の社会進出の度合いに比べて低めとなっている。

　次に、この 30 年間における出生率、女性の就業率、家族社会支出の変化をまとめてみたのが、図 11-1、図 11-2 である。20 カ国の平均出生率は、1990 年前後まで明確な低下傾向を示し、そこでいったん止まったものの、その後再び低下した。しかし、出生率は 2000 年前後に約 1.6 で底入れし、その後は顕著な上昇傾向をみせている。もちろん、国によって底入れの時期はかなり異なっており、日本の底入れはかなり遅いが、先進国全体でみると出生率

が回復基調にあることは事実である。

　これに対して、出生率の動きと比較する形で女性の就業率の推移を図11-1でみると、1980年以降、一貫して上昇傾向がみられる。前述の出生率の動きと比較すれば、時系列的には、出生率と女性の就業率との間には、出生率が底入れした2000年前後まではマイナスの相関、それ以降はプラスの相関がみられる可能性が高い。先行研究の対象期間は2000年前後までのものが多く、マイナスの相関を確認するものが多いが、この図をみる限り、対象期間を延ばすと結果が異なる可能性が示唆される。

　一方、女性の出生率のかわりに、家族社会支出のGDP比を出生率の動きと比較したものが図11-2である。家族社会支出も長期的には上昇傾向が明確だが、1980～1990年代はむしろ低下ないし低迷の時期がみられ、出生率の動きに比較的近くなっている。出生率の相関についても、長期的にみればその分だけプラスになる度合いが大きくなると推察される。

### (2)　クロスセクション・データでみた相関係数の変化

　前項の図11-1、図11-2は先進国における出生率と女性の就業率、家族社会支出のそれぞれの平均値の動きを時系列的に比較したものだが、それぞれの時点におけるクロスセクション・データでの相関はどのように変化しているだろうか。

　図11-3は、先行研究でも問題になっていた、女性の就業率と出生率との相関関係をまとめたものである。横軸は暦年であるが、カッコの中に相関係数の計算の対象となった国の数を示すとともに、相関係数の統計的な有意性を＊の数（$*p<10\%$、$**p<5\%$、$***p<1\%$）で表記している。家族社会支出など社会支出のデータは1980～2009年のものしか入手できないが、出生率と女性の就業率のデータは1975～2010年のものが入手できるので、この図でもその期間における相関係数の変化を調べている。

　比較する国の数が古い時点ほど少なくなるので、厳密なことはいえないものの、出生率と女性の就業率との関係が時代とともに大きく変化していることがこの図からも明らかであろう。1970年代後半においては、両変数の相関係数はマイナス0.5前後で10％有意となっていたが、1980年代に入ると

第 11 章　女性の就業率、家族支援策と出生率　221

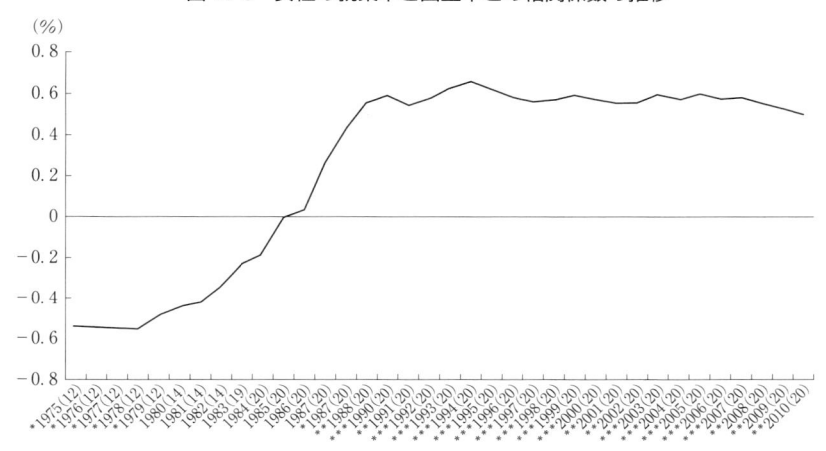

図 11-3　女性の就業率と出生率との相関係数の推移

注：暦年につくカッコ内の数字は、相関係数を計算した対象国の数。*は、女性の就業率と出生率との相関係数の $p$ 値の水準を示したもの。
　　$^{*}p<10\%$、$^{**}p<5\%$、$^{***}p<1\%$。
出所：筆者推計。

徐々に上昇し、有意でなくなる時期がしばらく続く。しかし、1980 年代後半以降になると、相関係数はプラス 0.6 前後となり、1％有意の時期がかなり続くことになる。ここ数年は相関係数が若干落ちているものの、プラス 0.5 は上回っており、有意性も 5％はクリアしている。

このように、女性の就業率と出生率との間には、かつてはマイナスの相関があったものの、1980 年代に入ってからプラスの相関に転じており、しかもその相関は統計的に有意かつかなり安定的である。この事実だけをみれば、女性の就業率を高めれば出生率が上向くといった主張が出てきてもおかしくない。

同様に、家族社会支出と出生率との各時点における相関係数を 1980 年以降から調べてみたものが図 11-4 である。ここでも、図 11-3 と同じような傾向がみられる。両者の相関係数は、1980 年代前半においては、10％有意にとどまっているものの、マイナスで推移していたが、その後、1980 年代後半にプラスに転じ、それ以降は若干ではあるが上昇傾向をみせている。統計的な有意性も 1％をクリアしており、かなり高い水準を保っている。

**図 11-4　家族社会支出と出生率との相関係数の推移**

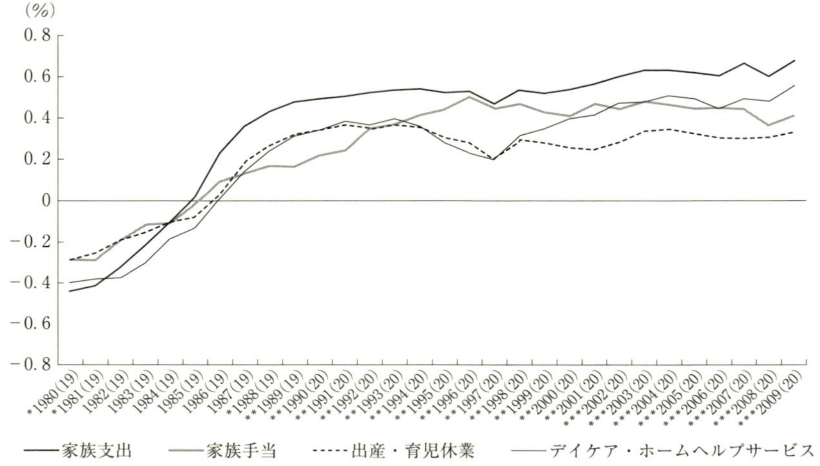

――― 家族支出　　――― 家族手当　　……… 出産・育児休業　　――― デイケア・ホームヘルプサービス

注：暦年につくカッコ内の数字は、相関係数を計算した対象国の数。*は、家族手当と出生率との相関係数の $p$ 値の水準を示したもの。
　　$^{*}p<10\%$、$^{**}p<5\%$、$^{***}p<1\%$。
出所：筆者推計。

　この図では、全体としての家族社会支出だけでなく、家族手当、出産・育児休業、デイケア・ホームヘルプサービスと出生率の相関係数も合わせて示している。項目によって若干の違いがあるものの、1980年代後半にマイナスからプラスに転じ、その後安定的に推移しているという点では、全体としての家族社会支出と同様の傾向がみられる。図11-3と同様、この図からも、家族支援策の拡充が出生率の向上につながるという政策的含意を得られそうである。

### (3)　各国別の動向

　次に、いくつかの国を選んで、出生率と女性の就業率および家族社会支出の動きを比較しておこう。具体的に、スウェーデン、フランス、イタリア、日本の4カ国について、それらの動きを調べたものが図11-5である。まず、スウェーデンについてみると、同国では女性の就業率、家族社会支出のいずれもが出生率とかなり密接に連動していることがわかる。ただし、2000年代前半になると、女性の就業率は低下しているのに、出生率が明確な上昇傾

第 11 章　女性の就業率、家族支援策と出生率　223

図 11-5　主要国における出生率、女性の就業率、家族社会支出

(1)　スウェーデン

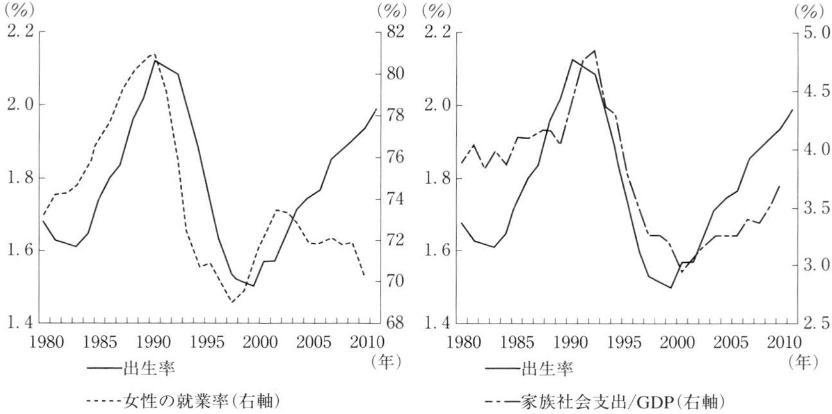

――出生率
－－－女性の就業率（右軸）

――出生率
－・－家族社会支出/GDP（右軸）

(2)　フランス

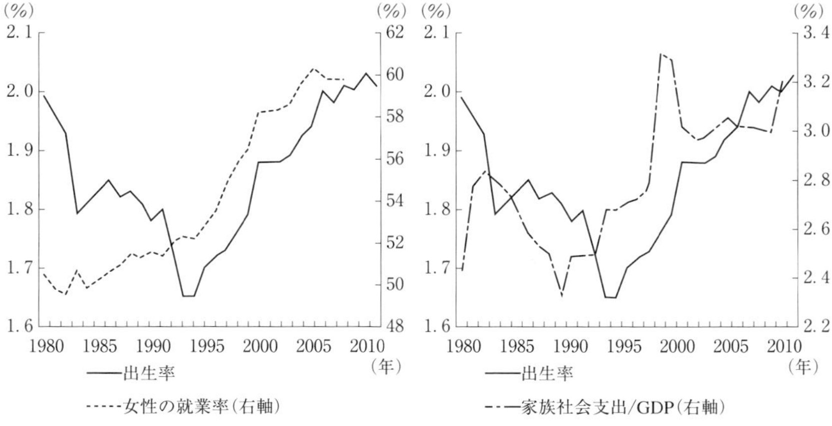

――出生率
－－－女性の就業率（右軸）

――出生率
－・－家族社会支出/GDP（右軸）

向を続けていることが注目される。家族社会支出は2000年代前半以降も上昇傾向を続けており、同時期の出生率の上昇傾向に寄与した可能性が高い。

　フランスでは、女性の就業率と出生率の関係が1990年代前半に大きく転換していることがわかる。それまでは、女性の就業率の上昇と出生率の低下が同時に進行していたが、それ以降になると出生率が上昇に転じている。女性の就業率は一貫して上昇傾向を続けているので、出生率の方向転換をそれ

図11-5 続き

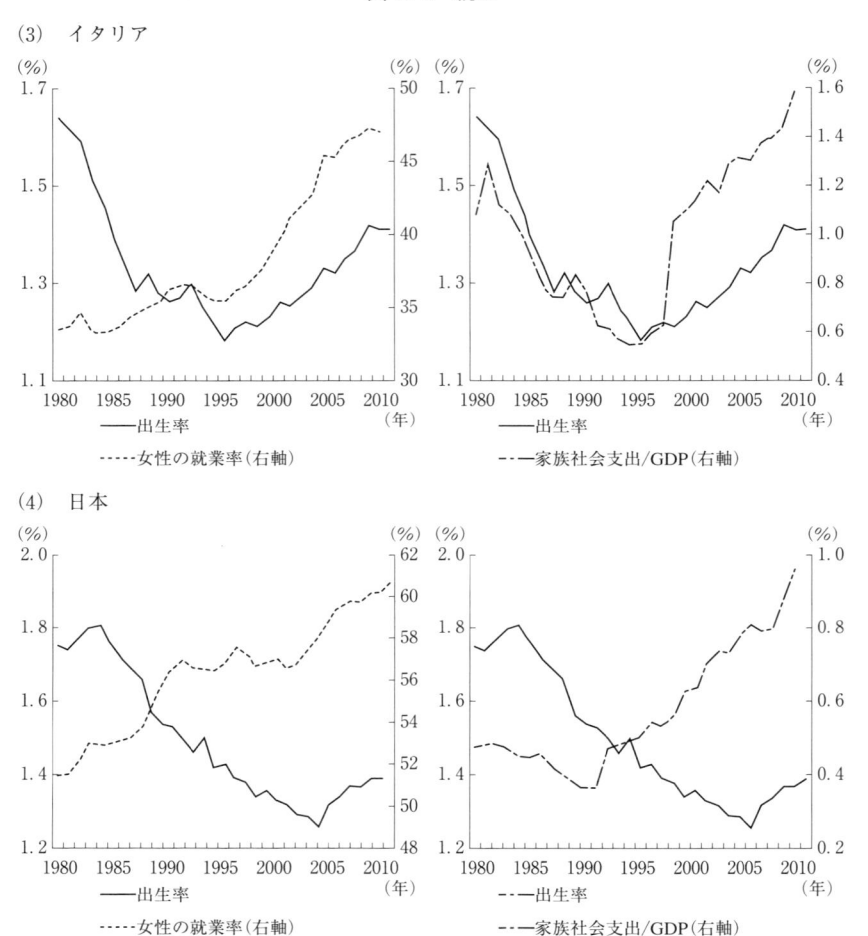

(3) イタリア

(4) 日本

注：OECD, SOCX 2012; OECD. StatExtracts; UNdata.

で説明することは難しい。一方、家族社会支出の動きをみると、1990年ごろまで低下して、その後上昇に転じていることがわかる。出生率の動きは女性の就業率より家族社会支出の動きによって説明できる面が大きいと推察される。

イタリアは、フランスと同様の様相をみせている。女性の就業率は一貫し

て上昇しているものの、出生率は 1995 年ごろまで明確な低下傾向を示し、その後、緩やかながら上昇に転じている。したがって、この 30 年間の出生率の動きを女性の就業率だけで説明することはできない。これに対して、家族社会支出は 1995 年ごろを前後に低下から上昇に大きく転じており、出生率の方向転換とかなり整合的な動きとなっている。

最後に、日本の状況をみておこう。日本では、女性の就業率は、1990 年代から 2000 年代初めにかけてやや中だるみの時期がみられるものの、ほかの国と同様、長期的な上昇傾向をみせている。それに対して、出生率が上昇に転じたのは 2005 年前後と、ほかの国より遅い時点である。そのため、女性の就業率と出生率の相関関係を時系列データに基づいて計算すれば、2005 年ごろまでは明らかにマイナス、それ以降はプラスとなるはずである。一方、家族社会支出の動向をみると、上昇に転じたのは 1990 年前後であり、出生率が底入れした時点より大幅に早い。つまり、出生率の方向転換は、女性の就業率や家族社会支出の動きによっては十分には説明しにくいと推察される。

## 5　分析結果――回帰分析

### (1)　女性の就業率と出生率

それでは、パネル・データを用いた固定効果モデルの結果を紹介しよう。前節で説明したモデル 1～4 を、異なる推計期間に基づいて推計し、その結果を比較する。なお、紙面の制約上掲載していないが、いずれのモデル・推計期間においても、①F 検定の結果は、プーリング回帰モデルよりも固定効果モデルのほうが望ましいことを示し、②ハウスマン検定の結果は、変動効果モデルのほうが固定効果モデルより望ましいことを示している。

まず、期間を 1980～1999 年、1980～2004 年、1980～2009 年と 1980 年を出発点として、推計期間を 5 年ずつ延伸していった場合の結果を、表 11-2 にまとめている。ここでは、紙面を節約するために、定数項とその標準誤差は掲載を省略している。

最も単純なモデル 1 の結果をみると、図 11-3 に示したクロスセクション・データに基づく相関係数の動きとは対照的に、推計期間を延伸していっ

表 11-2 出生率を説明する固定効果モデルの推計結果 (1)

| モデル | 説明変数 (%) | 1980～1999 年 | 1980～2004 年 | 1980～2009 年 |
|---|---|---|---|---|
| モデル 1 | 女性の就業率 | −0.0078*** | −0.0067*** | −0.0030** |
|  |  | (0.0022) | (0.0017) | (0.0012) |
| モデル 2 | 女性の就業率 | −0.0102*** | −0.0094*** | −0.0051*** |
|  |  | (0.0023) | (0.0017) | (0.0014) |
|  | 失業率 | −0.0175*** | −0.0160*** | −0.0143*** |
|  |  | (0.0042) | (0.0037) | (0.0033) |
| モデル 3 | 女性の就業率 | −0.0128*** | −0.0113*** | −0.0063*** |
|  |  | (0.0021) | (0.0018) | (0.0014) |
|  | 家族社会支出／GDP | 0.0943*** | 0.0591*** | 0.0443*** |
|  |  | (0.0196) | (0.0170) | (0.0154) |
|  | 失業率 | −0.0260*** | −0.0199*** | −0.0167*** |
|  |  | (0.0040) | (0.0034) | (0.0031) |
| モデル 4 | 女性の就業率 | −0.0146*** | −0.0139*** | −0.0095*** |
|  |  | (0.0021) | (0.0018) | (0.0015) |
|  | 家族手当／GDP | 0.0263 | −0.0259 | −0.0391* |
|  |  | (0.0319) | (0.0249) | (0.0221) |
|  | 出産、育児休業／GDP | 0.5168*** | 0.4479*** | 0.3601*** |
|  |  | (0.0718) | (0.0632) | (0.0607) |
|  | デイケア・ホームヘルプサービス／GDP | 0.0358 | 0.0483 | 0.0883** |
|  |  | (0.0571) | (0.0419) | (0.0360) |
|  | 失業率 | −0.0305*** | −0.0239*** | −0.0194*** |
|  |  | (0.0037) | (0.0032) | (0.0029) |

注：被説明変数は 1 年後の出生率。（ ）内の数字は標準誤差。定数項の結果は記載を省略。
　　*$p<10\%$、**$p<5\%$、***$p<1\%$。
出所：筆者推計。

ても、女性の就業率につく係数はマイナスで、しかも有意である。国ごとの個別効果を制御すると、女性の就業率が高いほど出生率が低下するという、常識的な結果がここで確認される。ただし、Kögel (2004) や Engelhardt et al. (2004) がすでに指摘しているように、両者の間のマイナスの相関は推計期間を延伸するといくぶん低下する傾向がある。

具体的に、モデル 1 に即していえば、1980～1999 年においては、女性の就業率が 10% 上昇すると出生率は平均して 0.0078 低下するという関係にあったが、その低下幅は、推計期間を 1980～2004 年とすると 0.0067、1980～

2009 年にすると 0.0030 へと小さくなっている。しかも、1980〜2004 年には、それまでの関係が 1% 有意であったのに対して、有意性が 5% をクリアするにとどまっている。出生率と女性の就業率と間の相関がマイナスであること、そしてそのマイナスの相関が推計期間を最近まで伸ばすと弱まることは、両変数の 20 カ国平均の長期的推移を比較した図 11-1 をみれば、ある程度推察できたことである。

　こうした関係は、失業率を説明変数に加えたモデル 2 をみても確認できる。女性の就業につく係数は、モデル 1 と同様にマイナスでしかも有意だが、その絶対値は推計期間を延伸していくに従って次第に低下していく。なお、失業率につく係数は一貫してマイナスでしかも有意だが、これは予想どおりの結果である。失業率の上昇は、足元の所得環境や将来のその見通しに対する不透明感を高め、出産・子育てにマイナスの誘因となる。

　モデル 1 およびモデル 2 の結果は、近年のクロスセクション・データでみられる、出生率と女性の就業率との間のプラスの相関がかなりミスリーディングであることを物語っている。しかし、図 11-1 からも示唆されるように、回帰分析で示される両者の間のマイナスの相関は、過去のマイナスの相関を引きずっている面もかなりあると思われ、これからも持続するかどうかは不透明である。この点はかなり重要なので、後出の表 11-3 の結果もあわせてみながら改めて議論することとし、モデル 3 の結果に移ろう。

### (2) 家族社会支出と出生率

　モデル 3 では、モデル 2 に家族社会支出を新たな説明変数として追加している。家族社会支出も女性の就業率と同様、クロスセクション・データでみると、出生率との相関係数はマイナスからプラスに転じている（図 11-2 参照）。しかし、パネル・データに基づく回帰分析の結果をみると、女性の就業率とは対照的に、出生率は一貫してプラスの相関をみせている。これは、家族社会支出と出生率の長期的な動きを比較した図 11-2 をみても、ある程度推測できたことでもある。このように、女性の就業率と出生率との間の相関関係は、クロスセクション・データでみても、パネル・データでみてもプラスである。これは、家族社会支出が出産・子育ての機会費用を引き下げる

方向に働くことを考えれば、直感的にも理解しやすい結果といえる。

　ただし、ここで次の 2 点に注意しておく必要がある。第 1 に、家族社会支出が出生率に及ぼす影響が、対象期間を延ばすにつれて減少傾向にあることである。1980～1999 年においては、家族社会支出の GDP 比が 1% 上昇すると（同期間の平均は 1.74%）、出生率は 0.094 上昇するという形になっていたが、上昇幅は 1980～2004 年では 0.059、さらには、1980～2009 年にすると 0.044 へと半分以下にとどまっている。

　その理由はここでの分析だけでは十分明らかにできないが、次のような点が考えられる。すなわち、女性の就業率が上昇を続けると、出産・子育ての機会費用が高まるが、その機会費用の上昇を抑制し、出生率の引き上げにつなげるためには、その支援の規模をこれまでより増やす必要がある。したがって、同じだけの規模の支援を行っても、女性の就業率が上昇傾向を続ける限り、その効果は低下していかざるをえない。これが、家族支援の効果の減少傾向に反映していると思われる。

　第 2 に、モデル 2 とモデル 3 を比較すると、女性の就業率につく係数の絶対値がいくぶん大きくなっている。この理由は、次のように説明できる。まず、女性の就業率と家族社会支出はかなり連動しており、しかも、家族社会支出は出生率にプラスに働く。したがって、家族社会支出の影響を考慮しないモデル 2 では、女性の就業率が、家族社会支出との連動性を経由して出生率を引き上げる効果の分だけ、女性の就業率が出生率を引き下げる影響を低めにみせる効果が生じるものと考えられる。

　最後に、家族社会支出の代わりに、その主要な構成項目である家族手当、出産・育児休業、デイケア・ホームヘルプサービスを説明変数としたモデル 4 の結果をみておこう。ここでの最大の注目点は、出産、育児休業の効果がかなり大きく、しかも統計的にかなり有意（1% 水準）であることである。表 11-1 で示したように、出産、育児休業はほかの項目より規模が小さいので、同じ GDP 比 1％を上乗せしても、その効果はどうしても大きめになりがちとなる。しかし、その効果を考慮しても、出産、育児休業の効果はかなり大きい。

　これは、出産、育児休業に関連する支援が、ほかの支援より出生により直

接的に影響するためであろう。男女のカップルが出産・育児の意思決定を行うとき、差し迫った金銭的・時間的な問題を軽減する手段として、出産、育児休業に関連する支援を重視するのは常識的にも理に適っている。それに対して、家族手当は特に推計期間を長くすると出生率にマイナスの影響を及ぼす形になっており、解釈が難しい。

### (3) 推計期間のスライド

次に、20 年間の推計期間を、1980〜1999 年、1985〜2004 年、1990〜2009 年というように 5 年ずつスライドして、結果にどのような違いが出てくるかを調べてみる。表 11-3 が、その結果をまとめたものである。

モデル 1 の結果をみると、女性の就業率と出生率との相関は、推計期間が 1980〜1999 年の場合は、マイナスで有意になっている。しかし、1985〜2004 年になるとマイナスではあるものの、有意ではなくなり、さらに、1990〜2009 年になるとプラスになり、しかも統計的にかなり有意になってしまう。失業率を説明変数に加えたモデル 2 では、1985〜2004 年ではマイナスで有意になるものの、1990〜2009 年になるとプラスで有意となる。

このように、近年になると、女性の就業率と出生率は時系列的にみてもプラスの相関を持つようになる。この結果は、推計期間を延伸すると両者のマイナスの相関が次第に弱まるという表 11-2 の結果と整合的である。図 11-1 をみても、2000 年代になると、それまでとは異なり、両者がともに上昇傾向を示している状況とも見合っている。

ここで、家族社会支出を説明変数に加えるとどうなるか。表 11-2 でも確認されたように、家族社会支出を説明変数に加えないと、女性の就業率の上昇が出生率を抑制する効果を過小評価してしまう可能性がある。そこで、表 11-3 でも、家族社会支出を説明変数に加えたモデル 3 の結果をみてみると、1990〜2009 年における女性の就業率の係数が、モデル 1、2 と同じく、プラスではあるものの、有意ではなくなっている点が注目される。その一方で、家族が出生率に及ぼす影響は、対象期間をスライドしてもマイナスで有意なままである。ただし、ここでも、その影響の大きさは、対象期間をスライドするにつれて低下し、家族支援策の効果が最近になるほど逓減する傾向にあ

表 11-3　出生率を説明する固定効果モデルの推計結果 (2)

| モデル | 説明変数 (%) | 1980～1999 年 | 1985～2004 年 | 1990～2009 年 |
|---|---|---|---|---|
| モデル 1 | 女性の就業率 | −0.0078*** | −0.0012 | 0.0074*** |
| | | (0.0022) | (0.0012) | (0.0011) |
| モデル 2 | 女性の就業率 | −0.0102*** | −0.0045*** | 0.0044*** |
| | | (0.0023) | (0.0016) | (0.0014) |
| | 失業率 | −0.0175*** | −0.0094*** | −0.0092*** |
| | | (0.0042) | (0.0031) | (0.0027) |
| モデル 3 | 女性の就業率 | −0.0128*** | −0.0074*** | 0.0024 |
| | | (0.0021) | (0.0019) | (0.0017) |
| | 家族社会支出／GDP | 0.0943*** | 0.0491*** | 0.0324** |
| | | (0.0196) | (0.0162) | (0.0164) |
| | 失業率 | −0.0260*** | −0.0128*** | −0.0111*** |
| | | (0.0040) | (0.0034) | (0.0029) |
| モデル 4 | 女性の就業率 | −0.0146*** | −0.0090*** | 0.0020 |
| | | (0.0021) | (0.0019) | (0.0016) |
| | 家族手当／GDP | 0.0263 | −0.0412* | −0.0996*** |
| | | (0.0319) | (0.0228) | (0.0244) |
| | 出産、育児休業／GDP | 0.5168*** | 0.3367*** | 0.2426*** |
| | | (0.0718) | (0.0547) | (0.0509) |
| | デイケア・ホームヘルプサービス／GDP | 0.0358 | 0.0617* | 0.0479 |
| | | (0.0571) | (0.0347) | (0.0297) |
| | 失業率 | −0.0305*** | −0.0135*** | −0.0094*** |
| | | (0.0037) | (0.0031) | (0.0027) |

注：被説明変数は 1 年後の出生率。( ) 内の数字は標準誤差。定数項の結果は記載を省略。
　　*$p<10\%$、**$p<5\%$、***$p<1\%$。
出所：筆者推計。

ることがわかる。

　最後に、家族手当、出産・育児休業、デイケア・ホームヘルプサービスを説明変数としたモデル 4 の結果をみておこう。ここでも、出産・育児休業の効果の大きさと安定性が最も注目されるところである。また、家族手当が近年になるほど、むしろ出生率を引き下げる方向に働いている。

## 6 分析結果の考察

### (1) 変化する女性の就業率と出生率との関係

　前節で紹介した回帰分析で得られた主要な結果は、①女性の就業率の上昇は出生率を引き下げる方向に働いてきたが、その効果は近年になると弱まっている、②家族社会支出の増加は出生率を引き上げる方向に働くが、その効果は近年になるほど弱まっている、③家族社会支出のうち、一貫して効果があるのは、出産・育児休業に伴う支出である——という3点にまとめることができる。

　このうち、一番目の結果は、先行研究から得られている一般的な知見に対して重要な意味合いを持っている。女性の就業率と出生率の関係については、クロスセクション・データでみれば、プラスの関係がみられるものの、国ごとの固定効果を制御したパネル・データでみれば両者の間の相関はやはりマイナスである、というのがこれまでの一般的な認識であった。本章の推計結果も、こうした認識を覆すものではない。推計期間をデータが入手できる直近まで延伸したうえで固定効果モデルを推計すると、女性の就業率は出生率とマイナスの相関関係を持っていることが確認できた。

　しかし、その相関関係は推計期間を延ばすほど弱まり、また、推計期間を直近の20年間（1990〜2009年）に限定するとプラスに転じ、しかも統計的にみてもかなり有意になっている。さらに女性の就業率と出生率の長期的な動向を比較しても、これまで逆方向に動いていたものが、近年ではいずれも上昇傾向をみせている。こうした結果は、女性の就業率と出生率の相関関係が、マイナスからプラスに転じつつあることを示唆するものである。

　両者の間のマイナスの相関関係が時系列的に弱まっていることは、すでに先行研究でも確認されているところである（Kögel, 2004; Engelhardt et al., 2004）。本章でも取り上げた家族支援策が拡充し、出産・育児の機会費用が低下傾向にあることがその背景にあると考えられる。しかし、両者の関係がプラスに転じつつあることを説明するためには、追加的な理由が必要になる。女性の社会進出が進み、就業と出産・子育ての両立を支援する社会的な仕組みに対するニーズが高まり、それを受けて実際に家族支援策が充実して出生率の引

き上げにつながるという経路が働いている可能性がある。この点については さらなる研究が必要だが、少なくとも、女性の就業率の高まりは出生率にマイナスに作用する、という一般的な認識の妥当性は見直す必要性が高まっていると考えてよい。

## （2） 出生率を高める家族支援策

次に、家族社会支出と出生率との関係についていうと、まず、家族社会支出の増加が出生率の引き上げに寄与するという結果は、常識的にも理解しやすいものといえる。しかも、本章の推計結果をみると、そのプラスの関係は、対象期間をどのように変更しても統計的にみてかなり有意である。家族社会支出の増加は出産・子育て費用の引き下げにつながるので、それが出生率の上昇に寄与するという結果が得られるのは自然な姿である。先行研究をみても、家族支援策の拡充が出生率の上昇に寄与するという点については肯定的に評価するものが多い（d'Addio and d'Ercole, 2005; Gauthier and Hatzius, 1997; Kalwij, 2010）。

しかし、そのプラスの効果が、対象期間を延伸するほど、また、対象期間を直近にするほど小さくなるという傾向をみせている点には注意が必要である。そうした傾向がみられる理由としては、家族社会支出の増加など家族支援策の拡充を通じて女性の就業率が上昇し、出産・子育ての機会費用が高まる面があるので、これまでと同じだけ家族社会支出を増加してもその出生率の引き上げ効果が弱くなる、という点が考えられる。

ただし、家族社会支出の増加の効果が次第に小さくなっているからといって、家族支援策の役割を過小評価してはならない。家族社会支出の増加には出産・子育ての機会費用を低め、それによって出生率を高めるという効果がある。その効果が弱まっているということは、これ以上家族社会支出を高めても、出産・子育ての機会費用があまり低下しなくなるほどに、家族社会支出の水準がすでに引き上げられていることを意味する。そして、そこに至るまでの間に出産・子育ての機会費用が大きく低下し、出生率も引き上げられてきたはずである。

### (3) 出産・育児休業に伴う支出の効果

本章の実証分析では、家族社会支出の中で、出産・育児休業の拡充が最も安定的な形で出生率を高めることが示された。しかし、先行研究をみると、出産・育児休業を含め、どのようなタイプの家族支援策が出生率の引き上げに効果があるかという点について、結果がかなり異なっている。これは、これらの家族支援策が多様な形態——たとえば、給付水準や給付期間の長さ、現金給付と現物給付の違い、公的給付か強制力を持った私的給付かなど——で実施されているので、同一の支援策の効果を国際比較することが難しいことが一因となっていると思われる（Neyer, 2006）。また、家族手当については出生率の向上にプラスの効果を持つことを示す先行研究が少なくないが、本章ではむしろマイナスとなるケースもみられた。家族支援策の内容に関する詳細な情報に基づいたさらなる研究が求められる。

## 7 結論

本章では、女性の就業率や家族支援策と出生率の関連性について、OECDの社会支出データを用いた実証研究を試みた。このテーマについては、すでに多くの先行研究が蓄積されているが、本章では最新のデータを用いて、先行研究から得られている一般的な知見の妥当性をチェックした。具体的には、女性の就業率は出生率を引き下げる、家族支援策が出生率を引き上げる効果を持っている、という2点については本章の分析でも確認できた。これらは、先行研究の結果を基本的に追認するものである。しかし、前者の点については、その関係が最近では逆方向に変化しつつあること、後者の点については、家族支援策の効果が近年弱まりつつあることも同時に確認できた。

もちろん、本章の分析はかなり単純化された枠組みと集計データに基づくものであり、結果の解釈には慎重でなければならない。特に、女性の就業率と家族社会支出の間の相互関連を捉えていないこと、子ども数に関する決定と子どもの出産時期に関する決定を識別していないこと、出生率の決定には時間的なラグが伴うことをモデルに組み込んでいないこと、などが実証モデルの大きな問題となっている。家族支援策の効果に関する分析についても、

社会支出という形で金銭的に評価されたものに対象を限定しており、このままの形では先行研究との比較が難しい。さらに、ヨーロッパ諸国では、晩産化傾向が一段落しているという、本章の分析には反映していない事情が出生率の動きに影響を及ぼしている可能性もある。

　こうした問題はあるものの、本章で得られた結果は、女性の就業率や家族政策と出生率の関連性が時代とともに、徐々にではあるが確実に変化していくことを強く示唆している。出生率の回復にやや出遅れ感があり、家族支援策の規模も高める余地がある日本としては、国際比較がきわめて容易になっている OECD の政府支出のデータベースを活用して、先進各国の政策効果から得られる最新の知見を家族支援策に反映させていく必要がある。

**参考文献**

Ahn, N. and P. Mira (2002) "A note on the changing relationship between fertility and female employment rates in developed countries," *Journal of Population Economics*, Vol. 15, No. 4, pp. 667–682.

Brewster, K. L. and R. R. Rindfuss (2000) "Fertility and women's employment in industrialized Nations," *Annual Review of Sociology*, Vol. 26, No.1, pp. 271–296.

d'Addio, A. C. and M. M. d'Ercole (2005) "Trends and determinants of fertility rates in OECD countries: The role of policies," *OECD Social, Employment and Migration Working Papers*, No. 27.

Engelhardt, H., T. Kögel and A. Prskawetz (2004), "Fertility and women's employment reconsidered: A macro-level time-series analysis for developed countries, 1960–2000," *Population Studies*, Vol. 58, No. 1, pp. 109–120.

Gauthier, A. H. and J. Hatzius (1997) "Family benefits and fertility: An econometric analysis," *Population Studies*, Vol. 51, No. 3, pp. 295–306.

Kalwij, A. S. (2010) "Family policy expenditure and fertility in Western Europe," *Demography*, Vol. 47, No. 2, pp. 503–519.

Kögel, T. (2004) "Did the association between fertility and female employment within OECD countries really change its sign?" *Journal of Population Economics*, Vol. 17, No. 1, pp. 45–65.

Neyer, G. (2006) "Family Policies and Low Fertility in Western Europe," *Journal of Population and Social Security*, Vol. 1, suppl., pp. 46–93.

Rovny, A. E. (2011) "Welfare state policy determinants of fertility level: A comparative analysis," *Journal of European Social Policy*, Vol. 21, No. 4, pp. 335–347.

第12章

# 国民経済計算（SNA）と
# 社会保障費用統計を用いたマクロ計量分析

佐藤 格

## 1　はじめに

　2012年度より社会保障給付費は「社会保障費用統計」と名称を改め、同時に基幹統計化されることとなった。また「公的統計の整備に関する基本的な計画」（2009年3月13日に閣議決定）では、社会保障給付費について、各種の国際基準に基づく統計との整合性を図ることが求められている。このようなことを背景として、「国民経済計算」（以下SNAと表記）においても社会保障関係の給付・負担が表章されていることから、SNAとの相違を明確にすることへの要請が発生した。国立社会保障・人口問題研究所（2012a）においても、この違いについて参考資料として取り上げているが、本章では、SNAと社会保障費用統計を用いて、マクロ計量モデルの分野における社会保障費用統計の利用可能性について検討を行う。この目的のため、SNAと社会保障費用統計の相違をここで改めて確認するとともに、実際に社会保障費用統計のデータを用いたマクロ計量モデルによる分析例を示す。

　国立社会保障・人口問題研究所（2011）に示されているように、同じ社会保障分野について集計を行ったとしても、SNAと社会保障費用統計とでは、集計される範囲などにさまざまな違いが存在する。もちろんこれらの違いはそれぞれに理由のあるものであり、両者を統合する、あるいは両者の値を合

わせることは、両者それぞれに存在する利点を失うことにもなりかねないため、意味があることとは考えにくい。したがって、国立社会保障・人口問題研究所（2011）にあるとおり、無理に値を揃えるのではなく、両者の間の乖離について、きちんとした説明をすることが最も重要であるといえる。

　SNAは一国のすべての経済活動を重複なく集計することを主眼に置いている統計であり、社会保障の分野についても、付表9・10という形で表章されている。ただし、社会保障としての側面を持っている制度でも、SNAの定めた要件を満たさないものであれば、民間産業など、社会保障以外の分類がなされることもある。

　一方の社会保障費用統計は、社会保障に関係すると考えられるすべての制度について、漏れなく集計することを目的としている。また、一国のすべての経済活動を集計するのではなく、社会保障に関連するものに限定して集計を行っているため、社会保障として集計される範囲はSNAよりも広い。また公費負担額なども、制度別に集計がなされている。

　このように、両者に合理的な相違があるからこそ2つの統計が並立している。それにもかかわらず、少子高齢化の進んだ現状を踏まえた財政金融政策の効果など、一国経済について分析する際には、社会保障部門も含めてSNAが利用されている。関連する政策研究機関におけるマクロ計量分析の先行研究および、政策立案の資料となる日本経済の動向に関する推計においても、SNAを利用するのが一般的であるという共通の認識があるものと思われる。たとえば佐久間他（2011）などでも、社会保障給付・社会保障負担はモデル内に組み込まれているが、いずれもSNAベースの値となっている。また伴他（2002）なども、社会保障部門を明示していないことがその大きな理由とは思われるが、SNAベースでモデルを構築している。さらに、分析手法等に差があるため直接的な比較対象となるかどうかという問題はあるものの、中野（2013）では医療・介護関係の政策目標も考慮したモデルを構築しているが、ここでもやはりSNAの産業連関表をもとに分析を行っている。社会保障分野に重点を置いて分析を行っている増淵他（2002）にしても、さまざまなデータを用いて推計を行っているが、最終的には社会保障基金としてその値を示しているように、一国経済の中で分析を行うに当たっては、SNA

の社会保障基金がベースになることが一般的である。

　しかし公的統計としてSNAと社会保障費用統計がそれぞれの理由で並立するようになったことを踏まえると、新たな課題が発生している。すなわち、マクロ計量モデルによる分析に際し社会保障費用統計を利用することで、従来からのSNAをベースとしたモデルと比べてどのような差が発生するのか、また社会保障費用統計のデータをモデルに適用する際に考慮すべき点を明らかにすることが、今後の政策研究や社会保障費用統計の活用に当たっての課題である。本章ではこの課題について、社会保障部門を含むマクロ計量モデルを、SNAのデータ中心に構築・分析することと、SNAのデータに社会保障費用統計を加えたデータに基づいて構築・分析することにより、結果の比較検討を行う。

　社会保障分野を含むマクロ計量モデルには、1970年代以降、さまざまな研究の蓄積がなされている。詳しくはコラム3「社会保障の将来を描く手法」、あるいは山本他（2010）を参照されたいが、社会保障部門が規模を増していくなかで、社会保障部門をモデル内で記述し、マクロ経済との相互作用を分析することを目標に、モデル構築を進めている。

　マクロ計量モデルは、世代重複モデル（OLGモデル）のような完全なミクロ経済学的な基礎づけを持つとはいえないが、消費関数ではライフサイクルモデルや恒常所得仮説が、投資関数ではトービンのQ理論や加速度原理が想定されるように、方程式体系の個々の関数形については経済理論を背景にモデルを構築し、そのモデルに実際のデータを用いて方程式体系のパラメータを推定している。また推定されたパラメータと外生変数とを用いて、将来の経済変数の推計、すなわちシミュレーションも行うことになる。したがって、どの制度も記述できるというわけではないが、主要な制度を推定の対象として、一国経済全体の姿を描写するモデルであるといえる。

　本章の構成は以下のとおりである。第2節では、社会保障分野を表章する統計としてSNAと社会保障費用統計を比較し、両者の違いを、数値をみながら検証する。続いて第3節において、本章の分析に用いるモデルを紹介する。第4節では、第3節で提示したモデルを用いた推計とシミュレーションを行い、その結果を示す。最後の第5節においては結論を示し、今後の課題

について触れることでむすびとする。

## 2 SNAと社会保障費用統計の相違点

### (1) SNAにおける社会保障の取り扱い

　SNAにおいて表章される社会保障部門と社会保障費用統計とでは、大きな差が発生しているものがある。またほぼ等しい値が計上されていても、わずかに差があるものも多く存在する。これらの差が発生する原因については、国立社会保障・人口問題研究所（2011）にも示されているが、主なものについて、改めて確認してみよう。

　まず最も重要な点として、集計する範囲の違いが挙げられる。SNAは一国経済の動きを重複なく記述することが要請されているため、社会保障とかかわりのある分野であっても、場合によっては別の分野に値が計上されているため、社会保障部門として扱われない。たとえば厚生年金基金などは、「民間産業」として扱われるため、社会保障の給付に関する付表9、負担に関する付表10には計上されない[1]。一方、社会保障費用統計においては、社会保障に関係すると考えられる項目を漏れなく集計することが求められているため、SNAでは社会保障としての集計範囲から外れる厚生年金基金などの値も計上されることになる。

　次に、取引の範囲の違いによっても、集計される値に差が生じる。SNAの付表9は「一般政府から家計への移転の明細表（社会保障関係）」、付表10は「社会保障負担の明細表」というタイトルが付与されており、付表9ではその名のとおり、一般政府と家計との間の取引、付表10では事業主負担が加わるものの、一般政府と民間の経済主体との取引のみが集計されることになる。したがって、国庫負担、あるいは制度間移転のような、政府の部門間移転については、付表9あるいは付表10には計上されない[2]。

　また他の理由としては、制度上の計上方法の違いもある。たとえば介護保険については、社会保障費用統計で「被保険者拠出」に含まれるのは1号被保険者（65歳以上）による拠出分のみであり、2号被保険者（40～64歳）については、それぞれの属する健康保険制度に対する拠出として扱われる。一

方SNAにおいては、各制度に所属する者の拠出額のうち、介護保険に該当する部分はすべて介護保険の被保険者拠出に含めている。したがって、「介護保険の被保険者拠出」という一見同じ項目でも、計上される額には違いが出てくることになる。もちろん重複のないように計上しているため、SNAにおける各健康保険制度への社会負担からは、介護分は控除されている。

### (2) SNAと社会保障統計の比較

ここからは、実際の給付や負担において、どのように値の違いがみられるのかということについて、実際のデータをみながら確認することにしよう。なお、ほとんどの項目について差があるため、本来であればそれらについてすべて確認すべきところではあるが、紙幅の都合上、ここでは次節以降の分析に関係する項目に限定して確認を行うものとする。

まずは表12-1、表12-2において、SNAと社会保障費用統計について、表章される項目の対比を行っている。ここからわかるように、厚生年金基金や国民年金基金、旧公共企業体職員業務災害などの項目は、SNAの付表9や付表10には現れない。また恩給や生活保護なども、給付は社会扶助給付として集約され、また負担についてはそれらの項目のための徴収が行われていないことから付表10には現れない。

それでは実際の給付と負担について比較を行った表をみてみよう。表12-3では年金給付について、両者の値を示している。ここで「年金」として扱っているのは、厚生年金・国民年金・船員保険の年金分、国家公務員共済と地方公務員共済の長期経理（社会保障費用統計では年金分）である。この表からわかるとおり、年金給付については、SNAと社会保障費用統計では、船員保険を除けば最大でも1.9%程度の違いであり、それほど大きなずれはみられない[3]。すなわち、年金給付については比較的社会保障費用統計で代用しやすいものと考えられる。

次に表12-4は医療給付である。ここでは政府管掌健康保険と全国健康保険協会の合計額、船員保険の医療分、国民健康保険、老人保健と後期高齢者医療の合計額、国家公務員共済と地方公務員共済の短期経理（社会保障費用統計では医療分）、組合管掌健康保険を「医療」として扱っている。医療給付

## 表 12-1 社会保障費用統計と SNA の比較 給付面

| 給付 社会保障費用統計 | 社会保障費用統計に対応する SNA の項目 | SNA（付表 9） |
|---|---|---|
| | | 1. 社会保障給付 |
| | | (1)特別会計 |
| 協会管掌健康保険 | I(1)a （a）健康保険・(6) 全国健康保険協会 | a. 年金（除児童手当） |
| 組合管掌健康保険 | I(5) 組合管掌健康保険 | (a) 健康保険 |
| 国民健康保険 | I(2) 国民健康保険 | (b) 厚生年金 |
| 後期高齢者医療制度 | I(3) 後期高齢者医療 | (c) 国民年金 |
| 介護保険 | I(8) 介護保険 | b. 労働保険 |
| 厚生年金保険 | I(1)a(b) 厚生年金 | (a) 労災保険 |
| 厚生年金基金等 | 厚生年金基金 除外：民間産業 | (b) 雇用保険 |
| | 石炭鉱業年金基金 除外：17 年基準改定から社会保障基金 | c. 船員保険 |
| 国民年金 | I(1)a(c) 国民年金 | (a) 疾病給付 |
| 農業者年金基金等 | 農業者年金基金 除外：民間産業 | (b) 年金給付 |
| | I(8) 基金 | (c) 失業給付 |
| 船員保険 | I(1)c 船員保険 | (2) 国民健康保険 |
| 農林漁業団体職員共済組合 | I(4)c その他 | (3) 後期高齢者医療 |
| 日本私立学校振興・共済事業団 | I(4)c その他 | (4) 共済組合 |
| 雇用保険等 | I(1)b(b) 雇用保険 | a. 国家公務員共済組合 |
| 労働者災害補償保険 | I(1)b(a) 労災保険 | (a) 短期経理 |
| 児童手当 | I(6) 児童手当 | (b) 長期経理 |
| 国家公務員共済組合 | I(4)a 国家公務員共済組合 | b. 地方公務員共済組合 |
| 存続組合等 | I(4)c その他 | (a) 短期経理 |
| 地方公務員等共済組合 | I(4)b 地方公務員共済組合 | (b) 長期経理 |
| | I(4)c その他 地方公務議員共済会 | c. その他 |
| 旧公共企業体職員共済組合等 | 3 社会扶助給付 | (5) 組合管掌健康保険 |
| 国家公務員災害補償 | 2 無基金雇用者社会給付 | (6) 全国健康保険協会 |
| 地方公務員災害補償 | 地方公務員共済組合 | (7) 児童手当 |
| | 消防団員等公務災害補償 | (8) 基金 |
| | 国鉄清算事業団 | (9) 介護保険 |
| | NTT | 2. 無基金雇用者社会給付 |
| 旧公共企業体職員業務災害 | 日本たばこ産業株式会社 | うち公務災害補償 |
| 国家公務員恩給 | 除外：社会扶助給付 民間産業 など | 3. 社会扶助給付 |
| 地方公務員恩給 | | うち社会扶助給付 |
| 公衆衛生 | | うち恩給 |
| 生活保護 | | |
| 社会福祉 | 3 社会扶助給付 | |
| 戦争犠牲者 | | |

第12章 国民経済計算（SNA）と社会保障費用統計を用いたマクロ計量分析

表12-2 社会保障費用統計とSNAの比較 負担面

| 負担 社会保障費用統計 | 社会保障費用統計に対応するSNAの項目 | SNA（付表10） |
|---|---|---|
| | | 1. 特別会計 |
| 協会管掌健康保険 | 1 (1) a 健康保険・6 全国健康保険協会 | (1) 年金（除児童手当） |
| 組合管掌健康保険 | 4 組合管掌健康保険 | a. 健康保険 |
| 国民健康保険 | 2 国民健康保険 | b. 厚生年金 |
| 後期高齢者医療制度 | 3 後期高齢者医療 | c. 国民年金 |
| 介護保険 | 9 介護保険 | (2) 労働保険 |
| 厚生年金保険 | 1 (1) b 厚生年金 | a. 労災保険 |
| 厚生年金基金等　　　厚年年金基金 | 除外：民間産業 | b. 雇用保険 |
| 　　　　　　　　　　石炭鉱業年金基金 | 除外：17 基準改定から社会保障基金 | (3) 船員保険 |
| 国民年金 | 1 (1) c 国民年金 | a. 疾病 |
| 農業者年金基金等　　農業者年金基金 | 8 基金 | b. 年金 |
| 　　　　　　　　　　国民年金基金 | 除外：民間産業 | c. 失業 |
| 船員保険 | 1 (3) 船員保険 | d. その他 |
| 農林漁業団体職員共済組合 | 3 (3) その他 | 2. 国民健康保険 |
| 日本私立学校振興・共済事業団 | | 3. 後期高齢者医療 |
| 雇用保険等 | 1 (2) b 雇用保険 | 4. 共済組合 |
| 労働者災害補償保険 | 1 (2) a 労災保険 | (1) 国家公務員共済組合 |
| 児童手当 | 5 児童手当 | a. 短期経理 |
| 国家公務員共済組合等 | 3 (1) 国家公務員共済組合 | b. 長期経理 |
| | 3 (2) その他 | (2) 地方公務員共済組合 |
| 地方公務員共済組合等 | 3 (2) 地方公務員共済組合 | a. 短期経理 |
| | 3 (2) 地方公務議員共済会 | b. 長期経理 |
| | 3 (3) その他 | (3) その他 |
| 旧公共企業体職員共済組合等 | 項目なし | a. 短期経理 |
| 国家公務員災害補償 | 項目なし | b. 長期経理 |
| 地方公務員災害補償　　地方公務員災害補償 | 8 基金 | 5. 組合管掌健康保険 |
| 　　　　　　　　　　消防団員等公務災害補償 | | 6. 全国健康保険協会 |
| 　　　　　　　　　　国鉄清算事業団 | | 7. 児童手当 |
| 旧公共企業体職員業務災害　　NTT | 除外：民間産業 | 8. 基金 |
| 　　　　　　　　　　日本たばこ産業株式会社 | | 9. 介護保険 |
| 国家公務員恩給 | 項目なし | |
| 地方公務員恩給 | | |
| 公衆衛生 | | |
| 生活保護 | | |
| 社会福祉 | | |
| 戦争犠牲者 | | |

表 12-3　SNA と社会保障費用統計との比較（1）年金給付

（十億円）

| 年度 | 年金計 SNA | 年金計 費用統計 | 厚生年金 SNA | 厚生年金 費用統計 | 国民年金 SNA | 国民年金 費用統計 | 船員 SNA | 船員 費用統計 | 国共済 SNA | 国共済 費用統計 | 地共済 SNA | 地共済 費用統計 |
| --- | --- | --- | --- | --- | --- | --- | --- | --- | --- | --- | --- | --- |
| 1980 | 7,500.6 | 7,523.1 | 3,247.3 | 3,251.5 | 2,605.6 | 2,606.7 | 100.8 | 98.0 | 483.1 | 483.1 | 1,063.8 | 1,083.8 |
| 1985 | 12,852.9 | 12,885.7 | 6,223.8 | 6,227.4 | 3,564.5 | 3,566.1 | 200.0 | 196.7 | 850.4 | 850.4 | 2,014.2 | 2,045.0 |
| 1990 | 19,292.2 | 19,337.9 | 10,496.1 | 10,503.1 | 4,619.8 | 4,623.9 | 5.6 | 2.4 | 1,275.6 | 1,277.8 | 2,895.1 | 2,930.8 |
| 1995 | 28,009.1 | 28,071.4 | 15,032.4 | 15,041.7 | 7,557.1 | 7,562.7 | 5.6 | 3.0 | 1,599.2 | 1,600.5 | 3,814.8 | 3,863.5 |
| 2000 | 36,150.9 | 36,221.3 | 19,144.7 | 19,154.4 | 11,180.2 | 11,185.5 | 6.2 | 3.8 | 1,679.0 | 1,680.0 | 4,140.8 | 4,197.7 |
| 2005 | 42,548.1 | 42,629.0 | 21,979.6 | 21,986.3 | 14,606.1 | 14,609.7 | 6.5 | 4.1 | 1,667.2 | 1,669.3 | 4,288.7 | 4,359.6 |
| 2009 | 47,782.0 | 47,877.0 | 23,743.3 | 23,750.0 | 17,907.1 | 17,911.8 | 5.6 | 4.5 | 1,674.5 | 1,677.5 | 4,451.5 | 4,533.2 |

表 12-4　SNA と社会保障費用統計との比較（2）医療給付

（十億円）

| 年度 | 医療計 SNA | 医療計 費用統計 | 政管+協会 SNA | 政管+協会 費用統計 | 船員 SNA | 船員 費用統計 | 地共済 SNA | 地共済 費用統計 | 国保 SNA | 国保 費用統計 | 組合 SNA | 組合 費用統計 |
| --- | --- | --- | --- | --- | --- | --- | --- | --- | --- | --- | --- | --- |
| 1980 | 9,224.1 | 8,886.1 | 2,920.0 | 2,797.4 | 77.0 | 75.2 | 552.8 | 516.3 | 3,525.8 | 3,524.6 | 1,943.6 | 1,779.8 |
| 1985 | 13,055.5 | 12,707.0 | 2,778.4 | 2,749.1 | 63.0 | 61.6 | 550.6 | 505.5 | 3,360.0 | 3,358.3 | 2,065.2 | 1,843.6 |
| 1990 | 17,300.9 | 16,833.7 | 3,599.9 | 3,524.6 | 51.4 | 50.3 | 633.8 | 586.4 | 4,368.2 | 4,360.0 | 2,660.8 | 2,379.0 |
| 1995 | 23,124.1 | 22,476.7 | 4,670.2 | 4,612.3 | 46.5 | 45.5 | 766.5 | 688.4 | 5,449.6 | 5,426.0 | 3,434.8 | 3,024.6 |
| 2000 | 24,799.6 | 24,457.3 | 4,239.2 | 4,196.3 | 35.0 | 34.1 | 742.9 | 660.9 | 6,088.3 | 6,088.3 | 3,183.1 | 2,906.8 |
| 2005 | 26,770.9 | 26,319.7 | 4,032.3 | 4,016.6 | 25.0 | 24.3 | 733.9 | 643.9 | 7,985.0 | 7,906.5 | 3,094.9 | 2,841.4 |
| 2009 | 29,345.0 | 28,539.8 | 4,524.9 | 4,476.2 | 17.8 | 24.7 | 772.1 | 656.6 | 9,063.5 | 9,084.2 | 3,636.0 | 3,100.4 |

| 年度 | 老人/後期 SNA | 老人/後期 費用統計 |
| --- | --- | --- |
| 1980 | 0.0 | 0.0 |
| 1985 | 4,041.6 | 4,007.0 |
| 1990 | 5,771.2 | 5,733.1 |
| 1995 | 8,506.4 | 8,452.5 |
| 2000 | 10,263.9 | 10,346.9 |
| 2005 | 10,656.4 | 10,666.9 |
| 2009 | 11,083.6 | 10,977.6 |

表 12-5　SNA と社会保障費用統計との比較（3）介護給付

（十億円）

| 年度 | 介護計 SNA | 介護計 費用統計 |
| --- | --- | --- |
| 2000 | 3,570.8 | 3,262.3 |
| 2005 | 5,809.5 | 5,814.7 |
| 2009 | 7,081.9 | 7,050.6 |

についても、年金給付ほどではないにしてもほとんどの項目においてずれはわずかであるが、その中で地方公務員共済のずれが目立つ。ただし、医療給付全体に占める割合は 5% に満たない程度にとどまる。

続いて表 12-5 では介護給付を示している。これについては、それぞれ一個の独立した項目として計上されているため、年金や医療のように、さまざまな項目の合計値として計算する必要はない。制度発足の 2000 年は 8.6% 程度のずれが発生するものの、それ以外の年については両者の値はほぼ一致している。

以上のように、給付面については比較的 SNA と社会保障費用統計とのずれは大きくない。もちろん完全に一致しているわけではないため、場合によっては先に記したような重複の問題が存在しないとは言い切れないものの、項目単位で問題が発生しうる厚生年金基金等とは性質が異なると考えられる。

ここまで給付面について検討を行ってきたが、続いては負担面について取り上げてみよう。表 12-6 は年金負担である。厚生年金や船員保険がほぼ完全に一致している一方で、国家公務員共済と地方公務員共済については最大で 140% 程度の違いがあり、それが年金の合計額に 1 割程度のずれを発生させている。

また表 12-7 では医療負担をみているが、こちらも多少のずれが発生している。なお、社会保障費用統計のうち、政府管掌健康保険・全国健康保険協会・船員保険・国家公務員共済・地方公務員共済については、「医療分」「介護分」が明示的に分離されて計上されているが、政府管掌健康保険と全国健康保険協会の合計額については、この介護分を控除することにより SNA とほぼ同一の値が得られる一方、船員保険や国家公務員共済、地方公務員共済では、逆に介護分を控除すると値の乖離が大きくなるという問題がある。

さらに表 12-8 では介護負担を示しているが、こちらは医療負担にある控除分を加えても、SNA の値と比べてかなり小さい値になってしまう。

以上みてきたように、SNA の値と社会保障費用統計では、同様の項目名であっても、ほとんどのケースにおいて、程度の差はあるにしても値にずれが生じていることがわかる。ただし、差が大きいものは介護保険や国家公務員共済組合、地方公務員共済組合などが中心である。たとえば介護保険であ

244 第3部 日本の社会保障制度の課題と展望

表 12-6 SNA と社会保障費用統計との比較 (4) 年金負担

(十億円)

| 年度 | 年金計 | | 厚生年金 | | 国民年金 | | 船員 | | 国共済 | | 地共済 | |
|---|---|---|---|---|---|---|---|---|---|---|---|---|
| | SNA | 費用統計 | SNA | 費用統計 | SNA | 費用統計 | SNA | 費用統計 | SNA | 費用統計 | SNA | 費用統計 |
| 1980 | 7,164.1 | 8,184.7 | 4,700.7 | 4,700.7 | 1,175.1 | 1,182.4 | 76.8 | 76.8 | 306.3 | 583.2 | 905.2 | 1,641.6 |
| 1985 | 11,094.4 | 12,796.0 | 7,504.5 | 7,505.3 | 1,567.5 | 1,576.2 | 89.0 | 89.1 | 497.3 | 980.5 | 1,436.1 | 2,644.9 |
| 1990 | 17,049.8 | 19,289.5 | 13,050.7 | 13,050.7 | 1,290.1 | 1,305.3 | 12.5 | 12.5 | 673.2 | 1,300.0 | 2,023.3 | 3,621.1 |
| 1995 | 24,160.2 | 26,749.4 | 18,693.3 | 18,693.3 | 1,800.5 | 1,825.1 | 16.1 | 16.1 | 906.6 | 1,611.5 | 2,743.7 | 4,603.4 |
| 2000 | 26,013.6 | 28,588.8 | 20,051.2 | 20,051.2 | 1,941.6 | 1,967.8 | 12.0 | 12.0 | 1,020.6 | 1,713.3 | 2,988.2 | 4,844.5 |
| 2005 | 26,029.0 | 28,310.9 | 20,058.4 | 20,058.4 | 1,918.0 | 1,948.0 | 13.7 | 13.6 | 1,029.0 | 1,658.0 | 3,009.9 | 4,632.7 |
| 2009 | 27,913.0 | 30,169.8 | 22,240.9 | 22,240.9 | 1,659.1 | 1,695.0 | 8.7 | 11.4 | 1,032.7 | 1,614.7 | 2,971.6 | 4,607.8 |

表 12-7 SNA と社会保障費用統計との比較 (5) 医療負担

(十億円)

| 年度 | 医療合計 | | 政管 + 協会 | | 国民年金 | | 船員 | | 国共済 | | 地共済 | | 組合 | | 国保 | |
|---|---|---|---|---|---|---|---|---|---|---|---|---|---|---|---|---|
| | SNA | 費用統計(介護分一部控除) | 費用統計(介護控除) | SNA | 費用統計(介護控除) | SNA | 費用統計(介護控除) | SNA | 費用統計(介護控除) | SNA | 費用統計(介護控除) | SNA | 費用統計 | SNA | 費用統計 |
| 1980 | 6,641.2 | 6,638.9 | 204.8 | 204.8 | 2,322.7 | 2,322.7 | 63.6 | 70.9 | 70.9 | 565.9 | 565.9 | 2,166.0 | 2,166.0 | 1,308.6 | 1,308.6 |
| 1985 | 9,520.3 | 9,542.4 | 262.4 | 262.4 | 3,321.3 | 3,321.3 | 78.7 | 78.8 | 78.8 | 729.0 | 728.6 | 3,174.3 | 3,174.3 | 1,976.7 | 1,976.7 |
| 1990 | 12,886.2 | 12,918.1 | 346.5 | 346.5 | 4,518.9 | 4,518.9 | 69.1 | 69.1 | 69.1 | 960.2 | 959.4 | 4,317.6 | 4,317.6 | 2,705.8 | 2,705.8 |
| 1995 | 15,628.1 | 15,665.3 | 371.0 | 371.0 | 5,692.0 | 5,692.0 | 61.9 | 61.9 | 61.9 | 1,105.5 | 1,104.5 | 5,341.9 | 5,341.9 | 3,093.0 | 3,093.0 |
| 2000 | 16,718.4 | 17,507.5 | 426.4 | 426.4 | 6,124.7 | 6,124.7 | 46.8 | 48.2 | 48.2 | 1,114.1 | 1,185.4 | 5,704.1 | 6,000.5 | 3,504.3 | 3,721.5 |
| 2005 | 17,583.5 | 18,326.7 | 459.5 | 459.5 | 6,066.9 | 6,067.2 | 37.4 | 34.3 | 37.4 | 1,157.7 | 1,274.9 | 5,907.4 | 6,385.2 | 3,837.4 | 4,101.6 |
| 2009 | 17,957.9 | 18,727.1 | 441.0 | 474.1 | 5,966.2 | 5,971.4 | 23.1 | 31.8 | 34.8 | 1,202.9 | 1,311.2 | 6,068.1 | 6,561.9 | 3,257.4 | 3,520.2 |

| 年度 | 老人+後期 | |
|---|---|---|
| | SNA | 費用統計 |
| 1980 | 0.0 | 0.0 |
| 1985 | 0.0 | 0.0 |
| 1990 | 0.0 | 0.0 |
| 1995 | 0.0 | 0.0 |
| 2000 | 0.0 | 0.0 |
| 2005 | 0.0 | 0.0 |
| 2009 | 859.4 | 856.5 |

表 12-8 SNA と社会保障費用統計との比較 (6) 介護負担

(十億円)

| 年度 | 介護合計 | | |
|---|---|---|---|
| | SNA | 費用統計(控除分追加) | 費用統計 |
| 2000 | 1,050.1 | 192.4 | 288.7 |
| 2005 | 2,419.0 | 983.5 | 1,647.1 |
| 2009 | 2,811.2 | 1,390.1 | 2,011.6 |

れば、SNAが第1号被保険者・第2号被保険者ともに計上しているのに対して、社会保障費用統計では第1号被保険者しか計上されない[4]。また地方公務員共済組合であれば、SNAが地方公務員共済組合のみを扱っているのに対して、社会保障費用統計は「地方公務員等共済組合」として、SNAでは別項目に計上される地方議会議員共済会を含んでいる。このように、差が発生する理由を明確な分類の相違としてある程度説明できるものもある。特に介護保険などは、後にモデルの説明をする際にも改めて記述するが、モデルの説明変数自体を変更して推計する余地があると考えられるため、本章では社会保障部門について、社会保障費用統計をベースにしたモデルについてもシミュレーションを試みることとする。ただし、最初に指摘した集計範囲の相違と、それに起因する重複の可能性を考慮すると、社会保障給付・負担の総額については、SNAベースの値を用いることとする。

なお、本章のモデルにおいては、主に年金・医療・介護に焦点を当て、児童手当や生活保護、公衆衛生等については扱わない。これはSNAにこれらの項目がないことを意味するわけではない。児童手当であれば社会保障基金、生活保護の給付や公衆衛生は社会扶助給付に含まれているが、本章のモデルがそれらの変数について記述していないため扱っていないにすぎない。

### (3) 比較に用いるデータ

ここまでみてきたとおり、「日本における社会保障制度」について集計を行ったとしても、SNAと社会保障費用統計ではさまざまな違いが存在する。それでは、実際に分析を行う、特に一国経済の動きを捉えることを目標に、その中の1つの要素として社会保障の給付や負担を記述することを目指した場合には、どのようなデータを使用することが望ましいのだろうか、という点について検討してみよう。

一国経済の動きを分析するに当たり、データの重複がないかどうかは重要な問題である。たとえば所得や消費について、二重に計上されている要素がある、あるいは計上されていない要素があるといった状況があれば、一国経済の状況を正しく把握することはできなくなってしまう。したがって、重複なく整理・集計するというSNAの集計理念は、一国経済の状況を把握する

際には無視することのできない重要なものであるといえるだろう。

　ただし、社会保障にのみ焦点を当てるのであれば、章末の注1）に挙げたような要件をもとに社会保障基金の分類を行うよりも、さらに広い範囲で集計することが重要である。したがって、社会保障のみを分析するのであれば、社会保障費用統計の集計についてもまた合理的なものであるといえる。

　ただし本章においては、本節の冒頭で述べたとおり、一国経済の動きを捉えることを目標に、その中の1つの要素として社会保障の給付や負担を記述することを目指している。したがって、このような観点からは、SNAが行っているような、重複のない形での集計が必要となる。

　もちろん、社会保障費用統計の定義する社会保障の範囲をモデル内でも社会保障の範囲として捉えることは、データの制約を無視すれば可能である。しかし実際には、SNAと社会保障費用統計の値の差には差があり、それらを重複のないように再集計することは、公表されているデータを利用する限り非常に困難である。たとえば厚生年金基金のように、SNAにおいて民間産業に分類される項目については、厚生年金基金の産出額は、経済全体の産出額の一部として計上されているものと考えられるためである[5]。

　したがって、SNAを使用しつつ、SNAで社会保障部門として扱われない厚生年金基金等については社会保障費用統計に基づき値を計上するというようなことを行ったとすれば、一国経済の産出額あるいは社会保障の給付・負担額が重複して計上されていることになってしまう。もちろんSNAのみを用いれば、厚生年金基金は社会保障基金に含まれていないことから、一国経済の産出額には計上されるが、社会保障の給付・負担額は計上されない。もっとも、何らかの方法により厚生年金基金の産出額その他を把握し、その額を一国経済の産出額から控除することができるのであれば、厚生年金基金を社会保障部門に含めて分析することも可能であろう。

　このように、SNAでは民間産業の項目として扱われ、付表9や10に含まれない一方で、社会保障費用統計において社会保障として扱われる厚生年金基金等の項目については、社会保障費用統計をベースに一国経済のモデルを構築するためには、その産出額を一国経済における産出量から控除する必要があると考えられる。しかしこのような控除は、データの制約とさまざまな

仮定を置かざるをえないという問題があるために非常に難しい。

また三面等価という性質を考えれば、控除による産出額の減少は支出面や分配面にも影響を与えることになるため、事実上、社会保障の範囲を社会保障費用統計に合わせることは不可能であるといってよい。言い換えれば、1つの現象を生産面・支出面・分配面の3つの面から捉え、それらの整合性を確保するSNAに対して、社会保障費用統計では1つの面からしか捉えられていないために、SNAをベースとした一国経済のモデルを構築するうえでは困難が伴うことになる。

したがって、社会保障に関する項目について社会保障費用統計の値を使用したとしても、SNAと異なる分類にはできない以上、社会保障費用統計の使用は限定的なものにとどまるだろう。本章でもこのような考え方に基づき、従来からのSNA体系を中心においた計量経済モデルを構築するとともに、SNAの体系に社会保障費用統計を加えたデータを用いた計量経済モデルを構築し、比較検討を行う。

## 3 モデル

次に、本章で用いるモデルについて、簡単に説明しよう。本章において行うマクロ計量モデルを用いた分析は、一国経済の動きを捉える1つの方法である。主要な変数について方程式を想定して推計を行い、そこで得られた結果をもとに、政策選択や政策変更の影響をみるための将来のシミュレーションを行うため、すべての制度について漏れなく記述することは現実的ではない。したがって、すべての個別の制度を詳細に分析することに関しては難しい部分はあるものの、一方で経済全体の様子を把握することには利点があると考えられる。本章においても、経済全体の中で社会保障を位置づけ、社会保障制度が各経済主体に与える影響、また各経済主体の行動が社会保障に与える影響を分析することを目的として、モデルの構築を行っている。

### (1) モデルの特徴

本章のモデルは佐藤（2011）をベースに、社会保障部門における変数の入

れ換えを考慮したモデルである。供給面を重視し、生産関数を中心にしていることや、社会保障部門についてある程度制度を反映した分析を目指していることが特徴である。計量経済モデルは、一般的に、より多くの経済制度や内外の影響をモデルに反映させようとして方程式体系を大型化すると推計作業やモデルのメンテナンスが難しくなるという問題が生じる傾向がある。本章では、内生変数138個、外生変数128個で構成されている比較的小規模なモデルを構築して分析を行う。これは推計やメンテナンスが困難になるという問題を避けることが第1の理由である。このように比較的コンパクトなモデルにすることにより、SNA中心の計量モデルとSNAと社会保障費用統計に基づく計量モデル両方の構築が可能となり、かつ比較分析とメンテナンスが個人でも行えるようになっている。

### マクロ経済ブロック

マクロ経済ブロックは生産関数を中心に設計している。すなわち、経済の資本と労働を用いて生産が行われ、生産の成果が各経済主体に分配される。また、金利や1人当たり賃金もモデル内で決定されるため、社会保障給付額・負担額も金利や賃金を通じてマクロ経済ブロックの影響を受けることになる。同時に家計可処分所得は直接税額や社会保障給付・負担に依存して決定され、可処分所得の値は貯蓄額を通じて資本ストックの総額を規定するため、財政ブロックや社会保障ブロックの変化もまた、マクロ経済ブロックに影響を与えることになる。マクロ経済ブロックにおける主要な方程式は以下のとおりである。

1人当たり賃金率変化率＝f(1人当たり実質GDP変化率，トレンド，GDPデフレータ変化率)
雇用者報酬＝f(1人当たり賃金率，雇用者数)
家計可処分所得＝f((雇用者報酬＋社会保障給付－社会保障負担－所得・富等に課される経常税（家計）)，トレンド)
家計貯蓄率＝f(家計可処分所得，プライマリーバランス対名目GDP比，金利)

家計貯蓄額＝家計貯蓄率×家計可処分所得
家計消費額＝家計可処分所得－家計貯蓄額
民間貯蓄額＝f(家計貯蓄額＋企業貯蓄額)
民間企業設備投資＝f(実質民間貯蓄額, 金利)
民間企業資本ストック＝f(1期前民間企業資本ストック＋民間企業設備投資－固定資本減耗)
実質GDP＝f(就業者数, 民間企業資本ストック×稼働率指数)
名目GDP＝実質GDP×GDPデフレータ
名目金利＝f(実質GDP／民間企業資本ストック, GDPデフレータ変化率)
固定資本減耗＝f(1期前民間企業資本ストック)
国民所得＝雇用者報酬＋営業余剰・混合所得＋海外からの所得
雇用者数＝f(就業者数)

## 社会保障ブロック

社会保障部門は、年金・医療・介護により構成されていると想定する。すなわち、繰り返しになるが、児童手当や社会扶助等については、本章のモデルには含まれていない。社会保障ブロックの主要な方程式は以下のようになる。

老齢厚生年金受給者数＝f(65歳以上人口)
遺族厚生年金受給者数＝f(75歳以上女性人口)
基礎年金受給者数＝f(65歳以上人口)
1人当たり老齢厚生年金給付額＝f((1＋物価上昇率－マクロ経済スライド率)×雇用者報酬)
1人当たり遺族厚生年金給付額＝f(1人当たり老齢厚生年金給付額)
1人当たり基礎年金給付額＝f((1＋物価上昇率－マクロ経済スライド率)×1期前1人当たり基礎年金給付額)
老齢厚生年金給付額＝1人当たり老齢厚生年金給付額×老齢厚生年金受給者数

遺族厚生年金給付額＝f(1人当たり遺族厚生年金給付額×遺族厚生年金受給者数)

国民年金基礎年金給付額＝f(1人当たり基礎年金給付額×基礎年金受給者数)

厚生年金給付額＝f(老齢厚生年金給付額＋遺族厚生年金給付額)

国民年金給付額＝f(国民年金基礎年金給付額)

厚生年金保険負担＝f(厚生年金保険料率×1人当たり賃金×厚生年金被保険者数)

厚生年金被保険者数＝f(雇用者数)

国民年金被保険者数＝f(労働力人口−雇用者数，1期前国民年金被保険者数)

国民年金保険負担＝f(国民年金保険料額×国民年金被保険者数×納付率)

厚生年金積立金＝f(1期前厚生年金積立金×(1＋金利)＋厚生年金保険負担＋国庫負担＋基礎年金拠出金−厚生年金保険給付)

社会保障年金給付額＝f(国民年金給付額＋厚生年金給付額)

社会保障年金負担額＝f(国民年金保険負担＋厚生年金保険負担)


0〜14歳1人当たり一般診療費＝f(1人当たり国民所得，1期前医療機関数，1期前0〜14歳1人当たり一般診療費，患者等負担分)

15〜44歳1人当たり一般診療費＝f(1人当たり国民所得，1期前医療機関数，1期前15〜44歳1人当たり一般診療費，患者等負担分)

45〜64歳1人当たり一般診療費＝f(1人当たり国民所得，1期前45〜64歳1人当たり一般診療費，患者等負担分)

65歳以上1人当たり一般診療費＝f(1人当たり国民所得，1期前65歳以上1人当たり一般診療費)

一般診療費総額＝0〜14歳1人当たり一般診療費×0〜14歳人口＋15〜44歳1人当たり一般診療費×15〜44歳人口＋45〜64歳1人当たり一般診療費×45〜64歳人口＋65歳以上1人当たり一般診療費×65歳以上人口

老人医療費＝f(65歳以上1人当たり一般診療費×75歳以上人口)

国民医療費＝f(一般診療費総額)
社会保障医療給付額＝f(国民医療費)
政府管掌健康保険・全国健康保険協会被保険者数＝f(雇用者数)
国民健康保険被保険者数＝f(労働力人口－雇用者数，1期前国民健康保険被保険者数)
社会保障医療負担＝f(政府管掌健康保険・全国健康保険協会保険料率×1人当たり賃金×政府管掌健康保険・全国健康保険協会被保険者数，国民健康保険被保険者数)

要介護認定者数＝要介護・要支援認定率×65歳以上人口
1人当たり介護費用＝f(要介護認定者数)
社会保障介護給付＝f(1人当たり介護費用×要介護認定者数)
社会保障介護負担＝f(1号被保険者保険料額×65歳以上人口＋全国健康保険協会介護保険料率×1人当たり賃金×雇用者比率×40～64歳人口＋国保介護保険料率×(1－雇用者比率)×40～64歳人口)
社会保障給付総額＝f(社会保障年金給付＋社会保障医療給付＋社会保障介護給付)
社会保障負担総額＝f(社会保障年金負担＋社会保障医療負担＋社会保障介護負担)

### 財政ブロック

財政ブロックは中央政府と地方政府の合計値と社会保障基金を想定しており、それぞれについて収支を計算している。また、本章では扱わないが、税率の変更による財政再建も扱えるモデルになっている。財政ブロックの主要な方程式は以下のとおりである。

政府貯蓄＝f(生産・輸入品に課される税＋所得・富等に課される経常税)
所得・富等に課される経常税(所得税)＝f(雇用者報酬)
所得・富等に課される経常税(法人税)＝f(営業余剰)
所得・富等に課される経常税(総額)＝f(所得・富等に課される経常税（所

得税）＋所得・富等に課される経常税（法人税））
プライマリーバランス（中央政府＋地方政府）＝f（政府貯蓄－政府総固定資本形成）
付加価値税＝f（消費税率×家計消費）
生産・輸入品に課される税＝付加価値税＋その他の生産・輸入品に課される税

　以上のようなモデルについて、フローチャートにて表すと図 12-1 のようになる。

(2)　データ

　本章の計量経済モデルでは、基本的にはマクロ経済統計の三面等価の原則を重視して、SNA データを用いて計量経済モデルを構築し分析を行う[6]。そして、こうした SNA 体系中心の計量経済モデルと比較検討するために、SNA データに社会保障費用統計を加えたデータに基づく計量経済モデルを用いた分析を行う。なお、推計期間は原則として 1980 年度から 2009 年度である[7]。データは基本的には SNA のデータを用いているが、各種保険料率の値などについては、各制度の事業年報等を利用している。また人口データについては、国立社会保障・人口問題研究所（2012b）の出生中位・死亡中位のデータを用いている。

(3)　推計とシミュレーション

　この節では、社会保障部門を含むマクロ計量モデルにより、高齢社会という現実に直面している日本経済の姿を描写することとともに、社会保障部門については、SNA のデータを用いたケースと社会保障費用統計のデータを用いたケースとを比較することを目的としている。したがって、モデルの基本的な枠組みとしては、一般的なマクロ計量モデルによるシミュレーションと同様の手法を用いる。すなわち、第 3 節(1)において提示したモデルをもとに、まずは直近までの期間について推計を行う。これによって求められたパラメータと、あらかじめ設定した外生変数の将来の値をもとに、シミュ

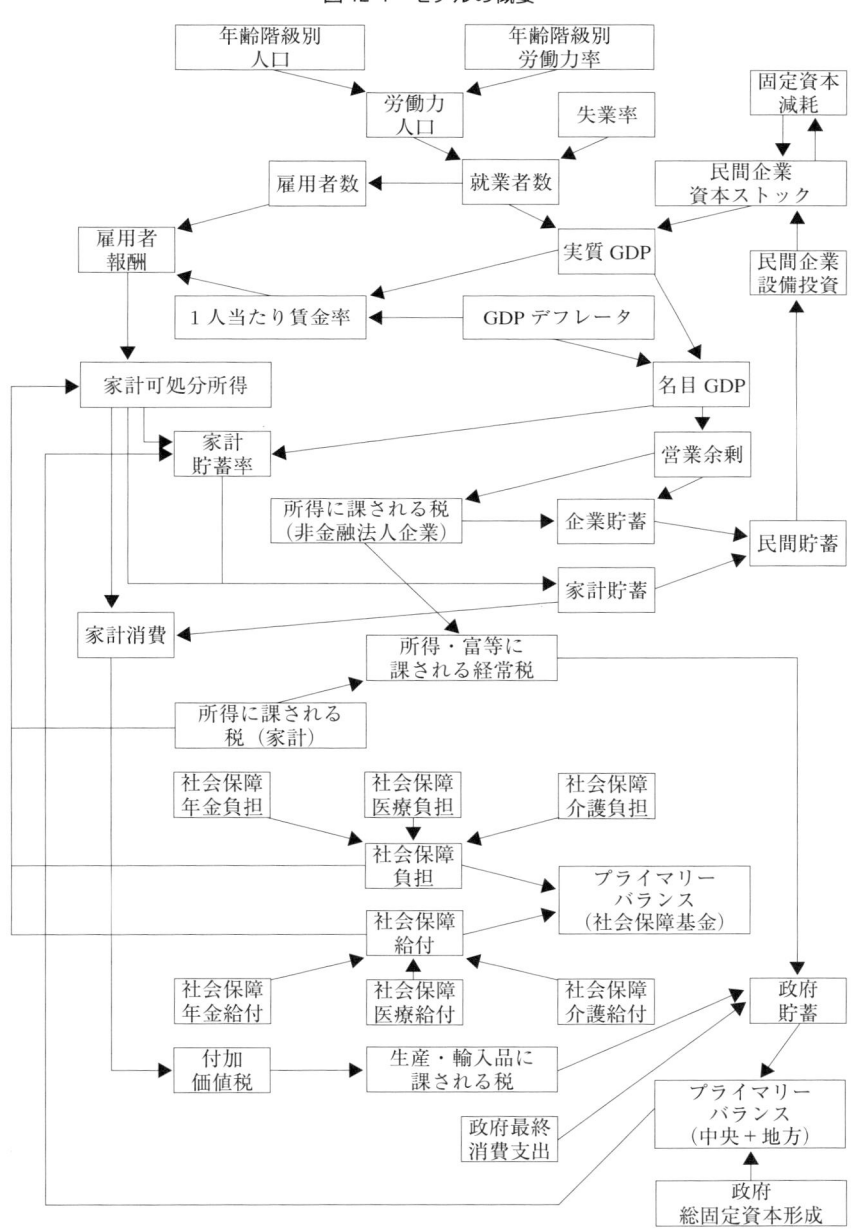

第 12 章　国民経済計算（SNA）と社会保障費用統計を用いたマクロ計量分析　253

図 12-1　モデルの概要

レーションを実行する。なお、推計についてはすべて最小二乗法を用いている。

本章で用いているモデルは佐藤（2011）をベースにしているため、さまざまなシミュレーションが可能なモデルではあるが、今回は社会保障部門における計数について SNA を用いるか社会保障費用統計を用いるかということを主眼にしているため、政策変更等の効果までみようとすると、基準となるケースと比較対象とがわかりにくくなり、混乱を招くものと考えられる。したがって、本章においては、SNA を用いたケースと、社会保障費用統計を用いたケースのみを取り上げ、両者の比較を行うこととする。

## 4　結果の比較

次に、前節までに説明した設定のもとで、シミュレーションを行った結果を示す。すべてのデータが揃う期間は 2009 年までであるため、2009 年までの推計の結果得られたパラメータと、モデル内で与えた外生変数をもとに、2030 年度までのシミュレーションを行っている。ここでは特に、社会保障に関する変数に注目して結果をみてみよう。

社会保障に関係する変数の将来の値について、SNA をベースにしたモデルと社会保障費用統計をベースにしたモデルとで、計算結果を比較してみよう。年金の給付と負担、医療の給付と負担、介護の給付と負担、最後に社会保障全体の給付と負担を示すこととする。

まずは年金の給付と負担である（図 12-2、図 12-3）。実績値においても両者にはほとんど乖離がなかったことを反映して、将来の値についてもそれほど大きなずれはみられない。なお、2024 年度において値が跳ねているが、これはマクロ経済スライドが 2023 年度まで適用されると想定していることによる。

次に医療の給付と負担である（図 12-4、図 12-5）。給付については、社会保障費用統計では SNA よりも約 15％ 程度低い値をとっている。一方の負担については、2％ 前後社会保障費用統計のほうが大きな値をとっている。この乖離の原因の一部として、介護分の存在が考えられる。第 2 節において

第12章　国民経済計算（SNA）と社会保障費用統計を用いたマクロ計量分析　255

図12-2　社会保障年金給付

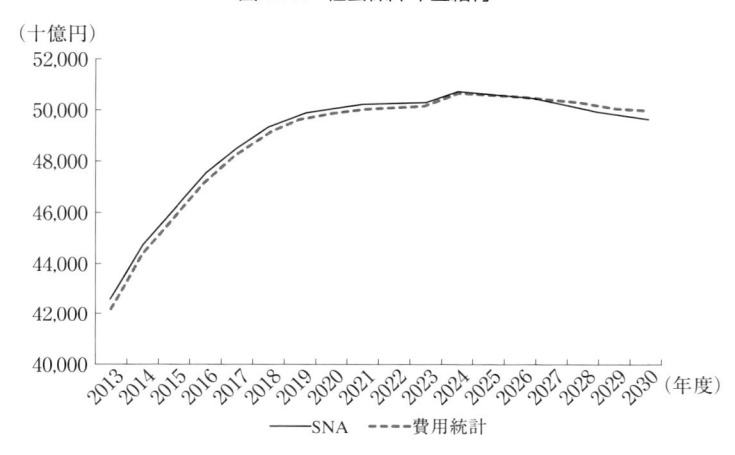

図12-3　社会保障年金負担

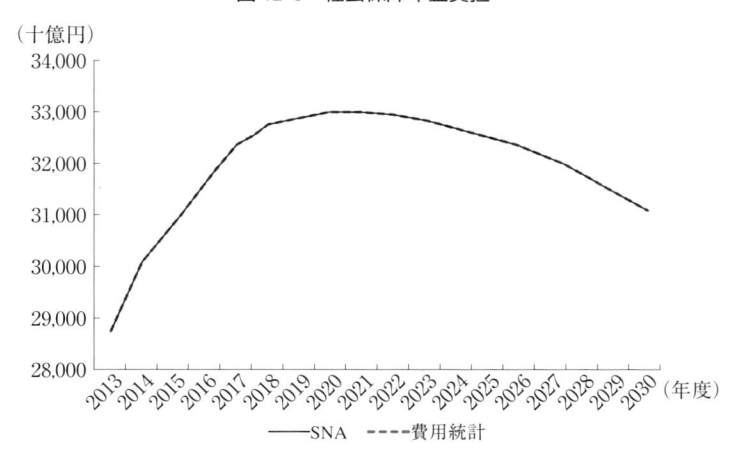

データの比較を行った際にも指摘したが，SNAでは介護保険の第2号被保険者の負担分が介護保険の項目に計上されているのに対して，社会保障費用統計においては，介護保険の第2号被保険者の負担は医療の項に計上される。したがって，医療の負担額については，社会保障費用統計における値のほうが，SNAにおける値よりも大きくなることが予想され，シミュレーション

図 12-4 社会保障医療給付

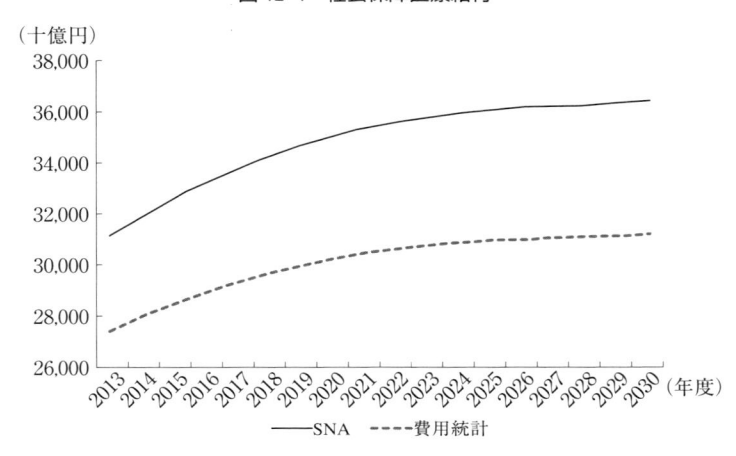

図 12-5 社会保障医療負担

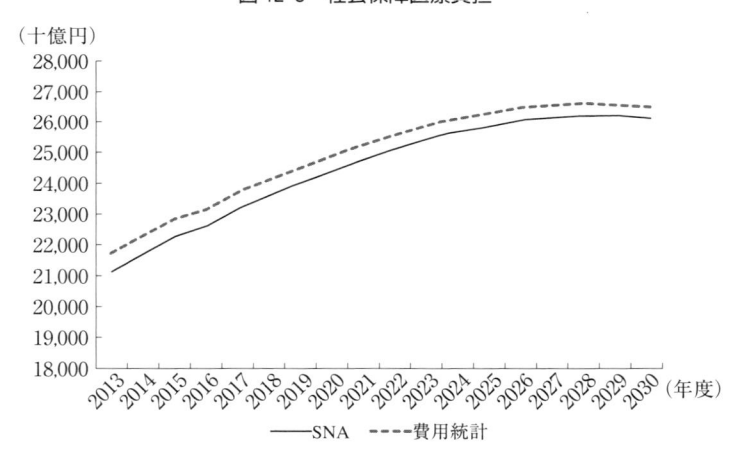

の結果も、その予想に沿ったものとなっている。

続いて介護について、給付と負担の将来の値をみてみよう（図12-6、図12-7）。介護については、給付はSNAと社会保障で大きなずれはみられない一方、負担はSNAのほうがかなり大きな値をとることとなる。医療の項で説明したことの繰り返しになるが、介護保険の第2号被保険者分は、SNAで

第 12 章　国民経済計算（SNA）と社会保障費用統計を用いたマクロ計量分析　257

図 12-6　社会保障介護給付

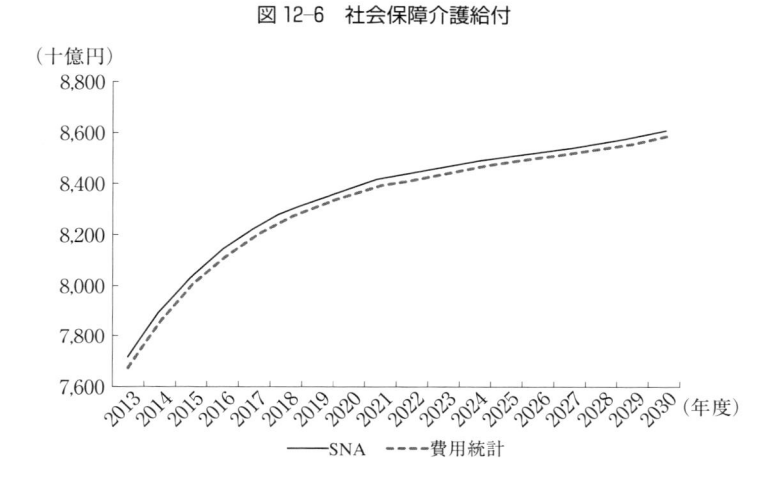

図 12-7　社会保障介護負担

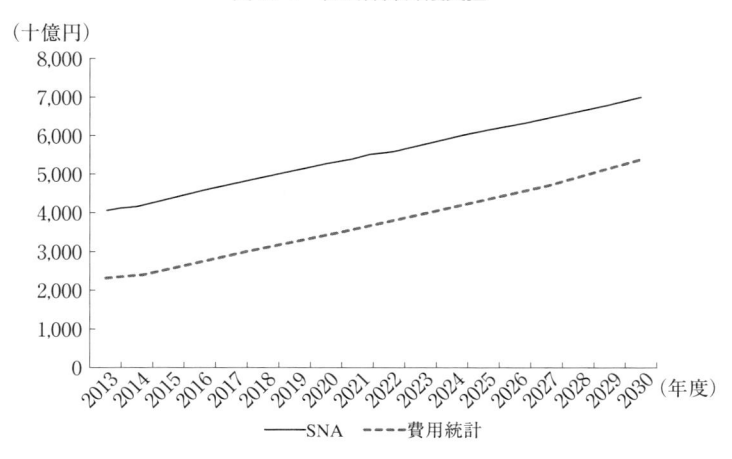

は介護保険の項目に含まれる一方、社会保障費用統計では各医療保険の項目に含まれるため、医療とは逆に、介護においては SNA のほうが社会保障費用統計よりも大きな値をとることとなる。このグラフもそのことを反映した結果であると解釈することができるだろう。

　最後に社会保障全体についてみてみよう（図 12-8、図 12-9）。すでに説明

258　第3部　日本の社会保障制度の課題と展望

図 12-8　社会保障給付

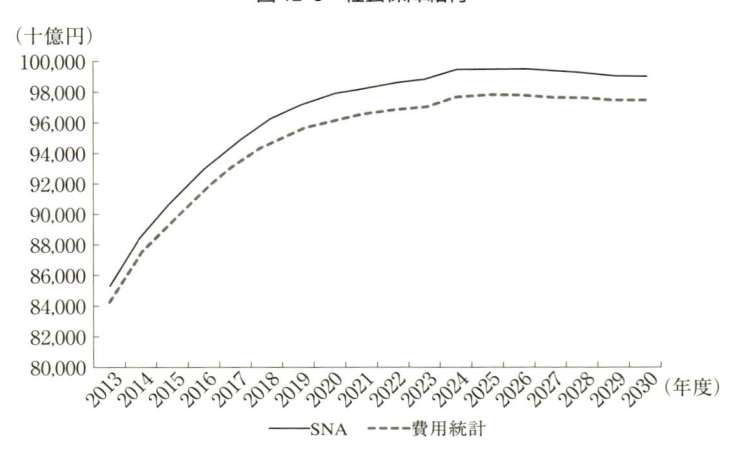

図 12-9　社会保障負担

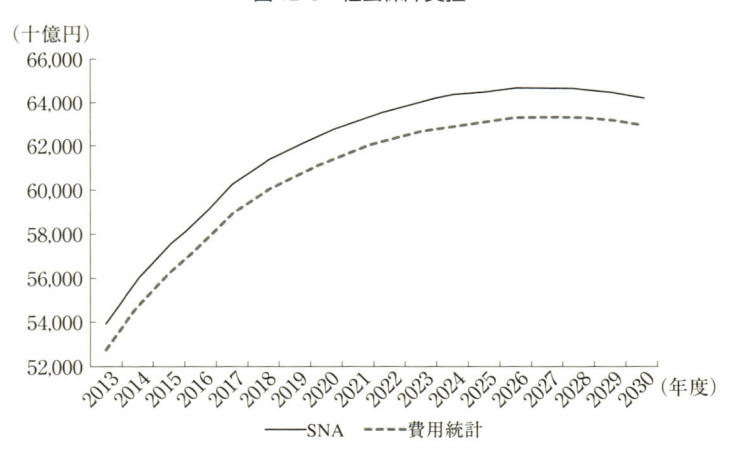

しているとおり、本章においては、社会保障の給付・負担の説明変数には、年金・医療・介護の給付あるいは負担額の和を用いている。したがって、児童手当や生活保護といった要素は、説明変数として明示的に取り入れられていないことに注意されたい。推計の結果をみると、給付と負担のいずれにおいても、平均して 2% ほどと、それほど大きな乖離ではないものの、SNA

の値のほうが社会保障費用統計の値を上回っていることがわかる。年金・医療・介護を合計した実績値でみると、負担は社会保障費用統計のほうが大きく、給付はSNAのほうが大きくなっているため、負担面において社会保障費用統計の値のほうが大きくなっている点については改めて確認する必要があるが、さまざまな変数の乖離を背景に、最終的な結果にもこのような乖離が発生しているといえるだろう。

　繰り返し述べているように、一国経済全体を捉えるのであれば、値を二重に計上してしまうような状況は避けなければならない。今回のモデルでは、被説明変数としての最終的な「社会保障給付」「社会負担」の値として、SNAをベースとした年金・医療・介護の合計値を使用している。ただし説明変数である年金・医療・介護それぞれの値について、社会保障費用統計の値を使用したシミュレーションも行っており、これが推計されたパラメータの違いも発生させながら、最終的なシミュレーションの結果にも乖離を発生させている。

　もちろん推計の結果を受けてのシミュレーションであり、どちらの結果により近い値が実現するのかということについては、現時点で判断することは困難であろう。もちろん、両者の差が目立って大きいわけではないことから、社会保障部門においてどちらの値を使用しても、それほど問題はないかとは考えられる。ただし、ここでの「社会保障部門」とはSNAに準拠した分類であり、社会保障費用統計に準拠した、より広い範囲のものではないことに注意されたい。すなわち、社会保障費用統計をモデル体系に対応したデータベースの一部分に取り入れて分析したとしても、値の二重計上等を避けるためには、分析できる範囲はSNAに準拠したものにならざるをえない。したがって、社会保障費用統計の値を利用することは可能ではあるが、より広い範囲を集計しているというような社会保障費用統計のメリットを生かすことは困難であるといえるだろう。

　このような観点から、社会保障費用統計を用いた分析は、日本経済全体の動向を推計するマクロ計量経済モデルによる分析よりもむしろ、経済動向の構成要素である賃金上昇率や利子率の動向について仮定をおいて推計する（部分均衡分析ともいえる）保険数理モデルによる分析や世代会計モデルによ

る分析に適合的であり親和性があると考えられる。

## 5 結論

　本章における検討により得られた結果について簡単にまとめてみよう。第1に、SNAと社会保障費用統計は、同じ社会保障に関する給付・負担を扱っていても、それぞれ集計範囲に違いがあり、総額は一致しない。第2に、一致しないのは総額だけにとどまらず、個別の項目についても、さまざまな要因により値に差が発生している。もちろんそれぞれに理由はあり、どちらが正しいのかといった議論には意味がないと考えられるが、比較を行うに当たり、両者に差があることを認識しておくことは不可欠である。第3に、シミュレーションにより将来の値を計算したとしても、両者の値に大きな差があることはほとんどなく、また繰り返しになるがそれぞれ合理的な根拠をもとに集計がなされているため、社会保障部門の分析を本章のような手法により行うに当たっては、どちらの統計がより優れているかという判断は難しい。しかしながら、本章のような一国経済を扱うなかで、その一部分として社会保障部門が存在するモデルにおいては、マクロ経済の三面等価の原則により一国経済全体のデータにおいて重複のないようにすることが必要であり、そのような観点からは、SNAを用いることがより望ましいと考えられる。もちろん社会保障部門に限定して分析を行うのであればこの限りではないが、モデルの特徴に応じて、適切な統計データを用いることが重要であると考えられる。言うまでもなく、社会保障費用統計を用いて、SNAにおいて「民間産業」等に分類される項目については、それらの項目による産出額等を適切に控除するといった作業が可能であれば、社会保障費用統計を主に用いる形で一国経済のモデルを構築・分析することも可能であろう。しかし、これにはデータの制約等があり、現実的には実行不可能であると考えられる。また三面等価が実現されていなければならないという観点からも、マクロ計量モデルのように一国経済全体をモデル化する場合には、SNAを使用した分析が不可欠であり、あるいは部分的に社会保障費用統計を用いるとしても、本章のようにSNAに合わせる形でのモデルを構築することになるだろう。

したがって、社会保障費用統計よりも社会保障部門の集計範囲が狭かったとしても、一国経済と整合的な姿を示す付表9・10が不可欠であり、一国経済の中で社会保障部門を捉え、分析する際には、SNAを用いることが最も合理的であり自然であるといえるだろう。

もちろん、社会保障費用統計にしか計上されない項目について分析することが必要でないわけではない。さらに、前節で指摘したように、世代会計等、給付と負担を機能別に捉えて世代間の公平性を議論する場合など、社会保障費用統計が有用なケースもあり、そのような分析を行うのであれば、積極的に社会保障費用統計を活用することが望まれる。

また、さまざまなシナリオを想定したシミュレーションは重要であり、それらのシナリオを想定する際、分野別に支出額の伸びを設定するといった場面において、社会保障費用統計を活用することも考えられる[8]。特に、機能別に支出が分類されているという社会保障費用統計の特徴を生かし、シミュレーションのシナリオ設定に活用することも可能であろう。

最後に、本章に残された課題である。本文中でも指摘したとおり、本章の計量経済モデルでは、社会保障ブロックは年金・医療・介護のみを扱っている。将来的には、失業給付、児童手当、公的扶助のような要素などもモデル内に加える必要があるだろう。また医療や介護について、より細分化する必要もあると考えられる。さらには年金総額や医療総額の説明変数として、値の大きいもの、具体的には年金であれば厚生年金と国民年金、あるいは医療であれば全国健康保険協会と国民健康保険を用いて推計しているが、額が非常に小さい船員保険は除いたとしても、国家公務員共済や地方公務員共済、あるいは医療であれば組合管掌健康保険などもモデル内に加えることが必要かもしれない。

また、計量経済モデルを用いて少子高齢化の進展に対応した日本経済の動向を反映させつつ、機能別に支出が分類されているという社会保障費用統計の特徴を生かしたシミュレーションのシナリオ設定を行って、社会保障政策の効果分析を行うことも、今後取り組んでいく必要があると考えられる。

## 注

1) SNAでは2005年度基準改定における見直しにより、社会保障基金に分類されるための要件が以下の3点となる。
    ①政府による支配が行われていること
    ②社会の大きな部分を占めること
    ③強制的であること
    なお従来は、上記の3点のほかに「給付と負担がリンクしないこと」が要件であったが、2005年度基準改定で削除される。この改定により、これまで「民間産業」とされていた石炭鉱業年金基金や日本製鉄八幡共済組合が、新たに社会保障基金に含まれる。
2) ただし、これはSNAにおいて政府部門間の移転が計上されないことを意味するわけではない。このような移転は、集計された形になっているが、すなわち個別制度への移転額を把握することはできないが、付表6において計上されている。
3) 船員保険は1986年度以降大きなずれが生じてはいるが、これは絶対額が非常に小さくなったために、わずかな差でも大きな割合として表現されることが原因であろう。
4) 介護保険の第2号被保険者分は、社会保障費用統計においては各医療保険制度に一括して計上されている。
5) もちろん、SNAにおける分類では、厚生年金基金の産出額だけを知ることはできない。また、厚生年金基金は注1)で掲げた要件に合致しないことから社会保障基金に含まれないことになる。
6) ただし、各制度の値を求める際に『事業年報』などの値も説明変数としてあわせて利用する。
7) 2013年10月23日に、2005年基準の計数について遡及推計した値が公表された。このデータを用いることにより、直近の2011年度までのデータが得られることになるが、その一方で、このデータでは開始年度が1994年となる。一方2000年基準のデータであれば、2009年度までのデータしか得られないかわりに、1980年度からの値を利用することができる。最新のデータの利用可能性とサンプル数の確保のどちらを優先するかという問題があり、本章ではサンプル数の確保を優先した。
8) 社会保障費用統計を用いたシナリオの想定ではないが、太田・中澤（2013）などでは、医療費の将来推計を行うに当たり、長寿命化や健康寿命の伸び、技術進歩等の変化を想定したシナリオ設定を行っている。

## 参考文献

市村真一・ローレンス・クライン（2011）『日本経済のマクロ計量分析』日本経済新聞出版社．

太田勲・中澤正彦（2013）「諸外国と日本の医療費の将来推計」PRI Discussion Paper Series（No. 13A-03）。
厚生労働省『厚生年金保険・国民年金事業年報』各年版。
─────『介護保険事業状況報告（年報）』各年版。
国立社会保障・人口問題研究所（2011）「社会保障費統計に関する研究会報告書」。
─────（2012a）「平成22年度社会保障費用統計」。
─────（2012b）『日本の将来推計人口（平成24年1月推計）』。
佐久間隆・増島稔・前田佐恵子・符川公平・岩本光一郎（2011）「短期日本経済マクロ計量モデル（2011年版）の構造と乗数分析」内閣府経済社会総合研究所、ESRI Discussion Paper Series、No. 259。
佐倉環・藤川清史（2010）「短期マクロ計量モデルによる分析」国立社会保障・人口問題研究所編『社会保障の計量モデル分析──これからの年金・医療・介護』第5章、東京大学出版会。
佐藤格・加藤久和（2010）「長期マクロ計量モデルによる分析──これからの年金・医療・介護」国立社会保障・人口問題研究所編『社会保障の計量モデル分析』第6章、東京大学出版会。
佐藤格（2011）「財政・社会保障改革に関するシミュレーション分析」『財政再建の道筋──震災を超えて次世代に健全な財政を引継ぐために』総合研究開発機構、NIRA研究報告書。
猿山純夫・蓮見亮・佐倉環（2010）「JCER環境経済マクロモデルによる炭素税課税効果の分析」日本経済研究センター、Discussion Paper、No. 127。
内閣府経済社会総合研究所（2011）「2009（平成21）年度 国民経済計算確報（2000年基準・93SNA）（1980年〜2009年）」。
内閣府計量分析室（2005）「日本経済中長期展望モデル（日本21世紀ビジョン版）」。
中野諭（2013）「労働力需給の推計──労働力需給モデル（2012年版）による政策シミュレーション」日本労働政策研究研修機構、資料シリーズ、No. 110。
長谷川公一・堀雅博・鈴木智之（2004）「高齢化・社会保障負担とマクロ経済──日本経済中長期展望モデル（Mark I）によるシミュレーション分析」、内閣府経済社会総合研究所、ESRI Discussion Paper Series、No. 121。
伴金美（1991）『マクロ計量モデル分析──モデル分析の有効性と評価』有斐閣。
伴金美・渡邊清實・松谷萬太郎・中村勝克・新谷元嗣・井原剛志・川出真清・竹田智哉（2002）「東アジアリンクモデルの構築とシミュレーション分析」『経済分析』第164号、内閣府経済社会総合研究所。
福山光博・及川景太・吉原正淑・中園善行（2010）「国内外におけるマクロ計量モデルとMEAD-RIETIモデルの試み」経済産業研究所、RIETI Discussion Paper Series 10-J-045。
増淵勝彦・松谷萬太郎・吉田元信・森藤拓（2002）「社会保障モデルによる社会保障制度の分析」ESRI Discussion Paper Series、No. 9、内閣府経済社会総合研究所。

山本克也・佐藤格・藤川清史 (2010)「社会保障分野におけるマクロ計量モデル──社人研モデルの系譜」国立社会保障・人口問題研究所編『社会保障の計量モデル分析──これからの年金・医療・介護』第1章、東京大学出版会。

## *Column 3* ❖ 社会保障の将来を描く手法

　一国経済の姿を描写し、その将来を予測する方法としてモデルによる分析が存在するが、モデルにも、マクロ計量モデル、世代重複モデル（OLGモデル）、保険数理モデル、マイクロシミュレーションなど、さまざまな形が存在する。

　たとえばマクロ計量モデルの分野をみると、世界的には、Klein（1950）において6本の方程式からなる計量経済モデルが構築されたことを皮切りに、さまざまなモデルが開発されてきた。日本においても、1957年に発表されたTCERモデルIから始まり、拡張が続けられてきている。特に社会保障部門を組み込んだモデルということでは、市川・林（1973）以降の研究がある。マクロ計量モデルは、次に挙げるOLGモデルのような完全なミクロ経済学的な基礎づけを持つとはいえないが、消費関数ではライフサイクルモデルや恒常所得仮説が、投資関数ではトービンのQ理論や加速度原理が想定されるように、方程式体系の個々の関数形については経済理論を背景にモデルを構築し、そのモデルに実際のデータを用いて方程式体系のパラメータを推定している。また推定されたパラメータと外生変数とを用いて、将来のシミュレーションも行うことになる。したがって、どの制度も記述できるというわけではないが、主要な制度を推定の対象として、一国経済全体の姿を描写するモデルであるといえる。特に近年におけるマクロ計量モデルを用いた研究を挙げると、以下の表のようになる。

　またOLGモデルにおいては、Auerbach and Kotlikoff（1983）以降、理論モデルにとどまらない大規模なシミュレーションが行われており、社会保障部門の導入という面からみると、特に年金を中心に、モデルの中に取り入れられている。また最近では、児童手当等、若年層に向けた政策の効果についても分析している例が多くみられる。OLGモデルの特長としては、家計や企業といった経済主体の合理的な行動を反映できることが挙げられる。経済主体は政策の変化に従って行動を変化させる可能性があるため、政策変化の効果も考慮できるモデルのほうがより望ましい。税率等の変数の影響も踏まえて最適化を図るOLGモデルはこのような点にもメリットがあるが、一方で、最適化と収束計算により解を求めるため、実際のデータとの関係を示すことは難しい面がある。

表　近年のマクロ計量経済モデルの展開

| 年 | マクロ計量経済モデル（呼称） | シミュレーション期間 | 目的・用途 | 資料出所（参考文献参照） |
|---|---|---|---|---|
| 2011 | ESRI・短期日本経済マクロ計量モデル（2011年版） | 3年間 | 内閣府・経済社会総合研究所における様々な政策や外的ショックの日本経済に与える影響の計量分析 | 佐久間他（2011） |
| 2010 | RIETI・MEAD-RIETIモデル | 12四半期（3年間） | 経済産業研究所における短期の各種リスク、政策効果の定量的評価のためのハイブリッド型計量モデル開発 | 福山他（2010） |
| 2010 | IPSS・社会保障モデル（短期マクロ計量モデル） | 8四半期（2年間） | 社会保障の給付と負担が日本経済に及ぼす影響の短期分析 | 佐倉・藤川（2010） |
| 2010 | IPSS・社会保障モデル（長期マクロ計量モデル） | 20年間 | 社会保障の給付と負担が日本経済と社会保障財政に及ぼす影響の長期分析 | 佐藤・加藤（2010） |
| 2010 | JCER・環境経済マクロモデル | 11年間 | 「地球温暖化問題に関する懇談会・中期目標検討委員会」での分析と炭素税課税効果の推計を含むモデルの改良 | 猿山他（2010） |
| 2005 | 内閣府計量分析室・日本経済中長期展望モデル（日本21世紀ビジョン版） | 25年間 | わが国の経済・財政に係る中長期展望作業のための時系列推定パラメータ型マクロ計量経済モデルの開発と推計 | 内閣府計量分析室（2005） |
| 2004 | ESRI・日本経済中長期展望モデル（Mark I） | 25年間、10年間の2ケース | 人口構造の変動、マクロ経済、財政および社会保障制度の連関を明示的に組み込んだモデルの開発 | 長谷川他（2004） |
| 2002 | ESRI・Forward Looking型世界経済モデル・東アジアリンクモデル | 10年間 | グローバル化に伴い増大した期待形成とリスクの変動をモデルに取り入れ、それらの経済的影響を分析するための世界経済モデルの改良 | 伴他（2002） |

注：ESRI＝内閣府経済社会総合研究所（Economic and Social Research Institute）、IPSS＝国立社会保障・人口問題研究所（National Institute of Population and Social Security Research）、JCER＝日本経済研究センター（Japan Center for Economic Research）、JILPT＝労働政策研究・研修機構（The Japan Institute for Labour Policy and Training）、RIETI＝経済産業研究所（Research Institute of Economy, Trade & Industry）

出所：国立社会保障・人口問題研究所社会保障基礎理論研究部　佐藤格・金子能宏作成。

保険数理モデルは、Halley（1963）に始まり、日本でも高山（1981）や野口（1982）以来、経済学的な観点からの分析がなされるようになってきた。なかでも有名なのは八田・小口（1999）によるOSUモデルであり、OSUモデルをもとにした研究も数多くなされている。保険数理モデルは、多くの制度が分立している場合でも、それら一つひとつについて収支を計算することができ、現状を把握するうえでは非常に詳細なモデルを構築することができるというメリットがある。しかし一方で、経済状況を想定するパラメータの設定についてはモデルの中で求められるわけではなく、モデル外からさまざまなケースを想定してシミュレーションすることになる[1]。

　マイクロシミュレーションモデルは、Ocutt（1957）により提唱されたものであり、税制や年金制度など社会政策の変更や個々人の行動が、個々人の所得や生活にどのような影響を与えるかミクロレベルで評価することを目的としたモデルである。日本でもマイクロシミュレーションを用いたモデルの開発が行われており、1980年代に青井他（1986）で報告されたINAHSIMを用いたモデルを中心に、さまざまな分析がなされている。マイクロシミュレーションでは、個人についてさまざまな属性を想定し、さらにその個人が所属する世帯についてもさまざまな形態を想定することができる。したがって、適切な遷移確率を想定することにより、将来的に各制度に所属する個人がどの程度の人数になるかということをモデル内で想定したうえで、制度の将来像をシミュレーションにより求めることができる。しかし一方で、保険数理モデル同様、将来的な経済前提についてはモデル内で計算されるのではなく、何らかの形で外生的に与えることとなる。

　以上みてきたように、将来予測にはさまざまなモデルが存在し、それらを利用した予測も、さまざまな機関が取り組んでいる。国立社会保障・人口問題研究所においても、マクロ計量モデルを中心に、継続的にモデル開発と将来予測を行っている。また厚生労働省も、社会保障改革に関する議論の中で、「社会保障に係る費用の将来推計について」といった資料を用意しており、「年金」「医療」「介護」「子ども・子育て」「その他」というように比較的大きなくくりではあるが、2025年までの給付と負担の見通しを示している。

　ただし「社会保障費用統計」そのものについて、各制度を明示したような形

での将来推計は存在しない。これは社会保障費用統計が各制度について詳細にデータを集計しているために、将来推計が難しいためであると考えられる。現状を把握するうえでは、社会保障に関係するすべての制度について詳細に集計していることには大きな意義があるが、制度の新設や廃止等の可能性を考慮すると、すべての制度についての将来の値を予測することは困難であり、またそれぞれについて将来推計を行ったとしても、それを合計した社会保障全体での将来の値は、各制度の推計における誤差をすべて反映してしまう可能性がある。したがって、将来推計についてはさまざまなモデルによるシミュレーション分析を利用し、社会保障費用統計は過去および現在における各制度の詳細な姿を把握するために利用することが適切であろう。

[佐藤格]

注
1) 中田・蓮見 (2010) のように、保険数理モデルに用いる経済的なパラメータを、OLG モデルを用いて計算することにより求めている例もある。

参考文献
Auerbach, Alan J. and Laurence J. Kotlikoff (1983) "National Savings, Economic Welfare, and the Structure of Taxation", *NBER Working Papers*, Vol. 729.
Halley, E. (1963) "An Estimate of the Degrees of the Mortality of Mankind, Drwon from Curious Tables of the Births and Funerals at the City of Breslaw; With an Attempt to Ascertain the Price of Annuities upon Lives," Philosophical Transactions of the Royal Society of London, 17, pp. 596–610.
Klein, Lawrence R., Economic Fluctuations in the United States, 1921–1941, 1950.
Orcutt, G. H. (1957), "A new type of socio economic system," *Review of Economics and Statistics*, pp. 773–797.
青井和夫・岡崎陽一・府川哲夫・花田恭・稲垣誠一 (1986)「世帯情報解析モデルによる世帯の将来推計」『ライフ・スパン』Vol. 6　財団法人寿命学研究会。
市川洋・林英機 (1973)『財政の計量経済学——租税、政府支出および社会保障の計量理論』、勁草書房。
佐久間隆・増島稔・前田佐恵子・符川公平・岩本光一郎 (2011)「短期日本経済マクロ計量モデル (2011 年版) の構造と乗数分析」ESRI Discussion Paper Series

No. 259。
佐倉環・藤川清史（2010）「短期マクロ計量モデルによる分析」国立社会保障・人口問題研究所編『社会保障の計量モデル分析——これからの年金・医療・介護』第5章、東京大学出版会。
佐藤格・加藤久和（2010）「長期マクロ計量モデルによる分析」国立社会保障・人口問題研究所編『社会保障の計量モデル分析——これからの年金・医療・介護』第6章、東京大学出版会。
猿山純夫・蓮見亮・佐倉環（2010）「JCER環境経済マクロモデルによる炭素税課税効果の分析」JCER DISCUSSION PAPER No. 127。
高山憲之（1981）「厚生年金における世代間の再分配」『季刊現代経済』No. 43。
内閣府計量分析室（2005）「日本経済中長期展望モデル（日本21世紀ビジョン版）」。
中田大悟・蓮見亮（2010）「長寿高齢化と年金財政——OLGモデルと年金数理モデルを用いた分析」国立社会保障・人口問題研究所編『社会保障の計量モデル分析——これからの年金・医療・介護』第8章、東京大学出版会。
野口悠紀雄（1982）「わが国公的年金の諸問題」『季刊現代経済』No.50。
長谷川公一・堀雅博・鈴木智之（2004）「高齢化・社会保障負担とマクロ経済——日本経済中長期展望モデル（Mark I）によるシミュレーション分析」ESRI Discussion Paper Series No. 121。
八田達夫・小口登良（1999）『年金改革論——積立方式へ移行せよ』日本経済新聞社。
伴金美・渡邊清實・松谷萬太郎・中村勝克・新谷元嗣・井原剛志・川出真清・竹田智哉（2002）「東アジアリンクモデルの構築とシミュレーション分析」『経済分析』第164号。
福山光博・及川景太・吉原正淑・中園善行（2010）「国内外におけるマクロ計量モデルとMEAD–RIETIモデルの試み」RIETI Discussion Paper Series 10-J-045。

### *Column 4* ❖ GDP の構成要素と社会保障

　社会保障について、経済成長にマイナスの影響を与える要素であるという見方がある。もちろんさまざまな見方が成立する分野であり、このような見解が必ずしも誤りであるとは言い切れない面はある。

　しかし一方で、このような見解が正しいとはいえない面もまた存在する。たとえば、GDPを支出面から分解すれば、消費・投資・政府支出・輸出入に大別することができる。すなわち、GDPの総額は、支出面からみれば、消費・投資・政府支出・輸出入を足し上げることにより算出することができる。社会保障給付は政府支出に含まれるため、社会保障給付が増加すれば、その分だけGDPが押し上げられるという観点からは、社会保障給付が経済成長にマイナスの影響を与えるという見解は正しいとはいえない。また、医療・介護といった分野に対する需要の伸びが新たな雇用を創出する可能性を考えれば、やはり社会保障給付が経済成長にマイナスの影響を与えるとは限らない。

　ただし、社会保障給付等、政府支出の増大は必ずしもプラスの影響を持つだけではない。たとえば中立命題にみられるように、政府支出の増大が将来の増税につながることを予想するのであれば、政府支出の増大は何ら効果を持たない可能性がある。また、中立命題ほど極端ではないにしても、クラウディング・アウトの問題や、他の分野と比較したときの波及効果の大きさが問題になる可能性はある。さらに近年の日本にみられるように、政府が巨額の赤字を抱えているような状況であれば、政府支出の削減は重要な課題であり、その中で社会保障に削減の目が向けられることもまた避けられない面はあるだろう。

　しかしながら、仮に中立命題が完全に成立するような状況があったとしても、その結論を受け、社会保障給付を全面的に削減することは現実的ではなく、また理解が得られるものでもないと考えられる。また、社会保障給付の性質上、効率的な分野か否かで給付水準を変更することもまた正しくないであろう。

　もちろん資源は有限である以上、無制限な給付が正しいわけではなく、またある程度の効率性が求められることも事実である。したがって、不必要な支出の削減等は当然必要ではあるが、経済成長のみを基準として支出額を判断する性質の分野ではないと考えられる。

［佐藤格］

第13章

# 人口の将来推計と社会保障
——日本の将来推計人口の見通しと社会保障制度に与える影響

金子 隆一

## 1 はじめに

　我が国では今後人口減少が加速的に進行し、同時に世界でも例をみない著しい人口高齢化に直面していくことになる。こうした人口の歴史的な変動は、現在の経済社会のあり方を根本的に変えることになるだろう。とりわけ世代間の支え合いを理念とし、これを財政的存立の基盤としてきた社会保障制度は、根底から揺るがされることになる。本章では、今後に見通される我が国の主だった人口変化を将来推計人口によって検討し、それら人口変動の多様な側面が社会保障に及ぼす影響について考察する。また、それらの考察から、21世紀に求められる社会保障のあり方について、人口・経済社会システムの観点から考えてみたい。

## 2 恒常的な人口減少

　日本の人口は近代化と軌を一にして急速な増加を示してきたが、1970年代半ば以降は増加が減速を始め、2000年代後半に至って増加が止まり、人口はピークを迎えた[1]。その後数年を経て2011年からは本格的な人口減少が始まっている。終戦後から10年ごとの総人口ならびに年齢階級別人口の

表 13-1　総人口ならびに年齢階級別人口の推移および指数：1950〜2110 年

| 年次 | | 総人口（万人） | 年齢階級別　人口（万人） | | | |
|---|---|---|---|---|---|---|
| | | | 0〜14 歳 | 15〜64 歳 | 65 歳以上 | 75 歳以上 |
| 実績 | 1950 | 8,320 | 2,943 | 4,966 | 411 | 106 |
| | 1960 | 9,342 | 2,807 | 6,000 | 535 | 163 |
| | 1970 | 10,372 | 2,482 | 7,157 | 733 | 221 |
| | 1980 | 11,706 | 2,752 | 7,888 | 1,065 | 366 |
| | 1990 | 12,361 | 2,254 | 8,614 | 1,493 | 599 |
| | 2000 | 12,693 | 1,851 | 8,638 | 2,204 | 901 |
| | 2010 | 12,806 | 1,684 | 8,173 | 2,948 | 1,419 |
| 将来推計 | 2020 | 12,410 | 1,457 | 7,341 | 3,612 | 1,879 |
| | 2030 | 11,662 | 1,204 | 6,773 | 3,685 | 2,278 |
| | 2040 | 10,728 | 1,073 | 5,787 | 3,868 | 2,223 |
| | 2050 | 9,708 | 939 | 5,001 | 3,768 | 2,385 |
| | 2060 | 8,674 | 791 | 4,418 | 3,464 | 2,336 |
| 参考推計 | 2070 | 7,590 | 691 | 3,816 | 3,083 | 2,029 |
| | 2080 | 6,588 | 605 | 3,267 | 2,715 | 1,776 |
| | 2090 | 5,727 | 516 | 2,854 | 2,357 | 1,595 |
| | 2100 | 4,959 | 447 | 2,473 | 2,039 | 1,362 |
| | 2110 | 4,286 | 391 | 2,126 | 1,770 | 1,169 |
| 年次 | | 人口の指数（2010 年＝100） | 年齢階級別　人口の指数（2010 年＝100） | | | |
| | | | 0〜14 歳 | 15〜64 歳 | 65 歳以上 | 75 歳以上 |
| 実績 | 1950 | 65.0 | 174.8 | 60.8 | 13.9 | 7.4 |
| | 1960 | 73.0 | 166.7 | 73.4 | 18.1 | 11.5 |
| | 1970 | 81.0 | 147.4 | 87.6 | 24.9 | 15.6 |
| | 1980 | 91.4 | 163.5 | 96.5 | 36.1 | 25.8 |
| | 1990 | 96.5 | 133.9 | 105.4 | 50.6 | 42.2 |
| | 2000 | 99.1 | 109.9 | 105.7 | 74.8 | 63.5 |
| | 2010 | 100.0 | 100.0 | 100.0 | 100.0 | 100.0 |
| 将来推計 | 2020 | 96.9 | 86.5 | 89.8 | 122.5 | 132.4 |
| | 2030 | 91.1 | 71.5 | 82.9 | 125.0 | 160.5 |
| | 2040 | 83.8 | 63.7 | 70.8 | 131.2 | 156.6 |
| | 2050 | 75.8 | 55.7 | 61.2 | 127.8 | 168.0 |
| | 2060 | 67.7 | 47.0 | 54.1 | 117.5 | 164.6 |
| 参考推計 | 2070 | 59.3 | 41.0 | 46.7 | 104.6 | 143.0 |
| | 2080 | 51.4 | 35.9 | 40.0 | 92.1 | 125.1 |
| | 2090 | 44.7 | 30.7 | 34.9 | 79.9 | 112.3 |
| | 2100 | 38.7 | 26.6 | 30.3 | 69.1 | 96.0 |
| | 2110 | 33.5 | 23.2 | 26.0 | 60.0 | 82.3 |

出所：旧内閣統計局推計、総務省統計局「国勢調査」「推計人口」、国立社会保障・人口問題研究所「日本の将来推計人口（平成 24 年 1 月推計）」出生中位・死亡中位推計。

推移を表 13-1 に示した。同表で 2020 年以降の数値は、「日本の将来推計人口（平成 24 年 1 月推計）」出生中位・死亡中位推計の結果である[2]。ただし、2060 年以降は参考推計である[3]。

同表は、我が国の総人口が増加から一転し、今後長期にわたって減少過程をたどることを示している。現在われわれは人口ピークをわずかに越えた地点におり、したがって歴史的にみて日本列島で最大人口の時代に居合わせているが、あまり隆盛の実感がないのは、同表に示したとおり生産年齢より年下の人口がすでに減少を始めて久しいからかもしれない[4]。前述のとおり日本人口はすでに総人口の減少局面に入ったが、今後は年々減少ペースが加速し、次期東京オリンピック開催以前の 2018 年に年間 50 万人以上が減る段階に入る。さらに 2041 年以降になると毎年 100 万人以上が減るペースとなる。総人口は、2010 年現在の 1 億 2,806 万人から、2030 年 1 億 1,662 万人を経て、2060 年には 8,674 万人になる[5]。2010 年人口を 100 とした人口の指数を用いれば、2060 年では 67.7 であり、日本は 50 年間に約 3 分の 1（32.3％）の人口を失うことになる。参考推計によってその後の人口をみると、一貫して減少を続け、2100 年に 5,000 万人を割り込み、2110 年には当初人口の約 3 分の 1 にまで縮小する。

こうした人口減少のペースは、国際的にみても異例なものである。図 13-1 は 1950 年から 2050 年に至る我が国の人口増加率の推移を世界の主要地域と比較したものであるが、先進国を含め世界は今世紀半ばまでプラスの増加率にとどまり、人口減少に至らないのに対して、我が国はマイナスの領域で低下を続け、2050 年までには −1％ を下回る見込みである。−1％ の減少とは、約 70 年ごとに人口が 2 分の 1 に縮小するペースである。その結果、世界人口に占める日本の人口のシェアは、1950 年 3.2％、2010 年 1.9％ から縮小を続け、2050 年には 1.0％ となる[6]。このように我が国の人口減少は、人口流出の著しいブルガリアを唯一除くと、世界で最も著しいものである。

## 3　人口高齢化の進展と社会保障の課題

人口減少以上に、我が国の今後の経済社会に影響を与える変化は人口高齢

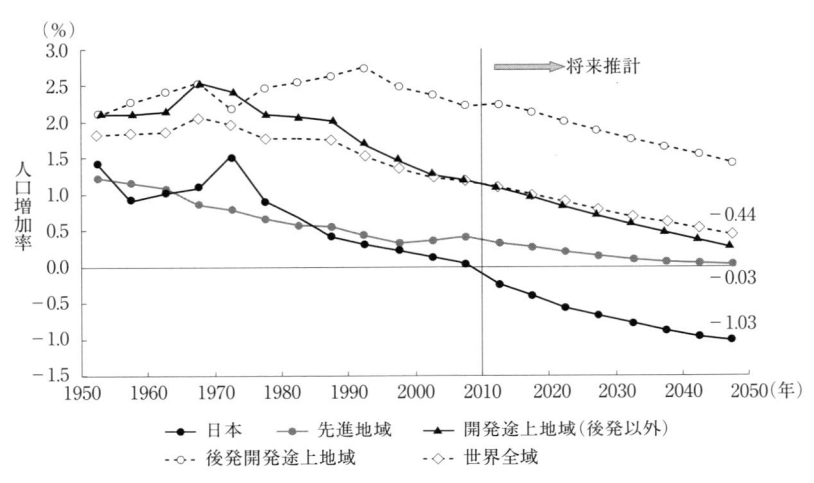

図 13-1　世界主要地域の人口増加率の推移：1950〜2050 年

凡例：●日本　●先進地域　▲開発途上地域（後発以外）　-○- 後発開発途上地域　-◇- 世界全域

出所：United Nations（2011），*World Population Prospects: The 2010 Revision*. 総務省統計局「国勢調査」、国立社会保障・人口問題研究所「日本の将来推計人口（平成 24 年 1 月推計）」出生中位・死亡中位推計．

化である。表 13-1（前出）には、年齢 3 区分の年齢階級について人口実数の変化と 2010 年人口を 100 とした指数の推移を示した。図 13-2 は、後者を図示したものであるが、これにより年齢階級ごとの相対変化を比較すると、今後増加するのは老年（65 歳以上）人口だけであり、2042 年 32% 増のピーク 3,878 万人に向けて増大する。老年人口中でも年齢層による違いは大きく 75 歳以上人口については、2053 年 70% 増のピーク 2,408 万人に向けてさらに急な増加が見込まれる。このように高齢者人口の中でも年齢が高い層ほど今後の増加幅は急であり、いわば高齢人口の高齢化が進むことに注意が必要である[7]。

　一方、生産年齢（15〜64 歳）人口は、総人口より速いペースで減少し（図 13-2）、2010 年と比較して 2030 年で 83%、2060 年では 54% の規模にまで縮小する。また年少（0〜14 歳）人口の減少ペースはさらに速く、2030 年で 71% に縮小し、2060 年では 47% と半減する。

　表 13-2 には、年齢構造係数を含め年齢構造に関する指標をまとめた。あらためて老年人口割合（年齢構造係数 65 歳以上）をみると、2010 年の 23.0%

## 図 13-2　総人口ならびに年齢（3区分）別人口指数の推移：1950〜2050年

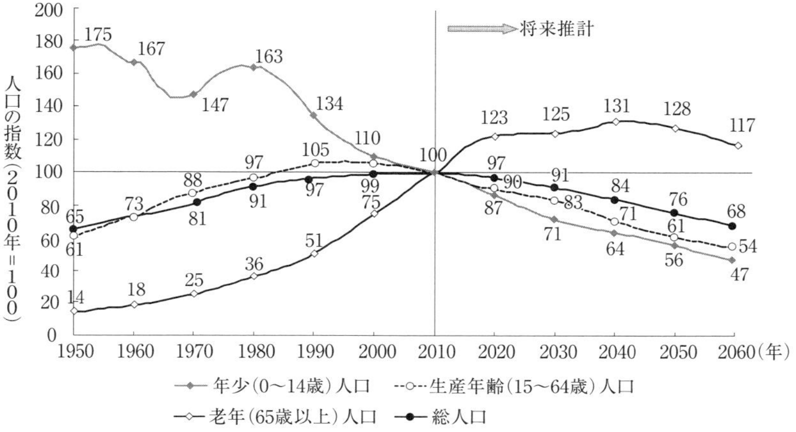

年少（0〜14歳）人口：175, 167, 147, 163, 134, 110, 100, 97, 91, 84, 76, 68
生産年齢（15〜64歳）人口：65, 73, 88, 97, 105, 99, 100, 90, 83, 71, 61, 54
老年（65歳以上）人口：14, 18, 25, 36, 51, 75, 100, 123, 125, 131, 128, 117
総人口：61, 81, 91, 97, 100, 97, 87, 71, 64, 56, 47

出所：表 13-1 と同じ。ただしグラフは各年データによって描いている。

から、2030年 31.6% を経て、2060年には 39.9% となっている。生産年齢人口割合は 2010年の 63.8% から 2060年 50.9% へと一貫して減少する。同時期に年少人口割合は 13.1% から 9.1% へと縮小する。

　同表で中位数年齢をみると、過去 1950年には 22.3歳であり、総人口の半分がこの年齢以下、すなわち青少年層であったことがわかる。2010年には 45.0歳となったが、2060年には 57.3歳であり、従来であれば引退年齢に相当するこの年齢より上に全人口の半分がいることになる。

　従属人口指数とは、年少人口と老年人口を合わせたものを、生産年齢人口で除したものであるが、大まかにいって社会全体の扶養負担の大きさを表す。1950年では 67.5% と比較的高かったがその後急速に低下し、2000年 46.9% を経て、2020年には再び 69.1% と 1950年水準を超え、その後は 2060年 96.3% にまで上昇する。この変化は、潜在扶養指数を用いて、1人の高齢者を支える生産年齢者の人数に置き換えて論じられることが多い。すなわち、1950年には高齢者 1人に対して 12.1人の働き手が存在したが、2010年では 2.8人、2060年には 1.3人となる（表 13-2）。高齢者のサポートが、おみこし型から騎馬戦型を経て、肩車型になるといわれる所以である。

表 13-2 人口高齢化の基本指標の推移：1950～2100 年

| 年　次 | | 総人口（万人） | 年齢構造係数（％） | | | |
|---|---|---|---|---|---|---|
| | | | 0～14 歳 | 15～64 歳 | 65 歳以上 | 75 歳以上 |
| 実績 | 1950 | 8,320 | 35.4 | 59.7 | 4.9 | 1.3 |
| | 1975 | 11,194 | 24.3 | 67.7 | 7.9 | 2.5 |
| | 2000 | 12,693 | 14.6 | 68.1 | 17.4 | 7.1 |
| | 2010 | 12,806 | 13.1 | 63.8 | 23.0 | 11.1 |
| 将来推計 | 2020 | 12,410 | 11.7 | 59.2 | 29.1 | 15.1 |
| | 2030 | 11,662 | 10.3 | 58.1 | 31.6 | 19.5 |
| | 2040 | 10,728 | 10.0 | 53.9 | 36.1 | 20.7 |
| | 2050 | 9,708 | 9.7 | 51.5 | 38.8 | 24.6 |
| | 2060 | 8,674 | 9.1 | 50.9 | 39.9 | 26.9 |
| | 2100 | 4,959 | 9.0 | 49.9 | 41.1 | 27.5 |

| 年　次 | | 平均年齢（歳） | 中位数年齢（歳） | 従属人口指数（％） | | 潜在扶養指数（人） |
|---|---|---|---|---|---|---|
| | | | | 年少従属人口指数 | 老年従属人口指数 | |
| 実績 | 1950 | 26.6 | 22.3 | 67.5 | 59.3 | 8.3 | 12.1 |
| | 1975 | 32.5 | 30.6 | 47.6 | 35.9 | 11.7 | 8.6 |
| | 2000 | 41.4 | 41.5 | 46.9 | 21.4 | 25.5 | 3.9 |
| | 2010 | 45.0 | 45.0 | 56.7 | 20.6 | 36.1 | 2.8 |
| 将来推計 | 2020 | 48.0 | 48.9 | 69.1 | 19.8 | 49.2 | 2.0 |
| | 2030 | 50.4 | 52.7 | 72.2 | 17.8 | 54.4 | 1.8 |
| | 2040 | 52.1 | 54.9 | 85.4 | 18.5 | 66.8 | 1.5 |
| | 2050 | 53.4 | 56.0 | 94.1 | 18.8 | 75.3 | 1.3 |
| | 2060 | 54.6 | 57.3 | 96.3 | 17.9 | 78.4 | 1.3 |
| | 2100 | 55.3 | 58.2 | 100.5 | 18.1 | 82.4 | 1.2 |

注：各指標は当該年 10 月 1 日人口について。
出所：1950～2010 年：総務省統計局「国勢調査」、2020～2100 年：国立社会保障・人口問題研究所「日本の将来推計人口（平成 24 年 1 月推計）」出生中位・死亡中位推計。2100 年は参考推計。

　こうした年齢構造の変化の全容は人口ピラミッドの変遷により明瞭に把握される。図 13-3 に 2030 年、2060 年の人口ピラミッドを示した[8]。
　2030 年の人口ピラミッドでは、団塊世代および団塊ジュニア世代が、それぞれ後期老年期と 50 歳代となっており、非常に重心の高いピラミッドとなっている。老年人口割合が 3 割を超え、後期老年人口割合もほぼ 2 割とな

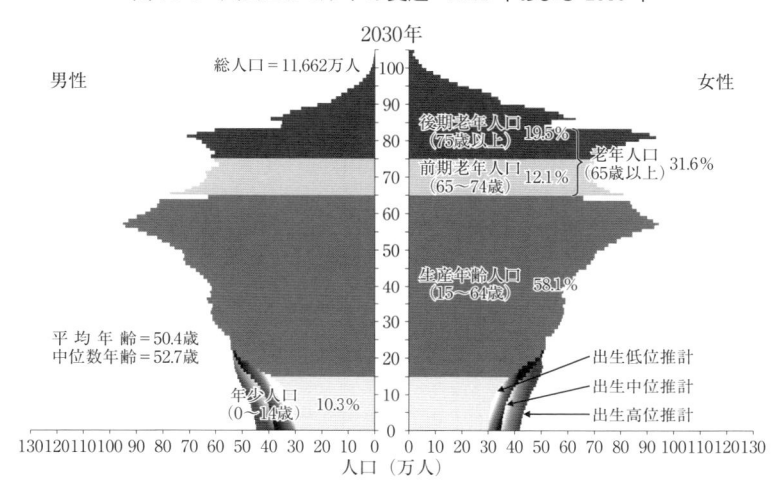

第13章 人口の将来推計と社会保障　277

図13-3　人口ピラミッドの変遷：2030年および2060年

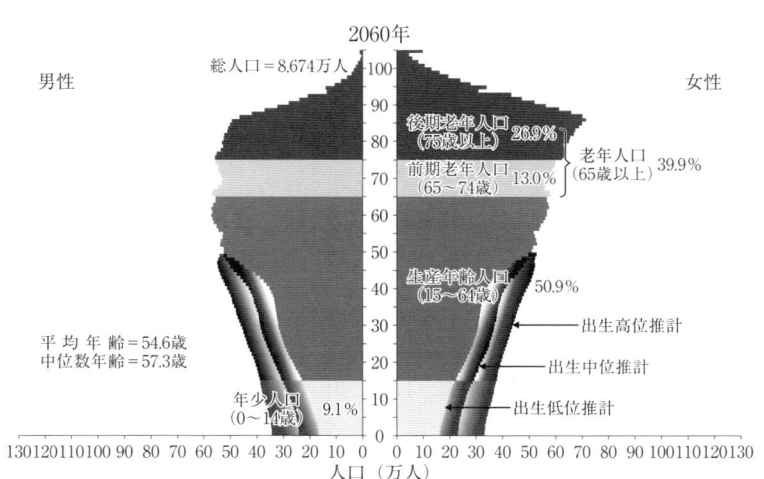

**2030年**
- 総人口＝11,662万人
- 男性／女性
- 後期老年人口（75歳以上）19.5%
- 前期老年人口（65～74歳）12.1%
- 老年人口（65歳以上）31.6%
- 生産年齢人口（15～64歳）58.1%
- 年少人口（0～14歳）10.3%
- 平均年齢＝50.4歳
- 中位数年齢＝52.7歳
- 出生低位推計／出生中位推計／出生高位推計

**2060年**
- 総人口＝8,674万人
- 男性／女性
- 後期老年人口（75歳以上）26.9%
- 前期老年人口（65～74歳）13.0%
- 老年人口（65歳以上）39.9%
- 生産年齢人口（15～64歳）50.9%
- 年少人口（0～14歳）9.1%
- 平均年齢＝54.6歳
- 中位数年齢＝57.3歳
- 出生高位推計／出生中位推計／出生低位推計

出所：総務省統計局「国勢調査」、国立社会保障・人口問題研究所「日本の将来推計人口（平成24年1月推計）」。2060年は出生3仮定×死亡中位仮定による推計。ただし図上の数値は、出生中位・死亡中位推計。

っている。裾の部分が3つの分かれているのは、出生率仮定による違いを表しており、中位仮定による人口が中間にあるピラミッドで表されるが、高めの出生率推移を仮定した場合が最も外側のピラミッド、低めの仮定をした場

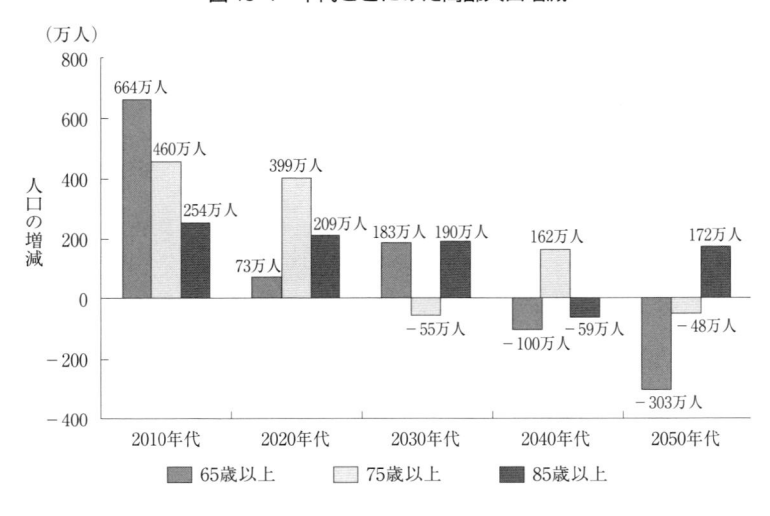

図 13-4　年代ごとにみた高齢人口増減

（万人、2010年代〜2050年代、65歳以上／75歳以上／85歳以上）

| 年代 | 65歳以上 | 75歳以上 | 85歳以上 |
|---|---|---|---|
| 2010年代 | 664万人 | 460万人 | 254万人 |
| 2020年代 | 73万人 | 399万人 | 209万人 |
| 2030年代 | 183万人 | −55万人 | 190万人 |
| 2040年代 | −100万人 | 162万人 | −59万人 |
| 2050年代 | −303万人 | −48万人 | 172万人 |

合が最も内側のピラミッドとなる。

　2060年の人口ピラミッドでは、高齢層の広がりに比べて若い世代ほど狭まっている。その程度は今後の出生率の水準によって違いがあるが、中間的な想定（出生中位仮定）では、高齢化率は 39.9％ すなわち 10 人中 4 人が高齢者であり、うち 3 人弱が 75 歳以上となる（26.9％）。このため全体に重心が高く（平均年齢 54.6 歳）、前述のように 57.3 歳以上が過半数を占める「高齢」な人口となる。

　高齢者の増加はどのように起こるのだろう。図 13-4 に 10 年ごとに今後見込まれる高齢人口の増加を 3 つの年齢括り（65 歳以上、75 歳以上、85 歳以上）についてみている。まず、65 歳以上の人口増減をみると、2010 年代における増加が 664 万人と飛び抜けて多いことがわかる。これは団塊世代がこの時期（正確には 2012〜14 年）に、65 歳以上の年齢層に参入するためである。2020 年代では伸びは 73 万人と急に小さくなるが、2030 年代には 183 万と若干盛り返す。これは団塊ジュニア世代がこの年齢層に参入するためである。その後は、65 歳以上人口は減少に転ずる。したがって、65 歳以上高齢者の実数の増加は比較的早い時期に終息するといえよう。ただし、これら期間を通し

て若年層の人口減少が著しいため高齢者の割合は上昇を続ける。

次に75歳以上人口、いわゆる後期老年人口は、2010～20年代を通して増加するが、やはりその後は団塊ジュニア世代の参入時期を除いて減少に転ずる。85歳以上人口についても、10年のタイムラグを置いて継続的増加から減少に転ずるパターンは同様である。

これらの動向からいえることは、老齢年金など60歳代の年齢を対象者の基準としている諸制度・施策においては、2010年代において対象者の急増に伴う財政状況の変動などが予見されるため、目前の、あるいはすでに進行中の事態に対して緊急に対処すべきであるということである。しかし、この時期を過ぎると速やかに急増は終息し、2040年代以降はむしろ前期高齢者の減少に対処することとなる。一方、後期高齢者医療制度など70歳代後半以降の高齢者を対象とする諸制度・施設等においては、急増に伴う変動は2020年代まで続くため、容量を十分に確保することが重要となる。さらに、要介護度の高い介護や終末期ケアが需要される80歳代後半以降の高齢者を対象とする諸制度については、2050年代まで続く増加に対処できる息の長い供給増の取り組みが必要になるだろう。

次に国際的な潮流の中における我が国の人口高齢化の位置づけについてみよう。図13-5には世界各国の高齢化率（65歳以上人口割合）の1950年から2100年に及ぶ推移を示した。これによれば今後世界全体が人口高齢化へと向かうことがわかる。その中で日本は1990年ごろより高齢化率の急上昇が始まり、2005年前後において世界一となった。今後もその勢いは衰えず、他の国々とは異次元ともいえる水準で世界の高齢化の先頭を進んでいく見通しである。

高齢化率の水準は、2060年時点で、ドイツ30.1%、スウェーデン26.2%、イギリス25.1%、フランス25.0%、アメリカ21.9%（United Nations, 2011）であるのに対して、日本は上述のように39.9%となっている。21世紀後半においても日本は高齢化について世界一の座にとどまる可能性は高い。日本は高齢化に伴う先例のない事態に対して、世界で真っ先に対応を迫られることになる。ただし、途上国も含め世界のすべての国は今後1世紀以上にわたって順次人口高齢化を経験していくため、良くも悪くも日本の経験と対応が

280　第3部　日本の社会保障制度の課題と展望

図 13-5　主要先進国の高齢化率の推移：1950〜2100 年

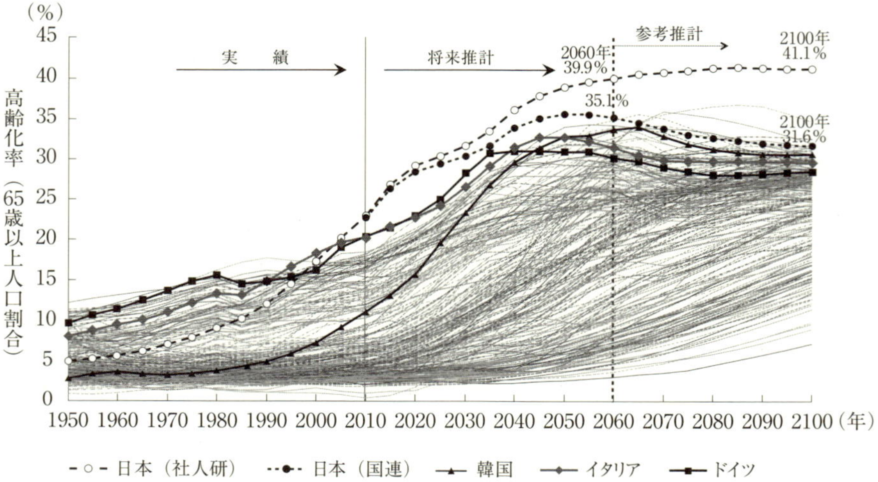

出所：総務省統計局「国勢調査」、国立社会保障・人口問題研究所「日本の将来推計人口（平成24年1月推計）」出生中位・死亡中位推計、国連、*World Population Prospects: The 2010 Revision*。

世界のモデルとなるはずである。社会保障はその中心的な分野であると考えられる。

　人口高齢化に伴う社会の扶養負担の増大についてはすでに述べたが、これに先立つ1960年代から90年代の時期には、従属人口指数が際立って低い水準であったことが観察された。これは人口転換過程において必ずみられる従属人口指数の一過性の低下であり、これによって表される社会の扶養負担の低下は、経済成長に有利に働くと考えられる（人口ボーナス）。実際、日本では当該時期において高度経済成長を含め好調な経済を享受した。しかし、我が国の人口ボーナス期はすでに終わり、現在は高齢化に伴う急速な従属人口指数の上昇に直面している。図13-6には、我が国の従属人口指数の推移を近隣諸国の同指標の推移とともに描いた。日本が現在すでに従属人口指数の上昇期（人口オーナス期）に入っているのに対し、同図によれば韓国、中国は、現在ボーナス期に当たっている。これらの国々もやがてオーナスに向かうが、その時期にはインドネシアがボーナス期に入り、この国がオーナスを

図 13-6　近隣諸国の人口ボーナス期の比較：1950〜2060 年
　　　　――日本 vs 韓国、中国、インドネシア、インド

従属人口指数（被扶養人口／生産年齢人口）（％）

実　　績　　将来推計

96.3
91.2
75.5
61.5
51.7

―●― 日本　―▲― 韓国　--◇-- 中国　―■― インドネシア　--○-- インド

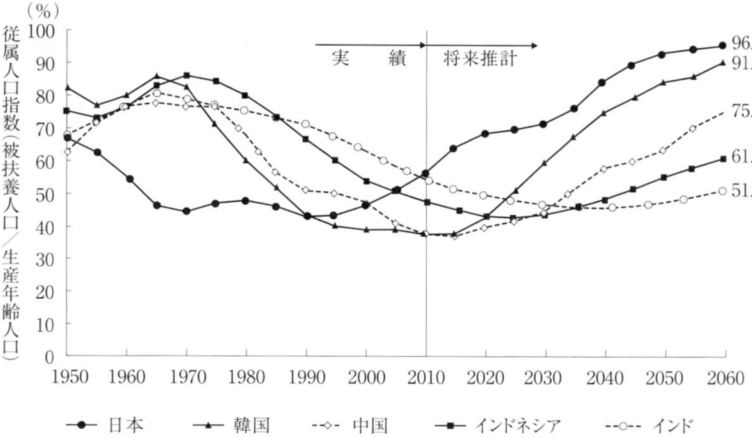

出所：総務省統計局「国勢調査」、国立社会保障・人口問題研究所「日本の将来推計人口」（平成 24 年 1 月推計［出生中位・死亡中位推計］）、国連、*World Population Prospects: The 2010 Revision.*

迎えるころにはインドが代わってボーナス期に入ることがわかる。

　ここに示したのは一部の国に過ぎないが、世界中のほとんどの途上国は今後において人口ボーナス期を迎えることとなる。ただでさえ世界一の高齢化を背景に、最初にオーナス期を進む我が国にとって、世界における人口ボーナスの隆盛は国際競争に際して不利に働くと考えられる。この状況を打開するためには、むしろ高齢化において世界に先んじていることを逆に活かし、高齢社会を克服するための製品や技術あるいは制度やインフラ等の分野で、日本独自の産業を興していくほかないだろう。たとえば長年にわたって平均寿命世界一を保っている背景としての食品・食習慣、現在すでに先端にある健康・医薬品産業、今後発展が期待される再生医療、介護用ロボットなどの分野において、不断のイノベーションが求められる。一方で若年人口が縮小基調にあることは、そうした技術革新にとってきわめて不利な条件となるが、これを補うために人材育成への努力が強化されなくてはならない。ここでも少数であることを活かし、従来の「追いつけ追い越せ」型国家の一律教育を廃して、個々人の多様な能力を開発すること目指すなど、教育のあり方にも

変革が求められる。

## 4　出生数、死亡数の動向と社会保障の課題

　出生数と死亡数の推移からもこれからの課題を探ってみたい。図13-7には、1900年から2世紀にわたる出生数（折れ線グラフ）と死亡数（積み上げグラフ）の変化を示した。死亡数については死亡年齢層による内訳を示している。

　出生数は戦後のベビーブーム期1947〜49年には各年270万弱、合わせて806万強の出生数を記録したが、その後急速な出生減と第2次ベビーブーム期における再度の反騰など大きな変動を経験した。1970年代半ばからは少子化過程に入り2012年では出生数103.7万と最少を更新した。今後は少子化時代に生まれた規模の小さな世代が親となっていくことで、出生数は継続的な減少が見込まれ、2030年73万人を経て、2060年には47万人に縮小する。

　こうした出生数の減少は、保育や妊娠・出産、小児にかかわる医療を市場

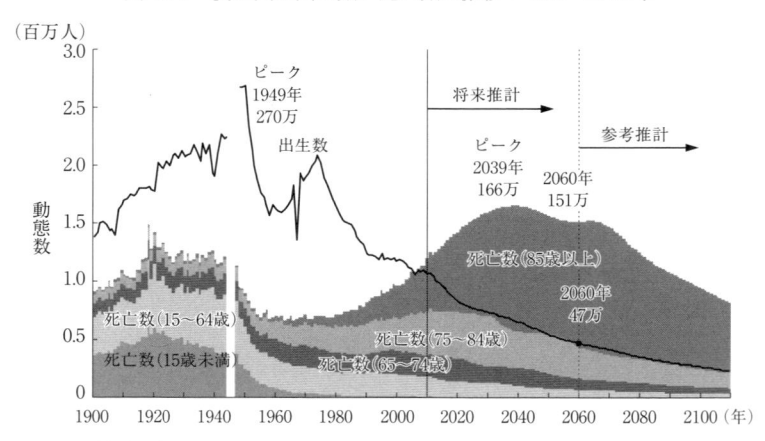

図13-7　我が国の出生数、死亡数の推移：1900〜2110年

出所：厚生労働省「人口動態統計」、国立社会保障・人口問題研究所「日本の将来推計人口（平成24年1月推計）」出生中位・死亡中位推計（日本人出生数、死亡数）。

表 13-3 死亡年齢分布の推移：1930〜2060 年

(％)

| | 年　　次 | 総　数 | 0〜14 歳 | 15〜64 歳 | 65〜74 歳 | 75〜84 歳 | 85 歳以上 |
|---|---|---|---|---|---|---|---|
| 実績 | 1930 年 | 100 | 39.2 | 37.7 | 11.9 | 9.3 | 1.9 |
| | 1970 年 | 100 | 5.5 | 33.0 | 26.3 | 26.0 | 9.3 |
| | 2010 年 | 100 | 0.4 | 14.4 | 16.2 | 31.3 | 37.8 |
| 推計 | 2030 年 | 100 | 0.1 | 8.0 | 9.1 | 26.6 | 56.2 |
| | 2060 年 | 100 | 0.1 | 4.5 | 6.4 | 18.7 | 70.4 |

出所：厚生労働省「人口動態統計」、国立社会保障・人口問題研究所「日本の将来推計人口（平成 24 年 1 月推計）」出生中位・死亡中位推計。

原理に委ねた場合、需要の恒常的低下を意味し、これら分野が縮退していくことが懸念される。社会の存続にかかわる次世代の健全育成については、教育も含め市場原理を補う特別の保障制度が必要であると考えられる。

　一方、死亡数は、戦前の 1907 年以降、戦後 1947 年に至るまでは年間 100 万件を超える水準にあった。このころでは 15 歳未満の子どもの死亡が約 4 割、生産年齢層 15〜64 歳の死亡が約 4 割、65 歳以上の老年期の死亡が残り約 2 割であった（表 13-3）。

　戦後は目覚ましい死亡率低下を背景に死亡数も急減し、1950 年代後半から 1970 年代を通して 70 万件前後で安定していたが、1980 年代に入るころより漸増が始まり、2003 年に再び年間 100 万件を超え、2012 年現在 125.6 万となっている。この増加は人口高齢化に伴うものである。一方で若年層の死亡は大幅に減少しており、2010 年では 65 歳以上の死亡が約 85％ を占めている（表 13-3）。今後も高齢人口の増大とともに死亡数は増え続け、高齢人口のピーク（2042 年）に近い 2039 年に死亡数も 166 万件でピークを迎える。その後は人口減少に伴って減少し、2060 年では 151 万件となる。この間、死亡の年齢は高齢層への集中が進み 65 歳以上の死亡が 9 割以上を占めるようになる（2030 年 91.9％、2060 年 95.5％、表 13-3 より）。とりわけ 1980 年代ごろまではわずかであった 85 歳以上での死亡が急速に増大し、2010 年の 37.8％ から 2060 年には 70.4％ を占めるようになる。

　こうした死亡の年齢構造の歴史的変化は、国民の疾病構造の変化を反映しており、戦前から戦後にかけて乳幼児をはじめ多くの若年の命を奪った感染

症が制圧され、死亡は次第に中高年期に集中するようになった。現在は悪性新生物（がん）、心疾患、脳血管疾患等が死因の首位を占めているが、今後死亡がより高齢な層に集積していくことから、この層に多い肺炎などの感染症が再び増えていくものとみられる[9]。このように、死亡数の増加とその年齢・死因構造の変化は、今後医療が向き合うべき対象が急速に変化していくことを示している。特に80～90歳以上など超高齢層の患者の身体と生活の特殊性に配慮した体制づくりは急務であり、たとえば施設における感染症への特別な対策、生活に近接した治療―リハビリ―介護ケアサイクルの包括的な実現、患者の生活の質（QOL）を踏まえた終末期医療の確立など、喫緊の課題が多い。

以上、少子化と長寿化による出生数、死亡数の推移に関連した社会の課題をみてきたが、それらは個人のライフコース変化の帰結である。ライフコース変化はそれ自体が社会保障のあり方に直結している。少子化とその背景にある結婚の変化はこれまで生活の基本単位であった家族というものを大きく変えようとしている。2010年現在で50歳に達した世代の生涯未婚率[10]は、男性20.1％、女性10.6％（国立社会保障・人口問題研究所、2013a）であり、1960年における1.3％、1.9％と比較すると、その間の結婚の著しい変化が読み取れる。さらに最新の将来推計人口の仮定に用いられた1995年生まれ女性に関する想定では、生涯未婚率20.1％とされている。また同じ女性世代の平均出生子ども数は1.35人であり、出生子ども数がゼロである女性の割合は、35.6％である。これは1960年生まれ女性の実績17.5％が倍増することを意味し、これを前提にすると1995年生まれ女性では孫を持たない割合がおよそ半数となる。したがって、これら世代以降では高齢に至るまで家族を持たない層が急速に増えるものとみられる。これまで高齢者を経済面、精神面そして介護を通して支えてきた家族の存在を前提とできない世代が到来しつつあり、長寿化によって老後が延伸するなか、これら高齢者の介護、生活保障のあり方に課題をもたらすことになる。

## 5 おわりに——社会保障の新たなパラダイムを求めて

　人口と経済は1つのシステムを構成している（図13-8）。人口システムのミクロ領域で生じた人々の生き方の変化は、マクロ領域における死亡率、出生率（人口動態）に影響を与える。図に従って現代の例を挙げれば、個々人の長生きやシングル化[11]が、平均寿命の伸長（長寿化）、出生率の低下（少子化）というマクロの変化を招いている。こうした死亡率、出生率の変化は人口静態領域の人口規模と構造を変える。現代ではそれは言うまでもなく人口減少、人口高齢化の進行である。こうした人口変動はマクロ経済の領域で労働力逼迫、消費市場縮小、社会の扶養負担増大などを引き起こすことによって経済成長を阻害し、またミクロ経済領域における雇用環境、賃金、家計等に影響を及ぼして個人の生活やライフコースを変える。この循環が繰り返され、人口と経済は1つの自律的で相互依存的な生態学的システムを構成している。

　人口・経済システムでは、一部に生じた負の変化が増幅して全体に波及す

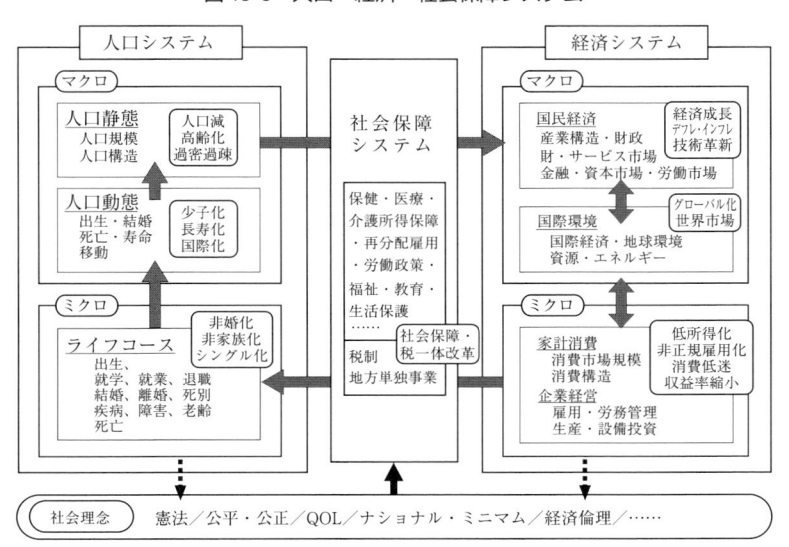

図13-8　人口・経済・社会保障システム

る不安定さを備えている。過去においては、わずかな気候変動が農作物に打撃を与え飢饉を招いたり、他にも疫病の流行や戦争などの単一事象が社会全体を攪乱する危険が常に存在した。こうした惨事を防ぐためには、国家など公の介入によって一部に生じた破綻を修復することで、影響の全体への波及を阻止することが必要となる。こうしたリスクプールの技術の体系が社会保障システムと考えることができる。それは自由主義経済を阻害するものではなく、むしろ中長期的な経済成長を促進するものとして認識がされ、年金や医療保険などの仕組みを発達させてきた。しかし社会保障システムは歴史も浅く、発達は不完全であり、近代以降においても金融恐慌など一部に生じた破綻が人々の生活や文明システム全体を危機に陥れる事態が何度も生じている。また、社会保障が人口・経済システムに不可避に生ずる不具合を調整するものであるという観点からは、それは前者の展開に合わせて柔軟に形を変えなくてはならないが、人口構造（人口ボーナス）のもたらした豊かな財政的余剰のもとで創設され、発達してきた先進国における各種社会保障制度が、歴史的な人口・経済システムの転換を前にして、対症療法的修正を繰り返すやり方によって機能を維持できるか否かは大いに疑問である。人口・経済システムを調整するための社会保障システムという位置づけから、自律的な人口・経済過程に組み込まれ、それ自体が自律的に変化し、機能するような柔軟な社会保障のあり方が求められるだろう。たとえば財源の問題は、巨大な人口オーナスを抱える一国で解決することは不可能であるが、次々と豊かな人口ボーナスを享受し、いずれオーナスを背負う諸国をシステムに組み入れたとき、社会保障自体が高い付加価値を持つ経済活動として位置づけられるかもしれない。また各種制度が、現場の担い手の一挙手一投足を規定することなく、多様な事態への創造的で柔軟な対応を促進するものであれば、自律的な発展が望めるかもしれない。もちろんそのためには知識・技能だけでなく、倫理に優れた人材の養成も不可欠である。人口・経済システムと社会保障制度というあり方ではなく、人口・経済・社会保障システムという新しいパラダイムの確立とその実践が求められているように思う。

## 注

1) 統計上、日本の総人口のピークは、年別統計（各年 10 月 1 日現在推計人口）では 2008 年 128,083,960 人、月別統計では同年 12 月の 128,099,049 人となっている（総務省統計局）。
2) 「日本の将来推計人口（平成 24 年 1 月推計）」では、将来の出生推移・死亡推移についてそれぞれ中位、高位、低位の 3 仮定を設け、それらの組み合せにより 9 通りの推計を行っている。その中で、出生中位・死亡中位推計は出生仮定・死亡仮定ともに中間的な推移による推計結果である。
3) 参考推計は、人口動態率（女性の年齢別出生率、男女年齢別死亡率、日本人・外国人別国際人口移動率）ならびに出生性比に関する仮定値が 2060 年の水準のまま一定値で推移した場合の推計人口である。
4) 年少人口（15 歳未満）のピークは 1954 年（2,989 万人）、生産年齢人口（15〜64 歳）のピークは 1995 年（8,726 万人）、それらを合わせた 65 歳未満の人口ピークは 1988 年（1 億 900 万人）であった。
5) 総人口が 1 億人を割るのは 2048 年（9,913 万人）である。したがって日本の人口が 1 億人を超えた時期は、1967 年からの 81 年間ということになる。
6) 2010 年の人口（実績値）を 100 とした 2060 年の人口は、アメリカ 136、イギリス 119、フランス 118 といずれも増加が見込まれており、人口減が見込まれる国でも、イタリア 95、ドイツ 88 である。これに対し我が国は 68 であり、これらどの国よりも急速な減少が見込まれている（United Nations, 2011）。
7) したがって、高齢化の指標として最も一般的に用いられている高齢化率（65 歳以上人口割合）は、高齢化の実相を過少に表す指標といえる。
8) 1960 年および 2010 年の人口ピラミッドについては第 4 章を参照のこと。
9) すでに 2011 年には肺炎による死亡数が脳血管疾患によるものを上回り、死因第 3 位に浮上した。従来の 3 大死因（悪性新生物、心疾患、脳血管疾患）の構図は崩れる兆しをみせている。
10) 生涯未婚率は 45〜49 歳と 50〜54 歳未婚率の平均値であり、50 歳時点において一度も結婚経験のない層の割合と解釈できる。本文中の数値は、総務省統計局「平成 22 年国勢調査報告」から算出したもの。
11) シングル化とは個人・家族における個に向かう行動や意識の変化であり、未婚化・非婚化、世帯規模縮小、単身世帯増加などに反映される。阿藤（2000）による用語。

## 参考文献

Lutz, W., V. Skirbekk and M. Testa（2006）"The Low Fertility Trap Hypothesis; Forces that May Lead to Further Postponement and fewer Births in Europe," *Vienna Yearbook of*

*Population Research 2006*, pp. 167-192.
United Nations (2011) *World Population Prospects: The 2010 Revision*, United Nations, New York.
阿藤誠 (2000)『現代人口学——少子高齢社会の基礎知識』日本評論社。
国立社会保障・人口問題研究所 (2012)「日本の将来推計人口 (平成 24 年 1 月推計)」。
―――― (2013a)「人口統計資料集　2013 年版」。
―――― (2013b)「日本の世帯数の将来推計 (全国推計) (平成 25 年 1 月推計)」。

終章

# 事実（エビデンス）に基づく政策研究の展望
―― 本書の概要と位置づけ

西村　周三・勝又　幸子

## 1　はじめに

　本書の企画は、「社会保障費用統計」の基幹統計指定（2012年7月）を契機として提案された。基幹統計指定の統計法上の意味については第1章で解説しているのでご覧いただきたいが、ここでは本書全体を総括するに当たり、基幹統計指定されたことの「意義」について、各章の内容を概観しながら記述することにしたい。「意義」とカギ括弧で囲んだのは、誰にとっての意義かという視点を強調するためである。社会保障費用統計が基幹統計指定されるときの統計法上の要件の第1番目に挙げられているように、それは全国的な政策を企画立案し、またはこれを実施するうえにおいて特に重要な統計、である。そうなれば、利用者は広くはこの国の主権者たる国民であり、狭くは政策の企画立案の実務に携わる行政機関である。本書の刊行は、社会保障費用統計が利用者のために必要で有用な情報を提供することができているかを点検する1つの契機となる。それは、国立社会保障・人口問題研究所が政策研究機関としての自己の存在意義を確認することでもある。

## 2 第1部「社会保障費用統計の成り立ちと実際」の位置づけ

　第1部は社会保障費用統計の概説と利用の手引きとして執筆された。社会保障費用統計が「社会保障給付費」のタイトルで公表されていたころにも、このような包括的な概説書は刊行されたことがなかった。これが初の概説書であり、これを利用の手引きにしてほしいとの意図で、社会保障費用統計の集計と公表の実務に携わっている研究所の担当者によって執筆された。

　第1章では、歴史として戦後から現在までを4つの時代に分けて解説を加えている。政策立案における意義を社会保障費用統計に積極的に見出し始めたのは、戦後社会保障制度の整備が完了した後20年を経た1980年代であり、その後、高齢化社会への対応として、社会保障制度改革が、高齢社会を支える社会保障財政の安定化の必要から、老人医療費に始まって、介護保険の導入、公的年金改革等々と進んでいった時期に重なっていく。日本で行財政改革が重要な政策として意識され始めたのは第2次臨時行政調査会（1981年）のころからだったといえるが、当時はまだ「国民負担率50パーセントシーリング」[1]が国会で議論されていたにすぎず、持続可能な社会保障制度の議論のために社会保障費用統計が基礎資料として国民に認識されるには至らなかった。2000年の介護保険の導入を前に、国会答弁などで行政から、医療・年金・福祉その他の比率を4対5対1から3対5対2に変え、高齢化社会に重要となる介護への給付を拡大していく目標が繰り返し表明された。2000年以降、社会保障給付の将来見通し[2]が厚生労働省（当時、厚生省）から公表されるようになった。将来見通しは、社会保障給付費の範囲で推計されているが、基準としている年が予算ベースで集計されているところに違いがある。

　第2章では、OECD基準とILO基準の2つの国際基準の定義、集計対象、分類について解説した。基幹統計指定された社会保障費用統計の公表資料では、OECD基準とILO基準の集計結果の両方を公表しているが、前者のOECD基準では政策分野別、後者のILO基準では機能分類別と、異なる分類で集計されている。しかし2つの基準には類似点も多く、利用者が2つの違いを把握するために、役に立つ情報を提供している。公表資料のタイトルが「社会保障費用統計」となってから、公表資料には巻末参考資料として主

な用語の解説を掲載するようになったが、本章ではその根拠となる文献も明記し、国際基準についてより詳細な情報を得たい読者の便宜を図っている。

## 3　第2部「日本社会の変容と社会保障」の位置づけ

　第2部では各章で日本の社会保障を長期時系列データから概観している。第3章では、各国際基準で整備しているデータを時系列で示した。OECD基準では約30年間、ILO基準では約60年間のデータの蓄積がある。また、ILO基準については財源としての収入データの蓄積も同様の約60年間について整備されている。統一された基準で長期にわたる社会保障財政統計が整備されていることが評価される。

　第4章では、過去から現在に至る日本の長期人口動向と社会保障の発展過程を概観している。人口理論を踏まえた、日本の戦前戦後の人口動向の解説は、戦後の社会保障制度の整備過程との関係で大変興味深い。1970年代の福祉元年と呼ばれた時期を起点として、日本では生産年齢人口割合が大きく、社会保障制度の拡充と経済成長に有利に働く人口ボーナスの時期であったこと、そしてそのような時期は人口転換を経験した社会に必ず、ただし一度だけ訪れる恩恵であることなど、興味深い指摘がなされる。人口理論から当然と思われた人口構造の変化に、歴史の節目の社会保障制度改革は対応しようとしたのだろうか。または対応しようとしたができなかったのだろうか。政策評価に有用な事実（エビデンス）がそこにある。

　第5章では、第3章と第4章を接合させて、戦後から現在に至る社会保障改革の動向を3つの時間軸、すなわち戦後復興期から高度経済成長期、1970年代後半から1990年までの2度のオイルショックと1.57ショックと呼ばれた低出生時代、そして1990年代から現在に至る少子高齢化と経済低成長時代について概観し、それぞれの時代を社会保障費用統計の時系列動向から観察した。

　第6章では、1970年代半ばから顕在化した少子化の社会状況について人口学的な要因から解説している。特に少子化には、出生動向と結婚動向が密接に影響を与えていることが人口学的要因として丁寧に解説されている。そ

して続く第 7 章では、前章の人口動向を受けて、日本において少子化対策がどのように提案され実施されてきたかについて現在までの動向をまとめている。1989 年の 1.57 ショックを起点として、当初は子育て世帯の支援を中心に行われていた政策が、結婚と出産を可能にさせる、働き方の改善へと広がっていった経緯がわかる。その経緯は、家族に対する政策支出の動向からも観察できることを示している。

第 8 章では、社会保障費用統計の中でも近年特に重要性を増している雇用の分野について時系列でその動向をまとめている。戦後いち早く整備された雇用保険だが、それが後の日本における経済環境と雇用環境の変化にうまく対応できてきたかについて考察している。1990 年代終わりから 2000 年の高失業率の時代より 2009 年リーマン・ショック後の失業給付のほうが額が小さいことを指摘し、近年の失業者に占める失業給付の受給者割合の低下傾向には、離職前の正規雇用者の割合の低下や短期の失業者の割合の低下が背景としてあると述べている。

## 4　第 3 部「日本の社会保障制度の課題と展望」の位置づけ

第 3 部では、社会保障費用統計を、政策研究に応用する方法について、実際にデータを利用しながら国際比較研究の手法とマクロ経済分析から考察を加えている。加えて、人口の将来推計に照らして、人口減少社会における社会保障を展望した。

第 9 章ではまず、社会保障費用統計の国際比較について、各種国際機関における検討の歴史を概観した。OECD では給付と租税支出を統合して国際比較する純社会支出（Net Social Expenditure）の集計が行われ、家族社会支出の国際比較などに応用されてきたことが紹介されている。一方で、利用上の注意点としては、国際基準で区分された政策分野別に含まれる費用や制度が、各国の制度設計に影響を受けていることなどが紹介されている。

第 10 章では、OECD の政策分野別社会支出の中で高齢関係支出について、OECD 加盟国のデータをもとに、高齢に分類された支出を現金と現物の別で、また現金は公的支出、義務的私的支出、任意私的支出の 3 区分に分けて分析

をしている。年金については、公的年金の動きと任意私的年金の動きに違いがあることを見出している。また、高齢者介護については、高齢化の程度で介護支出の違いを説明できないことを見出している。一方、高齢者の介護を家族責任とする国と公的責任とする国の間で介護支出には特徴が出ている。OECD いずれの国々でも財政状況は悪化しているが、すでに高齢者介護サービス提供体制が整備されている北欧諸国などでは介護サービスは増加する一方、まだ提供体制ができていない南欧諸国では、家族主義にあえて寄りかかろうとする傾向があると分析している。

　第11章では、OECD 社会支出の家族政策支出と女性の就業率が出生率とどのような相関があるかを20 カ国について1980～2009 年の約30 年間のデータから観察した。分析の結果としては、女性の就業率の上昇は出生率を引き下げる方向に働いてきたが、その効果は近年になると弱まっていること、家族社会支出の増加は出生率を引き上げる方向に働くが、その効果は近年になるほど弱まっていること、そして家族社会支出のうち一貫して効果があるのは出産育児休業に伴う支出であることが挙げられている。

　第12章では、マクロ計量分析という経済学の分析ツールを使った研究において、社会保障費用統計の数値を利用してみるという試行を行っている。2012 年基幹統計指定の統計委員会答申においても指摘があったことであるが、国民経済計算（SNA）の作成目的等の違いから、SNA との整合性の確保が困難な部分については、その説明を利用者に明確に示す必要がある[3]。そこで、2010 年度社会保障費用統計の公表資料からは、巻末に SNA との関係性等について資料を掲載している。本章の執筆者はこの部分の点検を担当した研究者であり、関係性についてより詳しく記述している。しかし、マクロモデルへの社会保障費用統計数値の適用については、その利用妥当性に疑問を投げかけている。社会保障費用統計の目的は、一義的にマクロ経済モデルへの利用ではないので当然の考察といえるが、この事実がマクロデータを使った経済分析を行う研究者に理解されていないことが混乱の原因だといえよう。公的統計の利活用の促進を進める立場からすると、社会保障費用統計の汎用性を広げることは重要ではあるが、データの特徴を正確に把握して意味のある利活用が促進されるように、利活用の良い例だけでなく、そうでない

例についても提示していき、仮にその原因がどちらかの統計の作成方法にあるとしたら、それを改善していく努力がなされることこそ利用者への貢献といえる。

第13章では、将来人口の展望という部分に焦点を当てて、中長期の日本社会の姿を描き出している。国立社会保障・人口問題研究所は旧人口問題研究所時代から将来推計人口の集計と公表を継続的に実施している日本で唯一の公的機関であり、ここに描かれた将来の日本の人口動向は、社会保障のあるべき姿に多くの示唆を与えてきた。これから2050年までの約40年間、人口高齢化の特徴は高齢人口のさらなる高齢化が進むことである。要介護度の高い介護や終末期ケアが需要される80歳代後半以降の高齢者を対象とする諸制度については、2050年代まで続く増加に対処できる息の長い供給増の取り組みが必要になるだろうと述べている。一方、出生率については、今後は少子化時代に生まれた規模の小さな世代が親となっていくことで、出生数の継続的な減少が見込まれる。また死亡率については次のように予測している。今後も高齢人口の増大とともに死亡数は増え続け、高齢人口のピーク（2042年）に近い2039年に死亡数もピークを迎える。死亡の年齢は高齢層への集中が進み65歳以上の死亡が9割以上を占めるようになる。とりわけ1980年代ごろまではまれだった85歳以上での死亡が急速に増大し、2010年の37.8%から2060年には70.4%を占めるようになる。

## 5　事実（エビデンス）に基づく政策研究の基礎資料

PDCAサイクル（計画・実施・点検・改善）の導入と徹底が、行政組織のマネジメントでは当たり前になってきている。1997年の行政改革会議が行政評価の導入を提言したことが発端となり、総務省には行政評価局が設置され、各省庁のみならず、独立行政法人、自治体の政策評価が行われるようになった[4]。評価は監視（モニタリング）とも呼ばれ、計画された施策がどのように実施され、成果を出したのか否かを継続的にみていく活動となっている。点検の際に最も問題なのは、適切な事実の把握方法があるかどうかである。長い間、日本の政策議論は、財源獲得競争の結果としての予算がどうなったか

をもっぱらみてきたように思う。それは、各省庁が作成する予算資料が、時々の政策PR版となっていて、政策のタイトル（たとえば若者対策など）でまとめられているのに、それを決算書で追跡することが困難だという事実からも明らかである。言うまでもなく評価は実態を把握して行われなければならない。その意味で実際に財政投入された決算を基礎とする社会保障費用統計には意義がある。では、現状の社会保障費用統計は、評価のための適切な事実の把握資料としての役割を十分に果たしているだろうか。

　社会保障に投入された費用を日本全体で把握できる統計資料は社会保障費用統計だけである。医療だけなら国民医療費があるが、国民医療費は治療に係る費用なので、検診や予防注射などの公衆衛生関係の費用は入っていない。年金だけなら、厚生年金や国民年金の決算書をみればよいかもしれないが、共済組合という医療と年金の両方を給付している組織の年金額は考えに入れなくてもよいといえるだろうか。特に国と地方の公務員は共済組合に加入しているが、事業主としての公費負担は税金で賄われている。また、マクロ経済モデルの解析で、老齢年金だけを使う研究者がいるが、公的年金には、遺族年金と障害年金という、人口の高齢化だけからは説明できない現金給付があることを無視してしまうことは適当だろうか。

　社会保障費用統計は、決算の単位である制度ごとに数値を積み上げているので、個別の制度への投入の実態を知ることができる。また、国際基準によって類似の政策分野別の費用を制度の違いを意識せず、たとえば老齢年金や遺族年金として捉えることができる。また、給付の種類として現金と現物（サービス）を区別できるのも社会保障費用統計の特徴である。同じ給付費でも現金の場合は、消費税などを通じて、受給者に移転される額は国によって違う。

　上記のように、社会保障費用統計が評価のための適切な事実の把握資料となりうるものであることは確かであるといえよう。しかし、その利用が適切に行われているかといえば、現状では十分とはいえない。それは、社会保障費用統計が整備している制度個票レベルでの詳細なデータが未公表であることが大きな原因であろう。研究者が分析を行う場合、自分が使っているデータについて理解していることが必要であるが、社会保障費用統計の集計区分

について十分に理解が進まないのは、その中身の開示が十分にできていないからではないだろうか。

統計法において、統計調査すなわちアンケートなどの調査票を配布して情報を集める種類の統計については、そこで収集したデータを2次利用することが可能となっている。しかし、社会保障費用統計やSNAなどの加工統計は、その範囲ではない。特に社会保障費用統計は、会計決算資料という行政統計文書をもとにつくられているため、もし開示を請求するとなると、文書公開法に基づく請求の手続きを行わなければならない。

社会保障費用統計が評価のための適切な事実の把握資料として役割を果たすためには、何よりも開示が重要である。決算が基礎となっている積み上げであれば、決算は公開されるのが一般的なので、開示を妨げる理由はないであろう。しかし実際には、公表されている決算よりも詳しいレベルの決算資料の提出を担当所管官庁等から受けて集計されることもあり、公開されていないものを出すことへの各省庁の抵抗は強い。この抵抗感を払拭する必要がある。

## 6 社会保障費用統計が基幹統計指定されたことの意義

社会保障費用統計が基幹統計指定された結果、作成方法の通知が義務づけられたこと、定義や集計方法を大きく変更する場合は、統計委員会に諮問しなければならないことなど、手続きが増えたことは確かである。しかし、それは説明責任の重さの裏づけであり、社会保障費用統計が重要な統計として位置づけられたことにほかならない。それは、行政の政策立案者だけのものではなく、また一部の専門知識のある研究者だけのものでもない。国民全体が知る権利のある基本的な情報なのである。だからこそ、公的機関であるところの国立社会保障・人口問題研究所が最大多数の利益を尊重して、さまざまな必要に応えるように整備していく意義があるのである。

注

1) 社会保険料負担と租税負担の合計の対国民所得比率は50%を超えて大きくなってはならないという財政膨張抑制のための表現として議論のなかで用いられた。
2) 「社会保障の給付と負担の将来見通し」(厚生省平成12年10月公表資料) が公表された。
3) 諮問第43号の答申社会保障費用統計（旧社会保障給付費）の基幹統計としての指定について審議結果、答申（平成24年4月20日）理由等の①から引用。
4) 総務省、行政評価 (http://www.soumu.go.jp/main_sosiki/hyouka/gyouseihyouka/index.html) 参照。

# 資料

## 基本データ

　本書の各章で共通して使われた基本統計データを中心に掲載する。スペースの制約から長期時系列データやグラフのもととなったデータについては、以下に示す国立社会保障・人口問題研究所ウェブサーバー上からダウンロードできるようにした。
http://www.ipss.go.jp/publication/j/2013sosho.html/

資料1　政策分野別社会支出の推移

(億円)

| 年度 | 社会支出 合計 | 高齢 | 遺族 | 障害、業務災害、傷病 | 保健 | 家族 | 積極的労働市場政策 | 失業 | 住宅 | 他の政策分野 |
|---|---|---|---|---|---|---|---|---|---|---|
| 1980(昭和55) | 259,294 | 76,753 | 25,439 | 15,751 | 111,627 | 11,789 | — | 12,418 | 601 | 4,917 |
| 1981( 56) | 289,104 | 89,066 | 28,513 | 17,552 | 120,826 | 12,757 | — | 14,270 | 690 | 5,430 |
| 1982( 57) | 313,110 | 99,352 | 30,470 | 18,416 | 129,970 | 13,422 | — | 15,118 | 775 | 5,588 |
| 1983( 58) | 336,009 | 108,968 | 31,333 | 19,126 | 140,753 | 13,500 | — | 15,636 | 855 | 5,838 |
| 1984( 59) | 353,137 | 118,397 | 32,512 | 19,840 | 145,313 | 13,943 | — | 15,997 | 937 | 6,199 |
| 1985( 60) | 374,004 | 130,843 | 34,069 | 20,468 | 152,953 | 14,818 | — | 13,667 | 993 | 6,195 |
| 1986( 61) | 404,898 | 146,942 | 35,766 | 22,117 | 162,736 | 15,656 | — | 14,723 | 1,017 | 5,941 |
| 1987( 62) | 427,463 | 156,081 | 37,925 | 23,326 | 172,379 | 15,310 | — | 15,761 | 1,034 | 5,648 |
| 1988( 63) | 446,345 | 165,310 | 38,924 | 23,809 | 180,673 | 15,388 | — | 15,687 | 1,036 | 5,516 |
| 1989(平成元) | 471,790 | 177,826 | 40,455 | 25,188 | 190,439 | 15,703 | — | 15,866 | 1,041 | 5,272 |
| 1990( 2) | 514,597 | 191,192 | 42,204 | 26,590 | 202,619 | 16,454 | 14,691 | 14,668 | 1,026 | 5,153 |
| 1991( 3) | 549,660 | 204,608 | 44,281 | 28,695 | 218,394 | 17,364 | 14,992 | 15,150 | 1,027 | 5,149 |
| 1992( 4) | 590,588 | 220,655 | 46,598 | 30,004 | 233,049 | 22,723 | 14,005 | 17,493 | 1,048 | 5,014 |
| 1993( 5) | 630,362 | 235,918 | 48,624 | 31,805 | 248,363 | 23,361 | 14,829 | 21,101 | 1,115 | 5,247 |
| 1994( 6) | 668,551 | 253,596 | 50,998 | 32,930 | 259,571 | 24,397 | 15,694 | 23,150 | 1,207 | 7,008 |
| 1995( 7) | 722,829 | 277,249 | 53,539 | 35,431 | 280,725 | 25,472 | 15,685 | 26,114 | 1,275 | 7,338 |
| 1996( 8) | 751,906 | 291,029 | 54,832 | 35,374 | 292,756 | 28,053 | 16,671 | 26,247 | 1,376 | 5,567 |
| 1997( 9) | 769,572 | 307,290 | 54,812 | 36,065 | 292,572 | 27,797 | 16,520 | 27,234 | 1,496 | 5,787 |
| 1998( 10) | 796,467 | 321,942 | 56,547 | 41,903 | 295,326 | 28,644 | 13,673 | 30,670 | 1,615 | 6,147 |
| 1999( 11) | 833,499 | 347,070 | 58,251 | 38,682 | 302,978 | 31,689 | 14,291 | 31,875 | 1,802 | 6,861 |
| 2000( 12) | 854,768 | 373,789 | 59,642 | 38,227 | 296,584 | 32,479 | 14,196 | 30,878 | 2,007 | 6,967 |
| 2001( 13) | 892,393 | 397,012 | 60,944 | 40,022 | 303,761 | 35,129 | 14,316 | 31,449 | 2,240 | 7,522 |
| 2002( 14) | 904,837 | 416,131 | 61,759 | 37,406 | 298,830 | 36,521 | 14,400 | 29,163 | 2,521 | 8,105 |
| 2003( 15) | 910,877 | 424,123 | 62,579 | 38,855 | 299,789 | 36,673 | 14,888 | 22,497 | 2,823 | 8,650 |
| 2004( 16) | 920,581 | 432,078 | 63,409 | 38,166 | 303,784 | 39,231 | 13,655 | 17,998 | 3,073 | 9,188 |
| 2005( 17) | 950,538 | 449,070 | 64,666 | 36,667 | 315,670 | 40,968 | 12,775 | 17,189 | 4,290 | 9,242 |
| 2006( 18) | 953,430 | 456,657 | 65,376 | 39,999 | 311,048 | 40,516 | 9,909 | 16,940 | 3,621 | 9,364 |
| 2007( 19) | 975,912 | 468,828 | 66,227 | 41,935 | 319,991 | 40,868 | 8,353 | 16,173 | 3,762 | 9,775 |
| 2008( 20) | 1,002,250 | 484,550 | 66,825 | 44,036 | 327,427 | 43,313 | 9,858 | 12,177 | 3,980 | 10,085 |
| 2009( 21) | 1,070,088 | 516,171 | 67,548 | 47,348 | 340,644 | 45,693 | 17,683 | 18,399 | 4,570 | 12,032 |
| 2010( 22) | 1,089,195 | 517,727 | 68,051 | 45,728 | 350,480 | 61,251 | 13,659 | 14,500 | 5,129 | 12,670 |
| 2011( 23) | 1,120,437 | 521,233 | 68,130 | 48,018 | 362,866 | 63,890 | 9,144 | 14,048 | 5,470 | 27,637 |

注：1. 第1表はOECD社会支出の基準に従い算出したものである。
2. 「保健」のうち1980～2008年はOECD Health Dataの公的保健支出から介護保険医療系サービスと補装具費を除いた額、2009～2011年は国立社会保障・人口問題研究所による集計である。
3. 2010年度集計時に新たに追加した費用について、2005年度まで遡及したことから、2004年度との間で段差が生じている。
4. 政策分野別の項目説明は、「平成22年度社会保障費用統計」pp. 52-53参照。
出所：「平成22年度社会保障費用統計」p. 31 E-stat よりダウンロード可能。

## 資料2 社会保障給付費の部門別推移

| 年度 | 社会保障給付費 計(億円) | 医療(億円) | 構成割合(%) | 年金(億円) | 構成割合(%) | 福祉その他(億円) | 介護対策(億円) | 構成割合(%) |
|---|---|---|---|---|---|---|---|---|
| 1964(昭和39) | 13,475 | 7,328 | 54.4 | 3,056 | 22.7 | 3,091 | — | 22.9 |
| 1965( 40) | 16,037 | 9,137 | 57.0 | 3,508 | 21.9 | 3,392 | — | 21.2 |
| 1966( 41) | 18,670 | 10,766 | 57.7 | 4,199 | 22.5 | 3,705 | — | 19.8 |
| 1967( 42) | 21,644 | 12,583 | 58.1 | 4,947 | 22.9 | 4,114 | — | 19.0 |
| 1968( 43) | 25,096 | 14,679 | 58.5 | 5,835 | 23.3 | 4,582 | — | 18.3 |
| 1969( 44) | 28,752 | 16,975 | 59.0 | 6,935 | 24.1 | 4,842 | — | 16.8 |
| 1970( 45) | 35,239 | 20,758 | 58.9 | 8,562 | 24.3 | 5,920 | — | 16.8 |
| 1971( 46) | 40,258 | 22,505 | 55.9 | 10,192 | 25.3 | 7,561 | — | 18.8 |
| 1972( 47) | 49,845 | 28,111 | 56.4 | 12,367 | 24.8 | 9,367 | — | 18.8 |
| 1973( 48) | 62,587 | 34,270 | 54.8 | 16,758 | 26.8 | 11,559 | — | 18.5 |
| 1974( 49) | 90,270 | 47,208 | 52.3 | 26,782 | 29.7 | 16,280 | — | 18.0 |
| 1975( 50) | 117,693 | 57,132 | 48.5 | 38,831 | 33.0 | 21,730 | — | 18.5 |
| 1976( 51) | 145,165 | 68,098 | 46.9 | 53,415 | 36.8 | 23,652 | — | 16.3 |
| 1977( 52) | 168,868 | 76,256 | 45.2 | 65,880 | 39.0 | 26,732 | — | 15.8 |
| 1978( 53) | 197,763 | 89,167 | 45.1 | 78,377 | 39.6 | 30,219 | — | 15.3 |
| 1979( 54) | 219,832 | 97,743 | 44.5 | 89,817 | 40.9 | 32,272 | — | 14.7 |
| 1980( 55) | 247,736 | 107,329 | 43.3 | 104,525 | 42.2 | 35,882 | — | 14.5 |
| 1981( 56) | 275,638 | 115,221 | 41.8 | 120,420 | 43.7 | 39,997 | — | 14.5 |
| 1982( 57) | 300,973 | 124,118 | 41.2 | 133,404 | 44.3 | 43,451 | — | 14.4 |
| 1983( 58) | 319,733 | 130,983 | 41.0 | 144,108 | 45.1 | 44,642 | — | 14.0 |
| 1984( 59) | 336,396 | 135,654 | 40.3 | 154,527 | 45.9 | 46,216 | — | 13.7 |
| 1985( 60) | 356,798 | 142,830 | 40.0 | 168,923 | 47.3 | 45,044 | — | 12.6 |
| 1986( 61) | 385,918 | 151,489 | 39.3 | 187,620 | 48.6 | 46,809 | — | 12.1 |
| 1987( 62) | 407,337 | 160,001 | 39.3 | 199,874 | 49.1 | 47,462 | — | 11.7 |
| 1988( 63) | 424,582 | 166,726 | 39.3 | 210,459 | 49.6 | 47,397 | — | 11.2 |
| 1989(平成元) | 448,785 | 175,279 | 39.1 | 225,407 | 50.2 | 48,099 | — | 10.7 |
| 1990( 2) | 472,166 | 183,795 | 38.9 | 240,420 | 50.9 | 47,951 | — | 10.2 |
| 1991( 3) | 501,303 | 195,056 | 38.9 | 256,145 | 51.1 | 50,103 | — | 10.0 |
| 1992( 4) | 538,231 | 209,395 | 38.9 | 274,013 | 50.9 | 54,823 | — | 10.2 |
| 1993( 5) | 567,986 | 218,059 | 38.4 | 290,376 | 51.1 | 59,550 | — | 10.5 |
| 1994( 6) | 604,609 | 228,656 | 37.8 | 310,084 | 51.3 | 65,869 | — | 10.9 |
| 1995( 7) | 647,191 | 240,520 | 37.2 | 334,986 | 51.8 | 71,685 | — | 11.1 |
| 1996( 8) | 675,462 | 251,702 | 37.3 | 349,548 | 51.7 | 74,212 | — | 11.0 |
| 1997( 9) | 694,016 | 253,008 | 36.5 | 363,996 | 52.4 | 77,012 | — | 11.1 |
| 1998( 10) | 721,421 | 254,004 | 35.2 | 384,105 | 53.2 | 83,312 | — | 11.5 |
| 1999( 11) | 750,405 | 263,970 | 35.2 | 399,112 | 53.2 | 87,323 | — | 11.6 |
| 2000( 12) | 781,334 | 259,975 | 33.3 | 412,012 | 52.7 | 109,347 | 32,806 | 14.0 |
| 2001( 13) | 814,112 | 266,273 | 32.7 | 425,714 | 52.3 | 122,124 | 41,563 | 15.0 |
| 2002( 14) | 835,895 | 262,818 | 31.4 | 443,781 | 53.1 | 129,296 | 47,053 | 15.5 |
| 2003( 15) | 842,800 | 266,132 | 31.6 | 447,845 | 53.1 | 128,823 | 51,559 | 15.3 |
| 2004( 16) | 858,091 | 271,285 | 31.6 | 455,188 | 53.0 | 131,618 | 56,167 | 15.3 |
| 2005( 17) | 884,879 | 281,608 | 31.8 | 468,286 | 52.9 | 134,985 | 58,701 | 15.3 |
| 2006( 18) | 902,973 | 286,924 | 31.8 | 478,792 | 53.0 | 137,257 | 60,492 | 15.2 |
| 2007( 19) | 927,031 | 295,530 | 31.9 | 488,711 | 52.7 | 142,790 | 63,584 | 15.4 |
| 2008( 20) | 953,622 | 301,931 | 31.7 | 501,737 | 52.6 | 149,954 | 66,513 | 15.7 |
| 2009( 21) | 1,010,998 | 314,128 | 31.1 | 523,330 | 51.8 | 173,540 | 71,191 | 17.2 |
| 2010( 22) | 1,046,793 | 329,190 | 31.4 | 529,711 | 50.6 | 187,893 | 75,082 | 17.9 |
| 2011( 23) | 1,074,950 | 340,634 | 31.7 | 530,623 | 49.4 | 203,692 | 78,881 | 18.9 |

注：1．四捨五入の関係で総数が一致しない場合がある。
　　2．部門別分類の項目説明は、「平成22年度社会保障費用統計」p. 27, p. 50 参照。
　　3．2011年度集計時に新たに追加した費用について、2005年度まで遡及したことから、2004年度との間で段差が生じている。
出所：「平成22年度社会保障費用統計」p. 38 E-stat よりダウンロード可能。

## 資料3 人口と高齢化率の推移 実績と将来推計

(百万人)

- 1872年 3,481万人
- 1900年 4,385万人
- 2010年 1億2,806万人
- 2060年 8,674万人
- 2100年 4,959万人
- 2110年 4,286万人

総人口

老年人口
- 5.7%
- 23.0%
- 39.9%

生産年齢人口
- 64.2%
- 63.8%
- 50.9%

年少人口
- 30.0%
- 13.1%
- 9.1%

出所：旧内閣統計局推計、総務省統計局「国勢調査」「推計人口」、国立社会保障・人口問題研究所「日本の将来推計人口（平成24年1月推計）」出生中位・死亡中位推計。

資料　基本データ　*303*

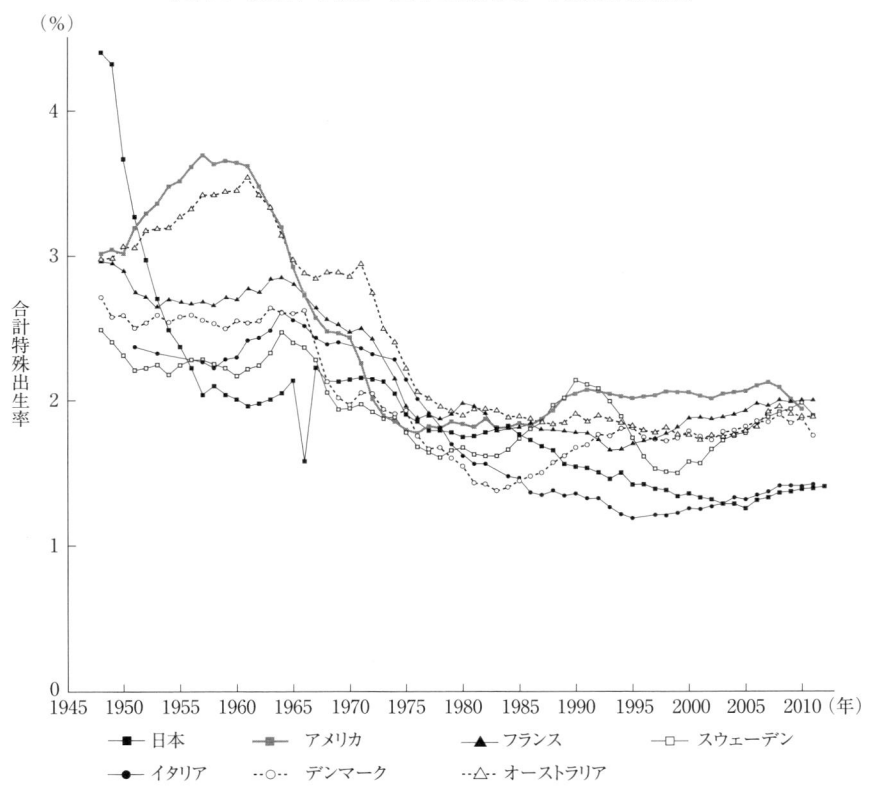

### 資料4　出生率の推移（日本と諸外国）　実績と将来推計

（％）

合計特殊出生率

| ━■━ 日本 | ━■━ アメリカ | ━▲━ フランス | ─□─ スウェーデン |
| ●  イタリア | ⋯○⋯ デンマーク | ⋯△⋯ オーストラリア | |

出所：UN, Demographic Yearbook および Council of Europe, Recent Demographic Developments in Europe and North America による。

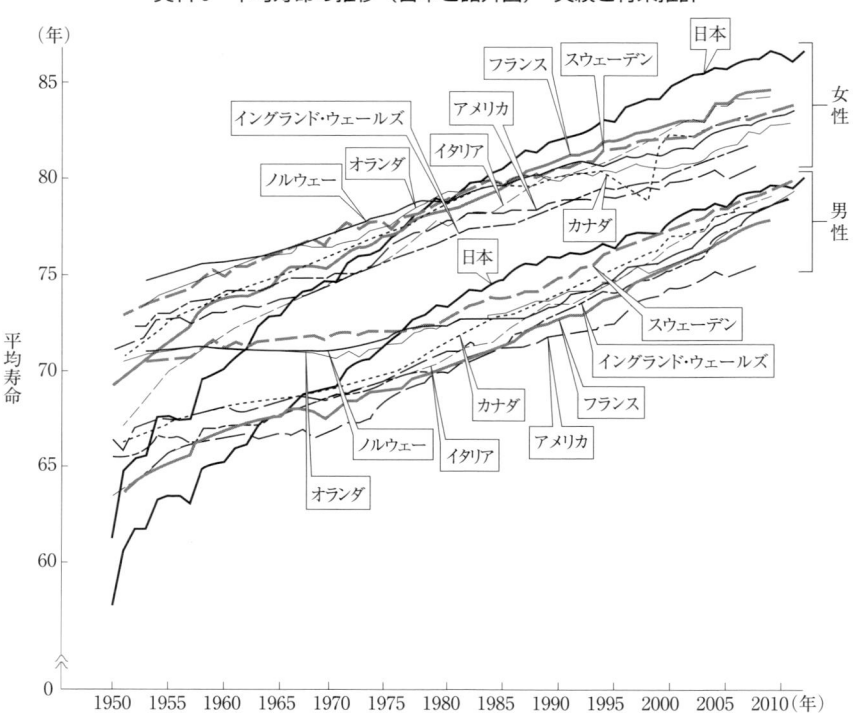

資料5　平均寿命の推移（日本と諸外国）　実績と将来推計

出所：UN, Demographic Yearbook による。日本は、厚生労働省統計情報部「完全生命表」「簡易生命表」による。

資料　基本データ　305

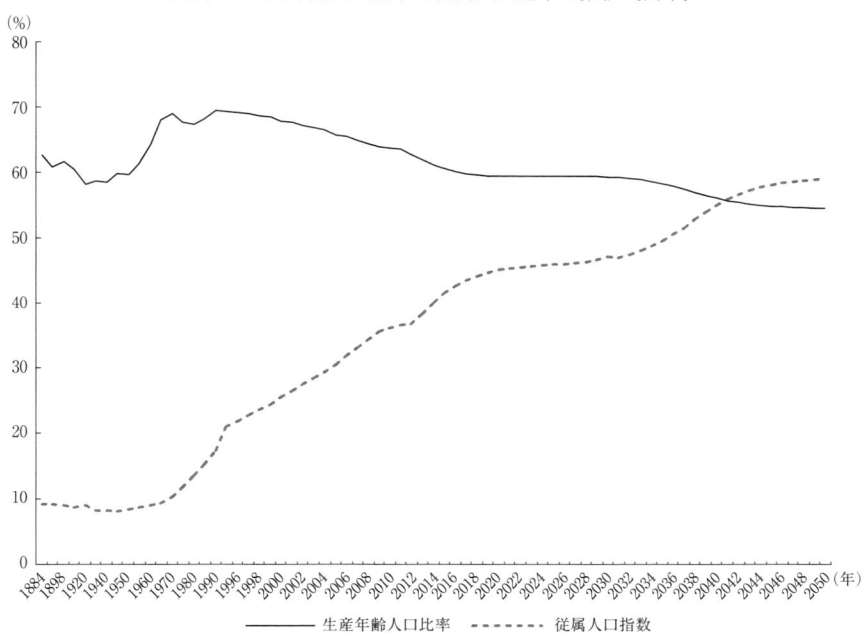

**資料6　生産年齢人口比率と従属人口比率の推移（日本）**

注：生産年齢人口比率とは総人口に占める15〜64歳人口の比率。
　　従属人口指数とは、65歳以上人口が15〜64歳人口に占める割合。
　　2011年まで実績、その後は中位推計結果。
出所：人口統計資料集、表2-6、表2-1-1をもとに作成。

## 資料7 OECD加盟国の女性の年齢階層別就業率

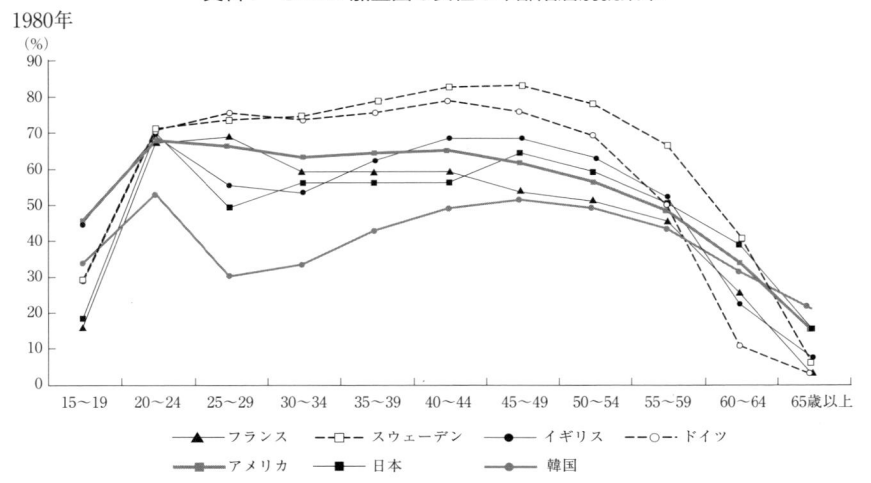

**1980年**

注：イギリスは、1981年の数値である。
　　ドイツは、1995年の数値である。
　　アメリカの15〜19歳は、16〜19歳の数値である。
　　ドイツ、韓国、スウェーデン、イギリス、アメリカの65歳以上は、65〜69歳の数値である。
　　フランスと日本については30〜44歳の就業率に5歳刻みのデータがないため、30〜44歳の平均就業率を表している。

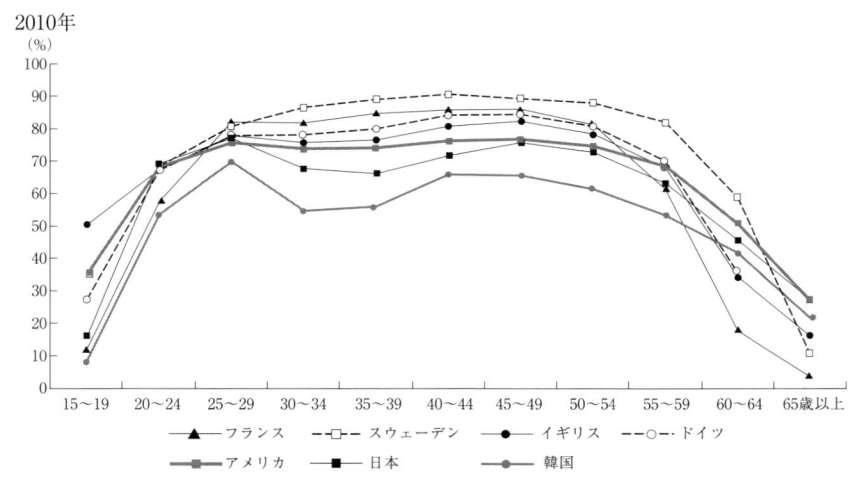

**2010年**

注：イギリス、アメリカの15〜19歳は、16〜19歳の数値である。
　　フランス、日本、スウェーデン、イギリス、アメリカの65歳以上は、65〜69歳の数値である。
出所：ILO, Labour force survey, Population census, Official estimates, Household survey.

資料 基本データ　307

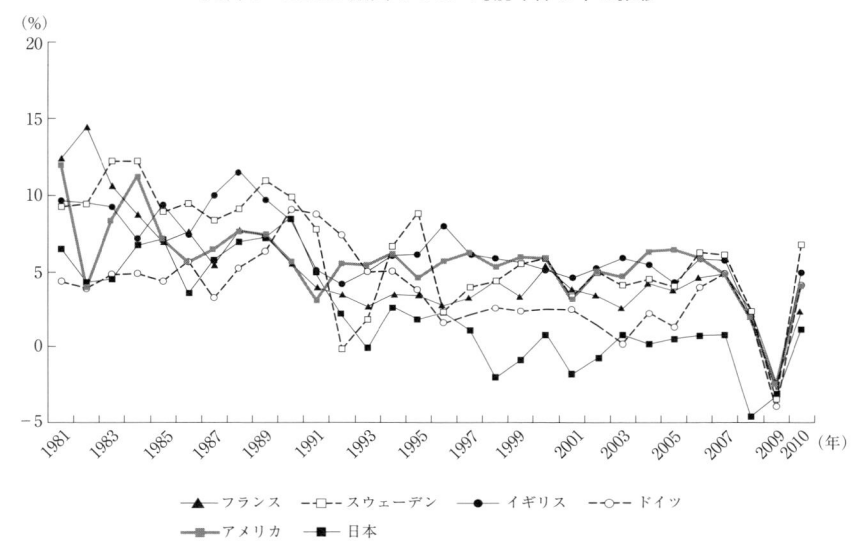

資料8　OECD諸国のGDP対前年伸び率の推移

▲ フランス　-□- スウェーデン　● イギリス　-○- ドイツ
■ アメリカ　■ 日本

出所：日本については内閣府経済社会総合研究所、国民経済計算。OECD諸国についてはOECD National Accounts。

# 索　引

## Alphabet

AFDC（Aid to Families with Dependent Children）　179
Cost of Social Security（COSS）→『社会保障の費用』も参照　172
ESSPROS（The European System of Integrated Social Protection Statistics）　21, 56, 173
EUROSTAT（the Statistical Office of the European Union）　22
HDI（Human Development Index）　24
OECD Family Database　175
OECD Social Expenditure Database（SOCX）　21, 167, 176
SPI（Social Protection Index）　24
SSI（Social Security Inquiry）　22
TANIF（Temporary Assistance to Needy Families）　179

## あ行

ILO基準　42-45, 55
　　――社会保障給付費　63-68
　　――社会保障収入　68-70
アジア開発銀行（ADB）　24
EU通貨統合　172
EU統計局（EUROSTAT）　172
育児休業給付　154
1.57ショック　20, 92, 98, 123, 124, 291, 292
一般財源化　26
エンゼルプラン　124
　　新――　123
オイルショック　92, 95-96, 152
欧州委員会（EC）　173
欧州政府債務危機　195
欧州統合社会保護統計 → ESSPROSを見よ
OECD基準社会支出　31-42, 55, 63

## か行

外国人　111
介護サービス　187, 198, 202, 203
介護保険　91, 99
核家族化　80
格差　73
確定拠出年金　195
家族計画　77
家族支援策　211, 232
家族政策　213
家族手当　215
完結出生児数　83, 113
監視（モニタリング）　294
感染症　73, 76, 283-284
管理費　50
機会費用　83, 231-232
基幹統計　23, 31, 289, 293
機能別分類　44
救護法　74
求職者給付　149
給付　45-48
行財政改革　17
緊急人材育成支援事業　155
緊急保育対策5か年事業　124
近代化　73
近代家族　81
結婚　109
　　――持続期間　110
現金給付　37, 58, 185, 198, 200, 215
健康保険法　75
現物給付 → サービスも参照　37, 58, 185, 198, 215
合計特殊出生率（出生率）　76, 84, 107, 211, 231, 232

厚生年金保険法　75
構造不況業種　157
公的老齢年金　187, 197
公立保育所運営費負担金　26
高齢化　17, 77, 98, 143, 145, 173, 185-207, 271-286
高齢者介護　198
高齢者関係給付費　17
国際労働機関（ILO）　13
国勢調査　74
国民医療費　95, 295
国民皆保険・皆年金　13, 78, 91, 94,
国民基礎年金　94, 97
国民経済計算（SNA）　16, 23, 33, 170, 235
国民所得勘定　16
国庫負担　43, 70
固定効果モデル　216
子ども・子育て応援プラン　126
子ども・子育て支援関連3法　26, 134
子ども・子育て支援新制度　133
子ども・子育てビジョン　129
「子どもと家族を応援する日本」重点戦略　127
雇用安定資金　148
雇用慣行　83
雇用継続給付　154
　　高年齢――　154
雇用調整助成金　147, 157
雇用保険二事業　147
婚姻　109

## さ行

サービス → 現物給付　も参照　58
再婚者　109
財政調整　96
「作成方法の通知」→ 基幹統計　も参照　24
産業革命　73
産業構造　80
参考推計　272-273, 287
三面等価　247, 252, 260
事業主拠出　43

資産収入　44, 68
次世代育成支援対策推進法　123, 125
自然減　107
失業率　145
児童・家族関係給付費　20
児童手当　129
社会支出（social expenditure）　31
　　遺族――　37
　　家族――　39, 63, 231, 293
　　義務的私的――　35, 175, 292
　　公的――　35, 292
　　高齢――　36, 63
　　高齢関係――　185, 204, 292
　　失業――　41
　　住宅――　41
　　純――　174, 292
　　障害・業務災害・傷病――　38
　　積極的労働市場政策――　40
　　他の政策分野――　42
　　任意私的――　35, 175, 292
　　保健――　38, 63
社会扶助制度　171
社会保険制度　74, 171
社会保険料　68
　　事業者拠出　68
　　被保険者拠出　68
社会保障関係総費用　15
社会保障基金　236, 251
社会保障給付費
　　医療　48, 65
　　年金　48, 65
　　福祉その他　49, 65
社会保障研究所　13, 16, 17, 20, 21
社会保障水準基礎統計　15
社会保障制度改革　334
社会保障制度審議会　13, 15, 17
『社会保障の費用』（*The Cost of Social Security*）　13
社会保障4経費　134
就職促進給付　149
終身雇用　83
従属人口指数　78, 275-276, 280-281
終末期ケア　279

出産・育児休業　215, 231, 233
出生動向基本調査　113
出生率 → 合計特殊出生率 を見よ
障害年金　179
償還払い　58
少子化　82, 284, 285
　　──社会対策会議　125-126
　　──社会対策基本法　123, 125
　　──対策　20
将来推計人口　271, 294
将来見通し　290
女性の就業率　212, 231
所得再分配　175
シングル化　285, 287
人口移動　79
人口オーナス　280
人口増加率　273-274
人口置換水準　76, 79, 82, 84, 107
人口転換　77, 79, 84
人工妊娠中絶　76-77
人口のモメンタム　79, 82, 84
人口配当 → 人口ボーナス も参照　79
人口ピラミッド　77, 84, 276
人口ボーナス　79, 280, 281, 286, 291
新待機児童ゼロ作戦　128, 130
生活保護制度　100
政策分野別社会支出　63
生殖補助医療　118
セーフティネット　99, 153
世界銀行　24
世帯規模　80
潜在扶養指数　275, 276
早期引退制度　193
租税支出　174

### た行

第2次臨時行政調査会（第2臨調）　17, 290
他制度からの移転　50
他制度への移転　50
他の公費負担　43, 70
団塊ジュニア世代　84, 276, 278
団塊世代　76, 84, 276, 278

単独世帯　85
中位数年齢　275, 276
長期失業者　145
長寿化　284, 285
直系家族　81
デイケア・ホームヘルプサービス　215
適用除外　175
統計法　23, 289, 296

### な行

難民条約　98
任意私的年金　187, 195, 203
年金支給開始年齢　193
年金制度改革　192
年金制度の体系　189
　ビスマルク型　189
　ベヴァリッジ型　189
年功序列　83
年齢構造　276
年齢構造係数　274, 276

### は行

ハローワーク　150
晩婚化　82, 84, 110
PDCAサイクル　294
非婚化　84
非正規雇用　84, 145
被保険者拠出　43, 238
　第1号──　238, 245
　第2号──　238, 245
標準世帯　81
貧困　73
福祉元年　19, 95
普通出生率　76
部門別社会保障給付費　44, 65
平均初婚年齢　82, 83, 109
平均年齢　276
ベヴァリッジ報告　94
ベビーブーム　75, 76, 92
ボズラップ（E. Boserup）　74
母体保護法 → 優性保護法 も参照　95

## ま行

マルサス（T. R. Malthus）　74
未婚化　82, 84
未婚率　82, 83
　生涯――　83, 284, 287
モラル・ハザード　152

## や行

優生保護法　76, 95

## ら行

ライフコース　284, 285
リーマン・ショック　99, 145

離婚　110
老人医療費　97
　――の無料化　19
老人保健　91, 96
　――法　17
労働契約　150
労働政策審議会　158
労働保険特別会計　148
労働力　75

## わ行

ワーク・ライフ・バランス　120

**執筆者紹介**（目次順。[ ]内は担当章。）

西村周三（にしむら しゅうぞう）　[監修、序章、終章]
　　国立社会保障・人口問題研究所所長
勝又幸子（かつまた ゆきこ）　　[第1章、第5章、第9章、終章、Column 2]
　　国立社会保障・人口問題研究所情報調査分析部長
竹沢純子（たけざわ じゅんこ）　　[第2章、第3章、Column 1]
　　国立社会保障・人口問題研究所企画部第3室長
金子隆一（かねこ りゅういち）　　[第4章、第13章]
　　国立社会保障・人口問題研究所副所長
佐々井司（ささい つかさ）　　[第6章]
　　国立社会保障・人口問題研究所企画部第4室長
藤原朋子（ふじわら ともこ）　　[第7章]
　　国立社会保障・人口問題研究所企画部長
藤井麻由（ふじい まゆ）　　[第8章]
　　国立社会保障・人口問題研究所社会保障基礎理論研究部研究員
伊藤善典（いとう よしのり）　　[第10章]
　　一橋大学経済研究所教授
小塩隆士（おしお たかし）　　[第11章]
　　一橋大学経済研究所教授
佐藤　格（さとう いたる）　　[第12章、Column 3、Column 4]
　　国立社会保障・人口問題研究所社会保障基礎理論研究部第1室長

（肩書きは2014年3月31日現在）

国立社会保障・人口問題研究所研究叢書

# 社会保障費用統計の理論と分析
――事実に基づく政策論議のために

2014年3月31日　初版第1刷発行

監修者―――西村周三
編　者―――国立社会保障・人口問題研究所
発行者―――坂上　弘
発行所―――慶應義塾大学出版会株式会社
　　　　　　〒108-8346　東京都港区三田2-19-30
　　　　　　TEL〔編集部〕03-3451-0931
　　　　　　　　〔営業部〕03-3451-3584〈ご注文〉
　　　　　　　　〔〃　　〕03-3451-6926
　　　　　　FAX〔営業部〕03-3451-3122
　　　　　　振替　00190-8-155497
　　　　　　http://www.keio-up.co.jp/
装　丁―――後藤トシノブ
印刷・製本―株式会社加藤文明社
カバー印刷―株式会社太平印刷社

©2014　National Institute of Population and Social Security Research
　　　　Shuzo Nishimura, Yukiko M. Katsumata, Junko Takezawa,
　　　　Ryuichi Kaneko, Tsukasa Sasai, Tomoko Fujiwara, Mayu Fujii,
　　　　Yoshinori Ito, Takashi Oshio, Itaru Sato
　　　　Printed in Japan  ISBN 978-4-7664-2126-2

**慶應義塾大学出版会**

## 国立社会保障・人口問題研究所研究叢書

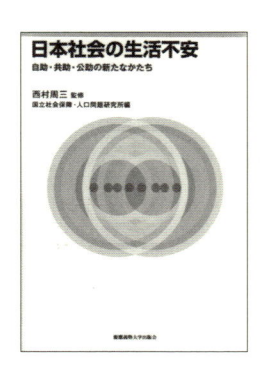

### 日本社会の生活不安
#### 自助・共助・公助の新たなかたち

西村周三監修／国立社会保障・人口問題研究所編　家族の変容と貧困・生活困難の実態を解明。「家族」に焦点を当て、日本で初めて全国規模で生活不安・生活困難の実態を調査した「第1回社会保障実態調査」に基づく詳細な分析と政策提言の書。　◎4200円

### 地域包括ケアシステム
#### 「住み慣れた地域で老いる」社会をめざして

西村周三監修／国立社会保障・人口問題研究所編　人々が住み慣れた地域で、親しい人々に囲まれながら、充実した医療・ケアを享受できる社会を実現するための「地域包括ケアシステム」を提唱する。　◎4800円

表示価格は刊行時の本体価格(税別)です。